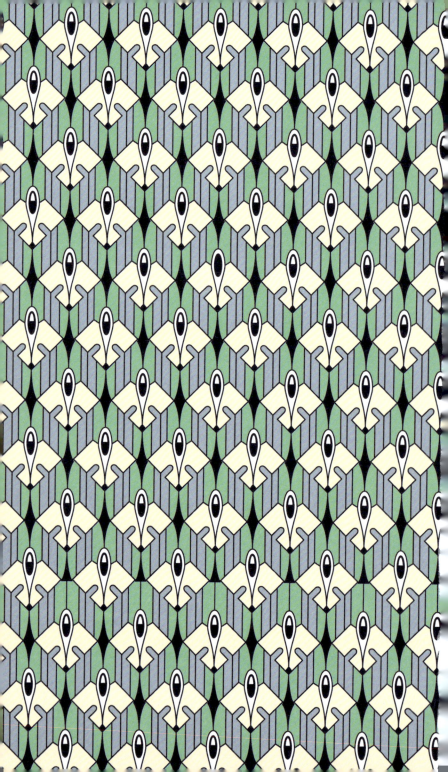

SIGMUND
FREUD
OBRAS COMPLETAS

SIGMUND

FREUD

OBRAS COMPLETAS VOLUME 12

INTRODUÇÃO AO NARCISISMO,
ENSAIOS DE METAPSICOLOGIA
E OUTROS TEXTOS

(1914-1916)

TRADUÇÃO PAULO CÉSAR DE SOUZA

15ª reimpressão

COMPANHIA DAS LETRAS

Copyright da tradução © 2010
by Paulo César Lima de Souza

Grafia atualizada segundo o Acordo Ortográfico da Língua Portuguesa de 1990, que entrou em vigor no Brasil em 2009.

Os textos deste volume foram traduzidos de *Gesammelte Werke*, volume x, (Londres: Imago, 1946). Os títulos originais estão na página inicial de cada texto. A outra edição alemã referida é *Studienausgabe* (Frankfurt: Fischer, 2000).

Capa e projeto gráfico
warrakloureiro

Imagens das pp. 3 e 4, obras da coleção pessoal de Freud.
Esfinge, séc. V a.C., 7x18,5 cm
Máscara, Egito, séc. XII a.C., 24,5x19 cm
Freud Museum, London

Preparação
Célia Euvaldo

Índice remissivo
Luciano Marchiori

Revisão
Angela das Neves
Huendel Viana

Dados Internacionais de Catalogação na Publicação (CIP)
(Câmara Brasileira do Livro, SP, Brasil)

Freud, Sigmund, 1856-1939.
  Introdução ao narcisismo : ensaios de metapsicologia e outros textos (1914-1916) / Sigmund Freud ; tradução e notas Paulo César de Souza — São Paulo : Companhia das Letras, 2010.

Títulos originais: Gesammelte Werke e Studienausgabe
"Obras completas volume 12".
ISBN 978-85-359-1606-5

1. Metapsicologia 2. Narcisismo 3. Psicanálise I. Título.
10-00259   CDD-150.195

Índice para catálogo sistemático:
1. Narcisismo : Psicanálise : ensaios de metapsicologia   150.195

Todos os direitos desta edição reservados à
EDITORA SCHWARCZ S.A.
Rua Bandeira Paulista, 702, cj. 32
04532-002 — São Paulo — SP
Telefone: (11) 3707-3500
www.companhiadasletras.com.br
www.blogdacompanhia.com.br
facebook.com/companhiadasletras
instagram.com/companhiadasletras
twitter.com/cialetras

SUMÁRIO

ESTA EDIÇÃO 9

INTRODUÇÃO AO NARCISISMO (1914) 13

[ENSAIOS DE METAPSICOLOGIA]
   OS INSTINTOS E SEUS DESTINOS (1915) 51

   A REPRESSÃO (1915) 82

   O INCONSCIENTE (1915) 99
   I. JUSTIFICAÇÃO DO INCONSCIENTE 101
   II. A PLURALIDADE DE SENTIDOS DO INCONSCIENTE
      E O PONTO DE VISTA TOPOLÓGICO 108
   III. SENTIMENTOS INCONSCIENTES 114
   IV. TOPOLOGIA E DINÂMICA DA REPRESSÃO 118
   V. AS CARACTERÍSTICAS ESPECIAIS DO SISTEMA *ICS* 126
   VI. A COMUNICAÇÃO ENTRE OS DOIS SISTEMAS 131
   VII. A IDENTIFICAÇÃO DO INCONSCIENTE 138

   **COMPLEMENTO METAPSICOLÓGICO
   À TEORIA DOS SONHOS (1917 [1915])** 151

   LUTO E MELANCOLIA (1917 [1915]) 170

**COMUNICAÇÃO DE UM CASO DE PARANOIA
QUE CONTRADIZ A TEORIA PSICANALÍTICA (1915)** 195

**CONSIDERAÇÕES ATUAIS SOBRE A GUERRA
E A MORTE (1915)** 209
I. A DESILUSÃO CAUSADA PELA GUERRA 210
II. NOSSA ATITUDE PERANTE A MORTE 229

A TRANSITORIEDADE (1916) 247

**ALGUNS TIPOS DE CARÁTER ENCONTRADOS
NA PRÁTICA PSICANALÍTICA (1916)** 253
I. AS EXCEÇÕES 254
II. OS QUE FRACASSAM NO TRIUNFO 260
III. OS CRIMINOSOS POR SENTIMENTO DE CULPA 284

TEXTOS BREVES (1915-1916) 287
PARALELO MITOLÓGICO DE UMA IMAGEM OBSESSIVA 288
UMA RELAÇÃO ENTRE UM SÍMBOLO E UM SINTOMA 291
CARTA À DRA. HERMINE VON HUG-HELLMUTH 294

ÍNDICE REMISSIVO 296

ESTA EDIÇÃO

Esta edição das obras completas de Sigmund Freud pretende ser a primeira, em língua portuguesa, traduzida do original alemão e organizada na sequência cronológica em que apareceram originalmente os textos.

A afirmação de que são obras completas pede um esclarecimento. Não se incluem os textos de neurologia, isto é, não psicanalíticos, anteriores à criação da psicanálise. Isso porque o próprio autor decidiu deixá-los de fora quando se fez a primeira edição completa de suas obras, nas décadas de 1920 e 1930. No entanto, vários textos pré-psicanalíticos, já psicológicos, serão incluídos nos dois primeiros volumes. A coleção inteira será composta de vinte volumes,* sendo dezenove de textos e um de índices e bibliografia.

A edição alemã que serviu de base para esta foi *Gesammelte Werke* [Obras completas], publicada em Londres entre 1940 e 1952. Agora pertence ao catálogo da editora Fischer, de Frankfurt, que também recolheu num grosso volume, intitulado *Nachtragsband* [Volume suplementar], inúmeros textos menores ou inéditos que haviam sido omitidos na edição londrina. Apenas alguns deles foram traduzidos para a presente edição, pois muitos são de caráter apenas circunstancial.

A ordem cronológica adotada pode sofrer pequenas alterações no interior de um volume. Os textos conside-

---

* O tradutor agradece o generoso auxílio de Mariana Moreau, que durante um ano lhe permitiu se dedicar exclusivamente à tradução deste volume.

rados mais importantes do período coberto pelo volume, cujos títulos aparecem na página de rosto, vêm em primeiro lugar. Em uma ou outra ocasião, são reunidos aqueles que tratam de um só tema, mas não foram publicados sucessivamente; é o caso dos artigos sobre a técnica psicanalítica, por exemplo. Por fim, os textos mais curtos são agrupados no final do volume.

Embora constituam a mais ampla reunião de textos de Freud, os dezessete volumes dos *Gesammelte Werke* foram sofrivelmente editados, talvez devido à penúria dos anos de guerra e de pós-guerra na Europa. Embora ordenados cronologicamente, não indicam sequer o ano da publicação de cada trabalho. O texto em si é geralmente confiável, mas sempre que possível foi cotejado com a *Studienausgabe* [Edição de estudos], publicada pela Fischer em 1969-75, da qual consultamos uma edição revista, lançada posteriormente. Trata-se de onze volumes organizados por temas (como a primeira coleção de obras de Freud), que não incluem vários textos secundários ou de conteúdo repetido, mas incorporam, traduzidas para o alemão, as apresentações e notas que o inglês James Strachey redigiu para a *Standard edition* (Londres, Hogarth Press, 1955-66).

O objetivo da presente edição é oferecer os textos com o máximo de fidelidade ao original, sem interpretações de comentaristas e teóricos posteriores da psicanálise, que devem ser buscadas na bibliografia sobre o tema. Informações sobre a gênese de cada obra também podem ser encontradas na literatura secundária. Para questionamentos de pontos específicos e do próprio conjunto da teoria freudiana, o leitor deve recorrer à literatura crítica de M. Macmillan, F. Crews, J. van Rillaer, E. Gellner e outros.

Após o título de cada texto há apenas a referência bibliográfica da primeira publicação, não a das edições subsequentes ou em outras línguas, que interessam tão somente a alguns especialistas. Entre parênteses se acha o ano da publicação original; havendo transcorrido mais de um ano entre a redação e a publicação, a data da redação aparece entre colchetes. As indicações bibliográficas do autor foram normalmente conservadas tais como ele as redigiu, isto é, não foram substituídas por edições mais recentes das obras citadas. Mas sempre é fornecido o ano da publicação, que, no caso de remissões do autor a seus próprios textos, permite que o leitor os localize sem maior dificuldade, tanto nesta como em outras edições das obras de Freud.

As notas do tradutor geralmente informam sobre termos e passagens de versão problemática, para que o leitor tenha uma ideia mais precisa de seu significado e para justificar em alguma medida as soluções aqui adotadas. Nessas notas são reproduzidos os equivalentes achados em algumas versões estrangeiras dos textos, em línguas aparentadas ao português e ao alemão. Não utilizamos as duas versões das obras completas já aparecidas em português, das editoras Delta e Imago, pois não foram traduzidas do alemão, e sim do francês e do espanhol (a primeira) e do inglês (a segunda).

No tocante aos termos considerados técnicos, não existe a pretensão de impor as escolhas aqui feitas, como se fossem absolutas. Elas apenas pareceram as menos insatisfatórias para o tradutor, e os leitores e profissionais que empregam termos diferentes, conforme suas diferentes abordagens e percepções da psicanálise, devem sentir-se à vontade para conservar suas opções; que cada qual seja "feliz à sua maneira", como disse aquele famoso rei da Prússia, citado por Freud.

P.C.S.

INTRODUÇÃO AO NARCISISMO (1914)

TÍTULO ORIGINAL: "ZUR EINFÜHRUNG DES NARZIẞMUS". PUBLICADO PRIMEIRAMENTE EM *JAHRBUCH DER PSYCHOANALYSE* [ANUÁRIO DE PSICANÁLISE], V. 6, PP. 1-24. TRADUZIDO DE *GESAMMELTE WERKE* X, PP. 138-70; TAMBÉM SE ACHA EM *STUDIENAUSGABE* III, PP. 37-68.

I

O termo "narcisismo" vem da descrição clínica e foi escolhido por P. Näcke, em 1899, para designar a conduta em que o indivíduo trata o próprio corpo como se este fosse o de um objeto sexual, isto é, olha-o, toca nele e o acaricia com prazer sexual, até atingir plena satisfação mediante esses atos. Desenvolvido a esse ponto, o narcisismo tem o significado de uma perversão que absorveu toda a vida sexual da pessoa, e está sujeito às mesmas expectativas com que abordamos o estudo das perversões em geral.

Chamou a atenção da pesquisa psicanalítica o fato de características isoladas da conduta narcisista serem encontradas em muitas pessoas sujeitas a outros distúrbios, como os homossexuais, segundo Sadger, e por fim apareceu a conjectura de que uma alocação da libido que denominamos narcisismo poderia apresentar-se de modo bem mais intenso e reivindicar um lugar no desenvolvimento sexual regular do ser humano.[1] À mesma conjectura chegou-se a partir das dificuldades da psicanálise com neuróticos, pois era como se tal comportamento narcísico fosse um dos limites de sua suscetibilidade à influência. Nesse sentido, o narcisismo não seria uma perversão, mas o

---

[1] Otto Rank, "Ein Beitrag zum Narzissismus" [Uma contribuição sobre o narcisismo], *Jahrbuch für psychoanalytische und psychopathologische Forschungen*, v. 3, 1911.

complemento libidinal do egoísmo do instinto de autoconservação, do qual justificadamente atribuímos uma porção a cada ser vivo.

Um motivo premente para nos ocuparmos com a ideia de um narcisismo primário e normal apareceu quando se fez a tentativa de incluir o que sabemos da *dementia praecox* (Kraepelin) ou esquizofrenia (Bleuler) sob a hipótese da teoria da libido. Esses doentes, que eu sugeri designar como parafrênicos, mostram duas características fundamentais: a megalomania e o abandono do interesse pelo mundo externo (pessoas e coisas). Devido a esta última mudança, eles se furtam à influência da psicanálise, não podendo ser curados por nossos esforços. Mas o afastamento do parafrênico face ao mundo externo pede uma caracterização mais precisa. Também o histérico e o neurótico obsessivo abandonam, até onde vai sua doença, a relação com a realidade. A análise mostra, porém, que de maneira nenhuma suspendem a relação erótica com pessoas e coisas. Ainda a mantêm na fantasia, isto é, por um lado substituem os objetos reais por objetos imaginários de sua lembrança, ou os misturam com estes, e por outro lado renunciam a empreender as ações motoras para alcançar as metas relativas a esses objetos. Apenas a esse estado da libido se deveria aplicar o termo usado por Jung sem distinção: o de *introversão* da libido. Sucede de outro modo com o parafrênico. Este parece mesmo retirar das pessoas e coisas do mundo externo a sua libido, sem substituí-las por outras na fantasia. Quando isso vem a ocorrer, parece ser algo secundário, parte de uma tentativa de cura que pretende reconduzir a libido ao objeto.[2]

Surge a pergunta: qual o destino da libido retirada dos objetos na esquizofrenia? A megalomania própria desses estados aponta-nos aqui o caminho. Ela se originou provavelmente à custa da libido objetal. A libido retirada do mundo externo foi dirigida ao Eu, de modo a surgir uma conduta que podemos chamar de narcisismo. No entanto, a megalomania mesma não é uma criação nova, e sim, como sabemos, a ampliação e o explicitamento de um estado que já havia existido antes. Isso nos leva a apreender o narcisismo que surge por retração dos investimentos objetais como secundário, edificado sobre um narcisismo primário que foi obscurecido por influências várias.

Insisto em que não pretendo esclarecer ou aprofundar o problema da esquizofrenia, mas apenas reúno o que foi dito em outros lugares, a fim de justificar uma introdução ao narcisismo.

Um terceiro elemento que concorre para essa extensão — legítima, ao que me parece — da teoria da libido vem de nossas observações e concepções da vida psíquica das crianças e dos povos primitivos. Encontramos neles traços que, isoladamente, podem ser atri-

---

[2] Ver, relacionado a isso, a discussão do "fim do mundo", na minha análise do *Senatspräsident* Schreber, *Jahrbuch für psychoanalytische und psychopathologische Forschungen*, v. 3, 1911; e também K. Abraham, "Die psychosexuellen Differenzen der Hysterie und der dementia praecox", 1908 (*Klinische Beiträge zur Psychoanalyse*) [*Zentralblatt für Nervenheilkunde und Psychiatrie*, v. 19].

buídos à megalomania: uma superestimação do poder de seus desejos e atos psíquicos, a "onipotência dos pensamentos", uma crença na força mágica das palavras, uma técnica de lidar com o mundo externo, a "magia", que aparece como aplicação coerente dessas grandiosas premissas.[3] Esperamos encontrar uma atitude análoga face ao mundo externo nas crianças de nossa época, cujo desenvolvimento é para nós mais impenetrável.[4] Formamos assim a ideia de um originário investimento libidinal do Eu, de que algo é depois cedido aos objetos, mas que persiste fundamentalmente, relacionando-se aos investimentos de objeto como o corpo de uma ameba aos pseudópodes que dele avançam. Essa parte da alocação da libido ficou inicialmente oculta para a nossa pesquisa, cujo ponto de partida eram os sintomas neuróticos. Notamos apenas as emanações dessa libido, os investimentos de objeto que podem ser avançados e novamente recuados. Enxergamos também, em largos traços, uma oposição entre libido do Eu e libido de objeto. Quanto mais se emprega uma, mais empobrece a outra. A mais elevada fase de desenvolvimento a que chega esta última aparece como estado de enamoramento; ele se nos apresenta como um abandono da própria personalidade em favor do investimento de objeto, e tem seu contrário na fantasia (ou

---

[3] Ver as seções correspondentes em meu livro *Totem e tabu*, de 1913.
[4] S. Ferenczi, "Entwicklungstufen des Wirklichkeitssinnes" [Estágios de desenvolvimento do sentido da realidade, *Internationale Zeitschrift für ärztliche Psychoanalyse*, v. 1], 1913.

autopercepção) de fim do mundo dos paranoicos.⁵ Por fim concluímos, quanto à diferenciação das energias psíquicas, que inicialmente estão juntas no estado do narcisismo, sendo indistinguíveis para a nossa grosseira análise, e que apenas com o investimento de objeto se torna possível distinguir uma energia sexual, a libido, de uma energia dos instintos do Eu.

Antes de prosseguir, devo tocar em duas questões que nos levam ao centro das dificuldades do tema.* Primeira: que relação há entre o narcisismo, de que agora tratamos, e o autoerotismo, que descrevemos como um estágio inicial da libido? Segunda: se admitimos para o Eu um investimento primário com libido, por que é necessário separar uma libido sexual de uma energia não sexual dos instintos do Eu? Postular uma única energia psíquica não pouparia todas as dificuldades da separação entre energia dos instintos do Eu e libido do Eu, libido do Eu e libido de objeto? Sobre a primeira questão, observo o seguinte: é uma suposição necessária, a de que uma unidade comparável ao Eu não existe desde o

---

5 Há dois mecanismos desse "fim do mundo": quando todo o investimento libidinal flui para o objeto amado e quando todo ele reflui para o Eu.

* Não há espaço de uma linha vazia entre esse parágrafo e o anterior na edição alemã utilizada, *Gesammelte Werke*. Mas, considerando que faz sentido um espaço nesse ponto e que ele se acha numa edição alemã mais recente (*Studienausgabe*), resolvemos incorporá-lo, aqui e em alguns outros lugares. [As notas chamadas por asterisco e as interpolações às notas do autor, entre colchetes, são de autoria do tradutor. As notas do autor são sempre numeradas.]

começo no indivíduo; o Eu tem que ser desenvolvido. Mas os instintos autoeróticos são primordiais; então deve haver algo que se acrescenta ao autoerotismo, uma nova ação psíquica, para que se forme o narcisismo.

A solicitação para que dê uma resposta definida à segunda questão deve suscitar em todo psicanalista um perceptível mal-estar. Não nos sentimos bem ao abandonar a observação em favor de estéreis disputas teóricas, mas não podemos nos furtar a uma tentativa de esclarecimento. É certo que noções como a de uma libido do Eu, energia dos instintos do Eu e assim por diante não são particularmente fáceis de apreender nem suficientemente ricas de conteúdo; uma teoria especulativa das relações em jogo procuraria antes de tudo obter um conceito nitidamente circunscrito como fundamento. Acredito, no entanto, ser justamente essa a diferença entre uma teoria especulativa e uma ciência edificada sobre a interpretação da empiria. Esta não invejará à especulação o privilégio de uma fundamentação limpa, logicamente inatacável, mas de bom grado se contentará com pensamentos básicos nebulosos, dificilmente imagináveis, os quais espera apreender de modo mais claro no curso de seu desenvolvimento, e está disposta a eventualmente trocar por outros. Pois essas ideias não são o fundamento da ciência, sobre o qual tudo repousa; tal fundamento é apenas a observação. Elas não são a parte inferior, mas o topo da construção inteira, podendo ser substituídas e afastadas sem prejuízo. Em nossos dias vemos algo semelhante na física, cujas concepções básicas sobre matéria, centros de força, atração etc. não seriam menos problemáticas do que as correspondentes na psicanálise.

O valor dos conceitos de libido do Eu e libido de objeto está em que derivam da elaboração de características íntimas dos processos neuróticos e psicóticos. A distinção entre uma libido que é própria do Eu e uma que se atém aos objetos constitui o inevitável prosseguimento de uma primeira hipótese, que separava instintos sexuais de instintos do Eu. Pelo menos a isso me levou a análise das puras neuroses de transferência (histeria e neurose obsessiva), e sei apenas que todas as tentativas de prestar contas de tais fenômenos por outros meios fracassaram radicalmente.

Dada a completa ausência de uma teoria dos instintos que de algum modo nos orientasse, é lícito, ou melhor, é imperioso experimentar alguma hipótese de maneira consequente, até que falhe ou se confirme. Há vários pontos em favor da hipótese de uma diferenciação original entre instintos sexuais e instintos do Eu, além de sua utilidade para a análise das neuroses de transferência. Admito que somente esse fator não seria inequívoco, pois poderia ser o caso de uma energia psíquica indiferente, que apenas com o ato do investimento de objeto se torna libido. Mas essa distinção conceitual corresponde, primeiro, à separação popular tão corriqueira entre fome e amor. Em segundo lugar, considerações *biológicas* se fazem valer em seu favor. O indivíduo tem de fato uma dupla existência, como fim em si mesmo e como elo de uma corrente, à qual serve contra — ou, de todo modo, sem — a sua vontade. Ele vê a sexualidade mesma como um de seus propósitos, enquanto uma outra reflexão mostra que ele é tão somente um apêndice de seu plasma germinal, à disposição do qual ele coloca suas forças, em troca de um bônus de prazer — o depositário mortal de uma (talvez) imortal substância, como um morgado, que possui temporariamente a instituição que a ele sobreviverá. A distinção entre instintos sexuais e do Eu apenas refletiria essa dupla função do indivíduo. Em terceiro lugar é preciso não esquecer que todas as nossas concepções provisórias em psicologia devem ser, um dia, baseadas em alicerces orgânicos. Isso torna provável que sejam substâncias e processos químicos especiais que levem a efeito as operações da sexualidade e proporcionem a continuação da vida individual naquela da espécie. Tal probabilidade levamos em conta ao trocar as substâncias químicas especiais por forças psíquicas especiais.

Precisamente porque em geral me esforço para manter longe da psicologia tudo o que dela é diferente, inclusive o pensamento biológico, quero neste ponto admitir expressamente que a hipótese de instintos sexuais e do Eu separados, ou seja, a teoria da libido, repousa minimamente sobre base psicológica, escorando-se essencialmente na biologia. Então serei consistente o bastante para descartar essa hipótese, se a partir do trabalho psicanalítico mesmo avultar outra suposição, mais aproveitável, acerca dos instintos. Até agora isso não aconteceu. Pode ser que — em seu fundamento primeiro e em última instância — a energia sexual, a libido, seja apenas o produto de uma diferenciação da energia que atua normalmente na psique. Mas tal afirmação não tem muito alcance. Diz respeito a coisas já tão remotas dos problemas de nossa observação e de que possuímos tão escasso conhecimento, que é ocioso tanto combatê-la quanto utilizá-la; possivelmente essa identidade primeva tem tão pouco a ver com nossos interesses psicanalíticos quanto o parentesco primordial de todas as raças humanas tem a ver com a prova de que se é parente do testador, exigida para a transmissão legal da herança. Não chegamos a nada com todas essas especulações. Como não podemos esperar até que uma outra ciência nos presenteie as conclusões finais sobre a teoria dos instintos, é bem mais adequado procurarmos ver que luz pode ser lançada sobre esses enigmas biológicos fundamentais por uma síntese dos fenômenos psicológicos. Estejamos cientes da possibilidade do erro, mas não deixemos de levar adiante, de maneira consequente, a primeira hipótese mencionada de uma oposição entre instintos sexuais e do Eu, que se nos impôs através da análise das neuroses de transferência, verificando se ela evolui de modo fecundo e livre de contradições e se pode aplicar-se também a outras afecções, à esquizofrenia, por exemplo.

Naturalmente a situação seria outra, caso se provasse que a teoria da libido já fracassou na explicação da última doença mencionada. C. G. Jung fez tal afirmação,[6] e obrigou-me assim a esta última discussão, que eu bem gostaria de ter evitado. Teria preferido seguir até o final o curso tomado na análise do caso Schreber, silenciando

---

6 *Wandlungen und Symbole der Libido* [Transformações e símbolos da libido], 1912.

a respeito de suas premissas. A afirmação de Jung é no mínimo precipitada. Seus fundamentos são parcos. Primeiro ele invoca o meu próprio testemunho, segundo o qual, devido às dificuldades da análise de Schreber, fui obrigado a estender o conceito de libido, isto é, a abandonar o seu conteúdo sexual, identificando libido com interesse psíquico propriamente. O que se poderia dizer para corrigir tal equívoco de interpretação já foi dito por Ferenczi, numa sólida crítica do trabalho de Jung.[7] Resta-me apenas corroborar sua crítica e repetir que não expressei tal renúncia à teoria da libido. Um outro argumento de Jung, segundo o qual não é concebível que a perda da normal função do real possa ser causada apenas pela retração da libido, não é um argumento, mas um decreto; *it begs the question*,* antecipa a decisão e evita a discussão, pois o que deve ser investigado é justamente se e como isto é possível. No seu trabalho grande seguinte,[8] Jung passou ligeiramente ao lado da solução que eu havia indicado há muito: "Nisso deve-se considerar ainda — aliás, algo a que Freud se refere em seu trabalho acerca do caso Schreber — que a introversão da *libido sexualis* conduz a um investimento do 'Eu', me-

---

7 S. Ferenczi, resenha de C. G. Jung, *Wandlungen und Symbole der Libido* [em *Internationale Zeitschrift für ärztliche Psychoanalyse*, v. 1], 1913.

* Em inglês no original; pode ser traduzido por "incorre em petição de princípio". O sentido é explicitado por Freud no texto, logo em seguida.

8 "Versuch einer Darstellung der psychoanalytischen Theorie" [Ensaio de exposição da teoria psicanalítica, *Jahrbuch für psychoanalytische und psychopathologische Forschungen*], 1913.

diante o qual possivelmente se produz o efeito da perda da realidade. Constitui de fato uma possibilidade tentadora explicar desse modo a psicologia da perda da realidade". Mas ele não se detém muito nessa possibilidade. Algumas linhas adiante ele a dispensa, com a observação de que partindo dessa condição "se chegaria à psicologia de um anacoreta ascético, não a uma *dementia praecox*". Uma comparação inadequada, que não leva a decisão alguma, como nos ensina a observação de que um tal anacoreta, que "se empenha em erradicar todo traço de desejo sexual" (mas apenas no sentido popular do termo "sexual"), não precisa mostrar sequer uma colocação patogênica da libido. Ele pode ter afastado inteiramente dos seres humanos o interesse sexual, sublimando-o num elevado interesse por coisas divinas, naturais, animais, sem haver experimentado uma introversão de sua libido a suas fantasias ou um retorno dela ao seu Eu. Parece que tal comparação despreza antecipadamente a distinção possível entre o interesse vindo de fontes eróticas e o de outras fontes. Se recordarmos também que as investigações da escola suíça, apesar de todo o seu mérito, trouxeram luz apenas sobre dois pontos do quadro da *dementia praecox*, a existência de complexos achados tanto em pessoas sadias como em neuróticos e a similitude entre as suas construções fantasiosas e os mitos dos povos, mas de resto não conseguiram esclarecer o mecanismo da doença, então poderemos rechaçar a afirmação de Jung, segundo a qual a teoria da libido fracassou ao lidar com a *dementia praecox* e por isso está liquidada também para as outras neuroses.

II

Dificuldades especiais me parecem impedir um estudo direto do narcisismo. O principal acesso a ele continuará sendo provavelmente o estudo das parafrenias. Assim como as neuroses de transferência nos possibilitaram rastrear os impulsos instintuais* libidinais, a *dementia praecox* e a paranoia nos permitirão entender a psicologia do Eu. Mais uma vez teremos que descobrir, a partir dos exageros e distorções do patológico, o que é aparentemente simples no normal. No entanto, para nos aproximarmos do conhecimento do narcisismo, algumas outras vias continuam abertas para nós, e são elas que passo agora a descrever: a consideração da doença orgânica, da hipocondria e da vida amorosa dos sexos.

Sigo uma sugestão verbal de Sándor Ferenczi, ao apreciar a influência da enfermidade orgânica sobre a distribuição da libido. É algo sabido, e tomamos por evidente, que alguém que sofre de dor orgânica e más sensações abando-

---

* "Impulsos instintuais": tradução não muito satisfatória para "*Triebregungen*", termo cunhado por Freud e composto de *Trieb* mais *Regung* ("ligeiro movimento, impulso, emoção"); talvez fosse melhor traduzi-lo por uma única palavra, como argumentei em *As palavras de Freud: o vocabulário freudiano e suas versões* (São Paulo: Companhia das Letras, nova ed. revista, 2010), apêndice B. Nas cinco versões estrangeiras deste ensaio que foi possível consultar (a espanhola de Lopez-Ballesteros, a argentina de J. L. Etcheverry, a italiana da Boringhieri, a inglesa de Strachey e a holandesa da Boom), encontram-se: *tendencias instintivas, mociones pulsionales, moti pulsionali, instinctual impulses, driftimpulsen*.

na o interesse pelas coisas do mundo externo, na medida em que não dizem respeito ao seu sofrimento. Uma observação mais precisa mostra que ele também retira o interesse libidinal de seus objetos amorosos, que cessa de amar enquanto sofre. A banalidade desse fato não pode nos dissuadir de lhe dar uma tradução em termos da teoria da libido. Diríamos então que o doente retira seus investimentos libidinais de volta para o Eu, enviando-os novamente para fora depois de curar-se. "No buraco de seu molar", diz Wilhelm Busch do poeta que sofre dor de dente, "se concentra a sua alma." Libido e interesse do Eu têm aí o mesmo destino e são de novo inseparáveis. O conhecido egoísmo dos doentes cobre ambos. Nós o achamos tão evidente porque estamos certos de comportarmo-nos igualmente nesse caso. O fato de mesmo a mais intensa disposição de amar desvanecer por causa de distúrbios físicos, sua repentina substituição pela completa indiferença, foi convenientemente explorado na arte do humor.

De modo semelhante à doença, o estado do sono também significa uma retração narcísica das posições da libido para a própria pessoa, mais precisamente para o desejo de dormir. O egoísmo dos sonhos se enquadra bem nesse contexto. Em ambos os casos vemos, ainda que seja apenas isso, exemplos de mudanças na distribuição da libido graças à mudança no Eu.

A hipocondria se manifesta, como a enfermidade orgânica, em sensações físicas penosas e dolorosas, e também coincide com ela no efeito sobre a distribuição da libido. O hipocondríaco retira interesse e libido — esta de maneira bem nítida — dos objetos do mundo exterior e concentra ambos no órgão que o ocupa. Uma diferença entre hipocondria e doença orgânica se evidencia agora: no último caso as sensações penosas se baseiam em mudanças demonstráveis, no primeiro, não. Mas harmoniza plenamente com nossa concepção geral dos processos da neurose afirmarmos que a hipocondria há de estar certa, que as mudanças orgânicas também não podem faltar nela. Em que consistiriam então?

Aqui nos deixaremos guiar pela experiência, segundo a qual sensações corporais de tipo desprazeroso, comparáveis às hipocondríacas, também não faltam nas outras neuroses. Já uma vez externei a inclinação de situar a hipocondria junto à neurastenia e à neurose de angústia, como a terceira "neurose atual". Provavelmente não significa ir longe demais dizer que nas outras neuroses também se desenvolve regularmente um quê de hipocondria. O melhor exemplo disso pode estar na neurose de angústia e na histeria sobre ela edificada. Ora, o modelo que conhecemos de um órgão dolorosamente sensível, de algum modo alterado, e todavia não doente no sentido habitual, é o órgão genital em estado de excitação. Ele fica irrigado de sangue, intumescido, umedecido e se torna o centro de múltiplas sensações. Se, tomando uma área do corpo, chamarmos sua atividade de enviar estímulos sexualmente excitantes para a psique de *erogenidade*, e se refletirmos que as considerações da teoria sexual há muito nos habituaram à concepção de que algumas outras áreas do corpo — as zonas *erógenas* — podem agir como substitutas dos genitais e comportar-se de maneira análoga a eles, então só teremos que arriscar um passo mais. Podemos nos decidir a ver na erogenidade uma característica geral de todos os órgãos, o que nos permitiria então falar do seu aumento ou decréscimo numa determinada área do corpo. Para cada alteração dessas na erogenidade dos órgãos poderia haver uma alteração paralela no investimento libidinal do Eu. Em tais fatores deveríamos procurar o que se acha na base da hipocondria e o que pode ter, na distribuição da libido, o mesmo efeito que a doença material dos órgãos.

Notamos que, prosseguindo nesse curso de pensamento, topamos não só com o problema da hipocondria, mas também com o das outras neuroses "atuais", a neurastenia e a neurose de angústia. Por isso vamos parar neste ponto; não está no propósito de uma investigação puramente psicológica avançar tanto além da fronteira com a pesquisa fisiológica. Direi apenas que é possível conjecturar, a partir disso, que a hipocondria tenha com a parafrenia uma relação similar à das outras neuroses "atuais" com a histeria e a neurose obsessiva, que dependa da libido do Eu, como as outras da libido de objeto; a angústia hipocondríaca seria a contrapartida, desde a libido do Eu, da angústia neurótica. Mais: se já estamos familiarizados com a ideia de ligar o mecanismo de adoecimento e formação de sintomas nas neuroses de transferência, o progresso da introversão à regressão, a um represamento da libido de objeto,[1] então podemos nos aproximar também da ideia de um represamento da libido do Eu, e pô-la em relação com os fenômenos da hipocondria e da parafrenia.

1 Cf. "Tipos de adoecimento neurótico", 1913.

Naturalmente a nossa curiosidade perguntará aqui por que um tal represamento da libido no Eu tem de ser sentido como desprazeroso. Quero me contentar com a resposta de que o desprazer em geral é expressão de uma tensão mais elevada, de que portanto é uma quantidade do suceder material que aqui, como em outros lugares, se transforma na qualidade psíquica do desprazer; para o desenvolvimento do desprazer pode não ser então decisiva a grandeza absoluta do evento material, mas uma determinada função dessa grandeza absoluta. A partir disso ousaremos abordar esta outra questão: de onde vem mesmo a necessidade que tem a psique de ultrapassar as fronteiras do narcisismo e pôr a libido em objetos? A resposta derivada de nosso curso de pensamento seria, mais uma vez, que tal necessidade surge quando o investimento do Eu com libido superou uma determinada medida. Um forte egoísmo protege contra o adoecimento, mas afinal é preciso começar a amar, para não adoecer, e é inevitável adoecer, quando, devido à frustração, não se pode amar. Algo semelhante à psicogênese da criação do mundo, tal como foi imaginada por Heine:

A doença foi bem a razão
De todo o impulso de criar;
Criando eu pude me curar,
*Criando eu me tornei são.**

---

* No original: "*Krankheit ist wohl der letzte Grund/ Des ganzen Schöpferdrangs gewesen;/ Erschaffend konnte ich genesen, / Erschaffend wurde ich gesund.*". Esta é uma das "Canções da Criação", encontradas nos *Novos poemas* (1844). A voz que fala é a de Deus.

Em nosso aparelho psíquico reconhecemos sobretudo um expediente para lidar com excitações que de outro modo seriam sentidas como penosas ou de efeito patogênico. A elaboração psíquica ajuda extraordinariamente no desvio interno de excitações que não são capazes de uma direta descarga externa, ou para as quais isso não seria desejável no momento. Mas no princípio é indiferente, para uma tal elaboração interna, se ela ocorre em objetos reais ou imaginários. A diferença mostra-se apenas depois, quando o voltar-se da libido para objetos irreais (introversão) conduz a um represamento da libido. Nas parafrenias, semelhante elaboração interna da libido que retornou ao Eu é tornada possível pela megalomania; talvez somente com o fracasso desta o represamento de libido no Eu se torne patogênico e incite o processo de cura que aparece para nós como doença.

Tentarei agora penetrar um pouco mais no mecanismo da parafrenia, e resumirei as concepções que já atualmente me parecem dignas de atenção. A diferença entre tais afecções e as neuroses de transferência eu atribuo à circunstância de que a libido liberada pelo fracasso não fica em objetos na fantasia, mas retorna ao Eu; a megalomania corresponde, então, ao domínio psíquico sobre esse montante de libido, ou seja, à introversão para as fantasias encontrada nas neuroses de transferência; do fracasso desta realização psíquica nasce a hipocondria da parafrenia, análoga à angústia das neuroses de transferência. Sabemos que essa angústia pode acabar através de mais elaboração psíquica, isto é, por conversão, formação reativa, formação protetiva (fobia). Nas parafrenias isso é feito pela tentativa de restauração, a que devemos as marcantes manifestações da doença. Como a parafrenia frequentemente — senão a maioria das vezes — acarreta um desligamento só parcial da libido em relação aos objetos, no seu quadro pode-se distinguir três grupos de manifestações: 1) as de normalidade conservada ou neurose (manifestações residuais); 2) as do processo patológico (de desligamento da libido em relação aos objetos, e também a megalomania, a hipocondria, o distúrbio afetivo, todas as regressões); 3) as de restauração, em que a libido se apega novamente aos objetos, à maneira de uma histeria (*dementia praecox*, parafrenia propriamente) ou de uma neurose obsessiva (paranoia). Esse novo investimento de libido sucede a partir de um outro nível, sob outras condições que o primário. A diferença entre as neuroses de transferência com ele criadas e as formações correspondentes do Eu normal deve proporcionar uma mais profunda compreensão da estrutura de nosso aparelho psíquico.

Uma terceira via de acesso ao estudo do narcisismo constitui a vida amorosa dos seres humanos, em sua variada diferenciação no homem e na mulher. Assim como a libido de objeto escondeu primeiramente da nossa observação a libido do Eu, também na escolha de objeto pela criança (e o adolescente) vimos primeiro que ela toma seus objetos sexuais de suas vivências de satisfação. As primeiras satisfações sexuais autoeróticas são experimentadas em conexão com funções vitais de autoconservação. Os instintos sexuais apoiam-se de início na satisfação dos instintos do Eu, apenas mais tarde tornam-se independentes deles; mas esse apoio mostra-se ainda no fato de as pessoas encarregadas da nutrição, cuidado e proteção da criança tornarem-se os primeiros objetos sexuais, ou seja, a mãe ou quem a substitui. Junto a esse tipo e essa fonte de escolha de objeto, que podemos chamar de tipo *de apoio*, a pesquisa analítica nos deu a conhecer um outro, que não esperávamos encontrar. De modo especialmente nítido em pessoas cujo desenvolvimento libidinal sofreu perturbação, como pervertidos e homossexuais, descobrimos que não escolhem seu posterior objeto de amor segundo o modelo da mãe, mas conforme o de sua própria pessoa. Claramente buscam a si mesmas como objeto amoroso, evidenciando o tipo de escolha de objeto que chamaremos de *narcísico*. Nessa observação se acha o mais forte motivo que nos levou à hipótese do narcisismo.

Mas não concluímos que as pessoas se dividem em dois grupos bem diferenciados, conforme sua escolha de objeto obedeça ao tipo narcísico ou ao "de apoio".*
Preferimos supor, isto sim, que para cada pessoa ficam abertos ambos os caminhos da escolha de objeto, sendo

---

* "Tipo [...] 'de apoio'": *Anlehnungstypus* — é adotada a tradução literal do substantivo alemão, que tem origem no verbo *sich lehnen* ("apoiar-se", etimologicamente aparentado ao inglês *to lean*). É o que também fazem as versões estrangeiras consultadas, com exceção da inglesa, como é notório, que lança mão de um termo grego: *de apoyo, del apuntalamiento, per appoggio, anaclitic, aaleuningstype*.

que um ou outro pode ter a preferência. Dizemos que o ser humano tem originalmente dois objetos sexuais: ele próprio e a mulher que o cria, e nisso pressupomos o narcisismo primário de todo indivíduo, que eventualmente pode se expressar de maneira dominante em sua escolha de objeto.

A comparação entre homem e mulher mostra que há diferenças fundamentais, embora não universais, naturalmente, quanto ao seu tipo de escolha de objeto. O amor objetal completo, segundo o tipo "de apoio", é de fato característico do homem. Exibe a notória superestimação sexual, que provavelmente* deriva do narcisismo original da criança, e corresponde assim a uma transposição do mesmo para o objeto sexual. Essa superestimação sexual permite que surja o enamoramento, esse peculiar estado que lembra a obsessão neurótica, remontando assim a um empobrecimento libidinal do Eu em favor do objeto. De outro modo se configura o desenvolvimento no tipo mais frequente e provavelmente mais puro e genuíno de mulher. Com a puberdade, a maturação dos órgãos sexuais femininos até então latentes parece trazer um aumento do narcisismo origi-

---

* "Provavelmente": *wohl* — partícula que pode realçar a afirmação, mas também indicar probabilidade ou incerteza, o que seria o caso no presente contexto. Mas alguns dos tradutores consultados enxergam apenas o primeiro sentido; somente o espanhol e o holandês concordam com a nossa leitura nesse ponto: *quizá*, *sin duda*, *certamente*, *doubtless*, *waarschijnlijk* (provavelmente). Mas a leitura de um mesmo tradutor pode variar; assim, o espanhol preferiu *seguramente* em outra ocasião, no quarto parágrafo da parte I.

nal, que não é propício à constituição de um regular amor objetal com superestimação sexual. Em particular quando se torna bela, produz-se na mulher uma autossuficiência que para ela compensa a pouca liberdade que a sociedade lhe impõe na escolha de objeto. A rigor, tais mulheres amam apenas a si mesmas com intensidade semelhante à que são amadas pelo homem. Sua necessidade não reside tanto em amar quanto em serem amadas, e o homem que lhes agrada é o que preenche tal condição. A importância desse tipo de mulher para a vida amorosa dos seres humanos é bastante elevada. Tais mulheres exercem a maior atração sobre os homens, não apenas por razões estéticas, porque são normalmente as mais belas, mas também devido a interessantes constelações psicológicas. Pois parece bem claro que o narcisismo de uma pessoa tem grande fascínio para aquelas que desistiram da dimensão plena de seu próprio narcisismo e estão em busca do amor objetal; a atração de um bebê se deve em boa parte ao seu narcisismo, sua autossuficiência e inacessibilidade, assim como a atração de alguns bichos que parecem não se importar conosco, como os gatos e os grandes animais de rapina; e mesmo o grande criminoso e o humorista conquistam o nosso interesse, na representação literária, pela coerência narcísica com que mantêm afastados de seu Eu tudo o que possa diminuí-lo. É como se os invejássemos pela conservação de um estado psíquico bem-aventurado, uma posição libidinal inatacável, que desde então nós mesmos abandonamos. À grande atração da mulher narcísica não falta o reverso, porém; boa parte da insatisfação do homem apaixonado, a dúvida quanto ao amor da mulher, a queixa quanto aos enigmas do seu ser, tem sua raiz nessa incongruência entre os tipos de escolha de objeto.

Talvez não seja supérfluo garantir que esse quadro da vida amorosa feminina não implica nenhuma tendência a depreciar a mulher. Sem contar que a tendenciosidade me é alheia, sei também que esses desenvolvimentos em direções várias correspondem à diferenciação de funções num contexto biológico altamente complicado; além disso, disponho-me a admitir que muitas mulheres amam segundo o modelo masculino e exibem a superestimação sexual própria desse tipo.

Também para as mulheres que permaneceram narcísicas e frias em relação ao homem há um caminho que conduz ao completo amor objetal. No filho que dão à luz, uma parte do seu próprio corpo lhes surge à frente como um outro objeto, ao qual podem então dar, a partir do narcisismo, o pleno amor objetal. E há mulheres que não precisam aguardar o filho para dar o passo no desenvolvimento do narcisismo (secundário) ao amor objetal. Antes da puberdade elas se sentiam masculinas e por algum tempo se desenvolveram masculinamente; depois que essa inclinação foi interrompida pela maturação da feminilidade, resta-lhes a capacidade de ansiar por um ideal masculino, que na verdade é a continuação da natureza de menino que um dia tiveram.

Um breve sumário dos caminhos para a escolha de objeto pode concluir estas observações incipientes. Uma pessoa ama:

1) Conforme o tipo narcísico:
   a) o que ela mesma é (a si mesma),
   b) o que ela mesma foi,
   c) o que ela mesma gostaria de ser,
   d) a pessoa que foi parte dela mesma.
2) Conforme o tipo "de apoio":
   a) a mulher nutriz,
   b) o homem protetor

e a série de substitutos que deles derivaram. O caso *c* do primeiro tipo só poderá ser justificado mais adiante.

A importância da escolha de objeto narcísica para a homossexualidade masculina é algo a ser apreciado em outro contexto.

O narcisismo primário que supomos na criança, que contém uma das premissas de nossas teorias sobre a libido, pode ser mais facilmente confirmado por inferência retrospectiva de um outro ponto do que apreendido por observação direta. Quando vemos a atitude terna de muitos pais para com seus filhos, temos de reconhecê-la como revivescência e reprodução do seu próprio narcisismo há muito abandonado. Como todos sabem, a nítida marca da superestimação, que já na escolha de objeto apreciamos como estigma narcísico, domina essa relação afetiva. Os pais são levados a atribuir à criança todas as perfeições — que um observador neutro nelas não encontraria — e a ocultar e esquecer todos os defeitos, algo que se relaciona, aliás, com a negação da sexualidade infantil. Mas também se verifica a tendência a suspender, face à criança, todas as conquistas culturais que o seu próprio narcisismo foi obrigado a reconhecer, e a nela renovar as exigências de privilégios há muito renunciados. As coisas devem ser melhores para a criança do que foram para seus pais, ela não deve estar sujeita às necessidades que reconhecemos como dominantes na vida. Doença, morte, renúncia à fruição, restrição da própria vontade não devem vigorar para a criança, tanto as leis da natureza como as da sociedade serão revogadas para ela, que novamente será centro e âmago da Criação. *His Majesty the Baby*, como um dia pensamos de nós mesmos. Ela deve concretizar os sonhos não realizados de seus pais, tornar-se um grande homem ou herói no lugar do pai, desposar um príncipe como tardia compensação para a mãe. No ponto mais delicado do sistema narcísico, a imortalidade do Eu, tão duramente acossada pela realidade, a segurança é obtida refugiando-se na criança. O amor dos pais, comovente e no fundo tão infantil, não é outra coisa senão o narcisismo dos pais renascido, que na sua transformação em amor objetal revela inconfundivelmente a sua natureza de outrora.

III

As perturbações a que está exposto o narcisismo original da criança, as reações com que delas se defende, as vias pelas quais é impelido a fazê-lo — isso eu gostaria de deixar em suspenso, como um importante material de trabalho que ainda aguarda exploração. A sua parte mais significativa podemos destacar como "complexo da castração"* (angústia relativa ao pênis, no garoto; inveja do pênis, na garota) e tratar em conexão com o efeito da intimidação sexual exercida sobre a criança. A investigação psicanalítica, que normalmente nos leva a acompanhar os destinos dos instintos libidinais, quando estes, isolados dos instintos do Eu, acham-se em oposição aos últimos, nos permite nesse campo fazer inferências sobre uma época e uma situação psíquica em que as duas classes de instintos surgem como interesses narcísicos, ainda operando em concerto e inseparavelmente unidas. Alfred Adler criou a partir desse contexto o seu "protesto masculino", que ele erige em quase única força motriz na formação do caráter e da neurose, enquanto a fundamenta numa valoração social, e não numa tendência narcísica, portanto ainda libidinal. A pesquisa psicanalítica reconheceu desde o início a existência e a importância do "protesto masculino", mas em oposição a Adler defendeu a sua natureza narcísica e sua origem no complexo de castração. Ele é da formação do caráter, na gênese do qual participa com muitos outros fatores, e

---

* "Complexo da castração": *Kastrationskomplex*, no original. É pertinente observar que o termo "complexo", em Freud, designa o conjunto de ideias e sentimentos ligados a um evento ou processo, não tendo propriamente relação com o uso coloquial brasileiro que diz "fulano é cheio de complexos" ou "é um complexado". Nas palavras compostas alemãs o último termo é qualificado pelo anterior, de modo que geralmente se recorre à preposição "de" nas versões para línguas latinas; mas nem sempre esta é a preposição mais adequada: existem casos em que talvez fosse melhor usar "relativo a, ligado a", por exemplo; assim, "complexo ligado à castração" seria uma alternativa razoável, em nossa opinião.

não se presta em absoluto para o esclarecimento dos problemas da neurose, nos quais Adler quer considerar apenas a maneira como servem ao interesse do Eu. Acho impossível colocar a gênese da neurose sobre a base estreita do complexo da castração, por mais que este compareça, nos homens, entre as resistências à cura da neurose. Afinal, conheço também casos de neuroses em que o "protesto masculino" ou, tal como o entendemos, o complexo da castração, não tem papel patogênico ou simplesmente não aparece.

A observação do adulto normal revela que a sua megalomania de outrora arrefeceu e que se apagaram os traços psíquicos a partir dos quais desvelamos o seu narcisismo infantil. O que aconteceu à sua libido do Eu? Devemos supor que todo o seu montante passou para investimentos de objeto? Essa possibilidade contradiz evidentemente o veio de nossas discussões; mas podemos tomar à psicologia da repressão também uma pista para outra resposta à pergunta.

Aprendemos que os impulsos instintuais da libido sofrem o destino da repressão patogênica, quando entram em conflito com as ideias morais e culturais do indivíduo. Com isso não entendemos jamais que a pessoa tenha um simples conhecimento intelectual da existência de tais ideias, mas que as reconheça como determinantes para si, que se submeta às exigências que delas partem. Dissemos que a repressão vem do Eu; podemos precisar: vem do autorrespeito do Eu. As mesmas impressões, vivências, impulsos, desejos que uma pessoa tolera ou ao menos elabora conscientemente são rejeitados por outra com indignação, ou já sufocados antes de se tornarem conscientes. A diferença entre as duas, que contém a condição da repressão, pode ser facilmente colocada em termos que possibilitam uma explicação pela teoria da libido. Podemos dizer que uma erigiu um *ideal* dentro de si, pelo qual mede o seu Eu atual, enquanto à outra falta essa formação de ideal. Para o Eu, a formação do ideal seria a condição para a repressão.

A esse Eu ideal dirige-se então o amor a si mesmo, que o Eu real desfrutou na infância. O narcisismo aparece deslocado para esse novo Eu ideal, que como o infantil se acha de posse de toda preciosa perfeição. Aqui, como sempre no âmbito da libido, o indivíduo se revelou incapaz de renunciar à satisfação que uma vez foi desfrutada. Ele não quer se privar da perfeição narcísica de sua infância, e se não pôde mantê-la, perturbado por admoestações durante seu desenvolvimento e tendo seu juízo despertado, procura readquiri-la na forma nova do ideal do Eu. O que ele projeta diante de si como seu ideal é o substituto para o narcisismo perdido da infância, na qual ele era seu próprio ideal.

Isso nos leva a indagar sobre as relações entre a formação de ideal e a sublimação. A sublimação é um processo atinente à libido objetal e consiste em que o instinto se lança a outra meta, distante da satisfação sexual; a ênfase recai no afastamento ante o que é sexual. A idealização é um processo envolvendo o objeto, mediante o qual este é aumentado e psiquicamente elevado sem que haja transformação de sua natureza. A idealização é possível no âmbito da libido do Eu e no da libido objetal. De modo que a superestimação sexual do objeto, por exemplo, é uma idealização dele. Na medida, portanto, em que a sublimação descreve algo que sucede ao instinto, e a idealização, algo que diz respeito ao objeto, devemos separá-las conceitualmente.

A formação do ideal do Eu é frequentemente confundida, em prejuízo da compreensão, com a sublimação do instinto. Haver trocado seu narcisismo pela veneração de um elevado ideal do Eu não implica ter alcançado a sublimação de seus instintos libidinais. É certo que o ideal do Eu requer tal sublimação, mas não pode forçá-la; a sublimação continua sendo um processo particular, cuja iniciação pode ser instigada pelo ideal, mas cuja execução permanece independente da instigação. Precisamente nos neuróticos encontramos as maiores diferenças de tensão entre o desenvolvimento do ideal do Eu e o grau de sublimação de seus primitivos instintos libidinais, e em geral é bem mais difícil convencer os idealistas do que os homens simples, modestos em suas pretensões, acerca do inadequado paradeiro de sua libido. A formação de ideal e a sublimação também se relacionam diferentemente à causação da neurose. Como vimos, a formação de ideal aumenta as exigências do Eu e é o que mais favorece a repressão; a sublimação representa a saída para cumprir a exigência sem ocasionar a repressão.

Não seria de admirar se encontrássemos uma instância psíquica especial, que cumprisse a tarefa de assegurar a satisfação narcísica a partir do ideal do Eu e que, com esse propósito, observasse continuamente o Eu atual, medindo-o pelo ideal. Havendo uma tal instância, será impossível para nós descobri-la; poderemos apenas identificá-la e constatar que o que chamamos de nossa consciência moral tem essas características. O reconhecimento dessa instância nos torna possível compreender o que chamam delírio de ser notado ou, mais corretamente, *observado*, que surge de maneira tão clara na sintomatologia das doenças paranoides, podendo sobrevir também como doença isolada, ou entremeada na neurose de transferência. Os doentes se queixam então de que todos os seus pensamentos são conhecidos, todas as suas ações notadas e vigiadas; há vozes que os informam do funcionamento dessa instância, falando-lhes caracteristicamente na terceira pessoa ("Agora ela pensa novamente nisso; agora ele vai embora"). Essa queixa é justificada, ela descreve a verdade; um tal poder, que observa todos os nossos propósitos, inteirando-se deles e os criticando, existe realmente, e existe em todos nós na vida normal. O delírio de ser notado a apresenta em forma regressiva, e nisso revela a sua gênese e o motivo pelo qual o enfermo se revolta contra ela.

Pois a incitação a formar o ideal do Eu, cuja tutela foi confiada à consciência moral, partiu da influência crítica dos pais intermediada pela voz, aos quais se juntaram no curso do tempo os educadores, instrutores e, como uma hoste inumerável e indefinível, todas as demais pessoas do meio (o próximo, a opinião pública).

Grandes quantidades de libido essencialmente homossexual foram assim carreadas para a formação do ideal narcísico do Eu, e acham vazão e satisfação em conservá-lo. A instituição da consciência moral foi, no fundo, uma corporificação inicialmente da crítica dos pais, depois da crítica da sociedade, processo que é repetido quando nasce uma tendência à repressão a partir de uma proibição ou um obstáculo primeiramente externos. As vozes e a multidão indefinida são trazidas à luz pela doença, a evolução da consciência moral se reproduz regressivamente. Mas a revolta contra essa *instância censória* vem de que a pessoa, consoante o caráter fundamental da doença, quer se livrar de todas essas influências, começando pela dos pais, e retira deles a libido homossexual. A sua consciência moral lhe aparece então, em forma regressiva, como hostil interferência de fora.

A queixa da paranoia mostra também que a autocrítica da consciência moral coincide no fundo com a auto-observação, sobre a qual está construída. Portanto, a mesma atividade psíquica que assumiu a função da consciência moral se pôs também a serviço da pesquisa interior, que fornece à filosofia o material para suas operações intelectuais. Isso teria algo a ver com o impulso à construção de sistemas especulativos, peculiar à paranoia.[10]

Para nós será importante, não há dúvida, reconhecer ainda em outros campos indícios dessa instância criticamente observadora, elevada a consciência e a introspecção filosófica. Aduzirei aqui o que Herbert Silberer des-

---

10 Acrescento, como simples conjectura, que o desenvolvimento e fortalecimento dessa instância observadora poderia também comportar a gênese posterior da memória (subjetiva) e do fator temporal, que não vigora para os processos inconscientes.

creveu como o "fenômeno funcional", um dos poucos acréscimos de valor indiscutível à teoria dos sonhos. Silberer demonstrou, como se sabe, que em estados entre o sono e a vigília pode-se observar diretamente a transposição de pensamentos em imagens visuais, mas que em tais circunstâncias é frequente aparecer não uma representação do conteúdo do pensamento, mas do estado (de disposição, cansaço etc.) em que se acha o indivíduo que peleja com o sono. Ele mostrou igualmente que várias conclusões de sonhos e trechos de seus conteúdos não significam outra coisa senão a autopercepção do dormir e do despertar. Ele provou, então, o papel da auto-observação — no sentido do delírio paranoico de ser observado — na formação do sonho. Esse papel não é constante; provavelmente o ignorei porque não sobressai nos meus próprios sonhos; em pessoas filosoficamente dotadas, habituadas à introspecção, ele pode tornar-se bem nítido.

Lembramos haver descoberto que a formação do sonho ocorre sob o domínio de uma censura que leva os pensamentos oníricos à distorção. Mas não imaginávamos esta censura como um poder especial, tendo escolhido o termo para designar um lado das tendências repressoras que dominam o Eu, aquele voltado para os pensamentos oníricos. Penetrando mais na estrutura do Eu, é lícito reconhecer no ideal do Eu e nas exteriorizações dinâmicas da consciência também o *censor do sonho*. Estando este censor alerta em alguma medida também durante o sono, entenderemos que a premissa de sua atividade, a auto-observação e autocrítica — tendo conteúdos como: "agora ele está sonolento demais para pensar", "agora ele desperta" —, contribui para o conteúdo do sonho.[11]

Agora podemos tentar uma discussão do amor-próprio no indivíduo normal e no neurótico.

O amor-próprio* nos aparece de imediato como expressão da grandeza do Eu, não sendo aqui relevante o caráter composto dessa grandeza. Tudo o que se tem ou que se alcançou, todo resíduo do primitivo sentimento de onipotência que a experiência confirmou, ajuda a aumentar o amor-próprio.

Se introduzimos nossa distinção entre instintos sexuais e do Eu, temos de reconhecer para o amor-próprio uma dependência bem íntima da libido narcísica. Nisso nos apoiamos em dois fatos fundamentais: o de que nas parafrenias o amor-próprio é aumentado, nas neuroses de transferência é diminuído; e de que na vida amorosa não ser amado rebaixa o amor-próprio, enquanto ser amado o eleva. Como afirmamos, ser amado representa o objetivo e a satisfação na escolha narcísica de objeto.

---

11 Não posso determinar aqui se a diferenciação entre essa instância censória e o resto do Eu é capaz de fundamentar psicologicamente a distinção filosófica entre consciência e autoconsciência.

* No original: *Selbstgefühl*, que literalmente se traduziria por "sentimento de si" (como fazem o tradutor argentino e italiano); Strachey usa *self-regard*, e a versão holandesa recorre a *gevoel van eigenwaarde*, "sentimento do próprio valor". As definições encontradas nos dicionários de língua alemã autorizam a versão por "amor-próprio"; os dicionários bilíngues alemão-português trazem "dignidade pessoal, orgulho, consciência da própria dignidade".

É fácil observar, além disso, que o investimento libidinal de objetos não aumenta o amor-próprio. A dependência do objeto amado tem efeito rebaixador; o apaixonado é humilde. Alguém que ama perdeu, por assim dizer, uma parte de seu narcisismo, e apenas sendo amado pode reavê-la. Em todos esses vínculos o amor-próprio parece guardar relação com o elemento narcísico da vida amorosa.

A percepção da impotência, da própria incapacidade para amar, devido a distúrbios psíquicos ou físicos, tem efeito altamente rebaixador no amor-próprio. Aí devemos encontrar, na minha avaliação, uma das fontes do sentimento de inferioridade relatado espontaneamente pelos que sofrem de neurose de transferência. Mas a fonte principal desse sentimento é o empobrecimento do Eu que resulta dos enormes investimentos libidinais dele retirados, ou seja, o dano trazido ao Eu por tendências sexuais não mais sujeitas a controle.

Alfred Adler sustentou, corretamente, que a percepção de inferioridade em um órgão tem efeito instigador numa vida mental ativa, suscitando um desempenho maior pela via da supercompensação. Mas seria um exagero completo fazer remontar todo bom desempenho, seguindo Adler, a essa condição da inferioridade original de um órgão. Não são todos os pintores que sofrem de mal na vista, nem todos os oradores foram originalmente gagos. Sobejam exemplos de realização excelente com base em superior dote orgânico. Na etiologia da neurose a inferioridade e a atrofia orgânicas têm papel mínimo, digamos que o mesmo que o material percebido tem na formação do sonho. A neurose se utiliza delas como pretexto, como faz com qualquer fator conveniente. Se acabamos de crer numa paciente neurótica, que afirma ter adoecido porque é feia, disforme e sem atrativos, de maneira que ninguém pode amá-la, logo aprenderemos mais com a neurótica seguinte, que persiste na neurose e na aversão ao sexo, embora pareça mais atraente e seja mais desejada do que a média das mulheres. A maioria das histéricas se inclui entre as representantes desejáveis e mesmo bonitas de seu sexo, e por outro lado a frequência de deformidades, atrofias e desfiguramentos nas classes inferiores de nossa sociedade não contribui para aumentar a incidência de enfermidades neuróticas nesse meio.

As relações do amor-próprio com o erotismo (com os investimentos de objeto libidinais) podem ser apresentadas, concisamente, da maneira que segue. Em ambos os casos é preciso distinguir se os investimentos amorosos estão *em sintonia com o Eu* ou se, ao contrário, experimentaram uma repressão. No primeiro caso (em que a utilização da libido é sintonizada com o Eu), amar é visto como qualquer outra atividade do Eu. O amar em si, enquanto ansiar, carecer, rebaixa o amor-próprio, e ser amado, achar amor em troca, possuir o objeto amado, eleva-o novamente. Sendo a libido reprimida, o investimento amoroso é sentido como grave diminuição do Eu, a satisfação amorosa é impossível, o reenriquecimento do Eu torna-se possível apenas retirando a libido dos objetos. O retorno da libido objetal ao Eu, sua transformação em narcisismo, representa como que um amor feliz novamente e, por outro lado, um real amor feliz corresponde ao estado primordial em que libido de objeto e libido do Eu não se distinguem uma da outra.

A importância e a amplitude do tema talvez justifiquem o acréscimo de algumas outras observações, em ordem mais solta:

O desenvolvimento do Eu consiste num distanciamento do narcisismo primário e gera um intenso esforço para reconquistá-lo. Tal distanciamento ocorre através do deslocamento da libido para um ideal do Eu imposto de fora, e a satisfação, através do cumprimento desse ideal.

Ao mesmo tempo, o Eu enviou os investimentos libidinais de objeto. Ele se empobrece em favor desses investimentos, tal como do ideal do Eu, e novamente se enriquece mediante as satisfações ligadas a objetos, assim como pelo cumprimento do ideal.

Uma parte do amor-próprio é primária, resto do narcisismo infantil; outra parte se origina da onipotência confirmada pela experiência (do cumprimento do ideal do Eu); uma terceira, da satisfação da libido objetal.

O ideal do Eu deixou em condições difíceis a satisfação libidinal nos objetos, na medida em que seu censor rejeita parte deles como intolerável. Quando um tal ideal não se desenvolveu, a tendência sexual em questão aparece inalterada na personalidade, como perversão. Ser novamente o próprio ideal, também no tocante às tendências sexuais, tal como na infância — eis o que as pessoas desejam obter, como sua felicidade.

O enamoramento consiste num transbordar da libido do Eu para o objeto. Ele tem o poder de levantar repressões e restaurar perversões. Ele eleva o objeto sexual a ideal sexual. Como, no tipo objetal ou de apoio, ele sucede com base no cumprimento de condições de amor infantis, pode-se dizer que tudo o que preencher tal condição de amor será idealizado.

O ideal sexual pode se colocar num interessante vínculo auxiliar com o ideal do Eu. Onde a satisfação narcísica depara com obstáculos reais, o ideal sexual pode ser usado para a satisfação substitutiva. Então a pessoa ama, em conformidade com o tipo da escolha narcísica de objeto, aquilo que já foi e que perdeu, ou o que possui os méritos que jamais teve (ver, na p. 36, o ponto *c*). A fórmula paralela à de cima é: aquilo que possui o mérito que falta ao Eu para torná-lo ideal é amado. Esse expediente tem particular importância para o neurótico, que devido a seus investimentos de objeto excessivos está empobrecido no Eu e incapaz de cumprir seu ideal do Eu. Busca então o caminho de volta ao narcisismo, após o seu esbanjamento de libido nos objetos, escolhendo um ideal sexual conforme o tipo narcísico, que possua os méritos para ele inatingíveis. Isso é a cura pelo amor, que via de regra ele prefere à cura analítica. De fato, ele não pode crer em outro mecanismo de cura, em geral leva a expectativa do mesmo para o tratamento e a dirige à pessoa do médico. Naturalmente a incapacidade de amar do paciente, devido a suas extensas repressões, é um empecilho a esse plano de cura. Se com o tratamento nós as reduzimos até certo grau, é frequente o resultado inesperado de que o paciente se furte à continuação do tratamento, para fazer a escolha de um amor e confiar o restabelecimento posterior à convivência com a pessoa amada. Poderíamos ficar satisfeitos com essa saída, se ela não trouxesse todos os perigos de uma opressiva dependência de tal salvador.

Do ideal do Eu sai um importante caminho para o entendimento da psicologia da massa. Além do seu lado individual, ele tem o social, é também o ideal comum de uma família, uma classe, uma nação. Liga não apenas a libido narcísica, mas também um montante considerável da libido homossexual de uma pessoa, que por essa via retorna ao Eu. A insatisfação pelo não cumprimento desse ideal libera libido homossexual, que se transforma em consciência de culpa (angústia social). A consciência de culpa foi originalmente medo do castigo dos pais, mais corretamente, da perda do seu amor; o lugar dos pais foi depois tomado pelo indefinido número de companheiros. Torna-se mais compreensível porque a paranoia é frequentemente causada pela ofensa ao Eu, pelo fracasso da satisfação no âmbito do ideal do Eu, e também porque a formação de ideal e a sublimação convergem no ideal do Eu, a involução das sublimações e eventual transformação dos ideais nos casos de parafrenia.

OS INSTINTOS E SEUS DESTINOS (1915)

TÍTULO ORIGINAL: "TRIEBE UND TRIEBSCHICKSALE". PUBLICADO PRIMEIRAMENTE EM *INTERNATIONALE ZEITSCHRIFT FÜR ÄRZTLICHE PSYCHOANALYSE* [REVISTA INTERNACIONAL DE PSICANÁLISE MÉDICA], V. 3, N. 6, PP. 84-100. TRADUZIDO DE *GESAMMELTE WERKE* X, PP. 210-32; TAMBÉM SE ACHA EM *STUDIENAUSGABE* III, PP. 75-102.

Não é raro ouvirmos a exigência de que uma ciência deve ser edificada sobre conceitos fundamentais claros e bem definidos. Na realidade, nenhuma ciência começa com tais definições, nem mesmo as mais exatas. O verdadeiro início da atividade científica está na descrição de fenômenos, que depois são agrupados, ordenados e relacionados entre si. Já na descrição é inevitável que apliquemos ao material certas ideias abstratas, tomadas daqui e dali, certamente não só da nova experiência. Ainda mais indispensáveis são essas ideias — os futuros conceitos fundamentais da ciência — na elaboração posterior da matéria. Primeiro elas têm de comportar certo grau de indeterminação; é impossível falar de uma clara delimitação de seu conteúdo. Enquanto se acham nesse estado, entramos em acordo quanto ao seu significado, remetendo continuamente ao material de que parecem extraídas, mas que na realidade lhes é subordinado. Portanto, a rigor elas possuem o caráter de convenções, embora a questão seja que de fato não são escolhidas arbitrariamente, mas determinadas por meio de significativas relações com o material empírico — relações que acreditamos adivinhar, ainda antes que possamos reconhecer e demonstrar. Apenas depois de uma exploração mais radical desse âmbito de fenômenos podemos apreender seus conceitos científicos fundamentais de maneira mais nítida e modificá-los progressivamente, tornando-os utilizáveis em larga medida e ao mesmo tempo livres de contradição. Então pode ser o momento de encerrá-los em definições. Mas o progresso do conhecimento também não tolera definições rígidas. Como ilustra de maneira excelente o exemplo da física, também os "conceitos fundamentais" fixados em definições experimentam uma constante alteração de conteúdo.

Um conceito básico assim convencional, provisoriamente ainda um tanto obscuro, mas que não podemos dispensar na psicologia, é o de *instinto* [*Trieb*]. Vamos tentar preenchê-lo de conteúdo a partir de ângulos diversos.

Primeiramente a partir da fisiologia. Ela nos deu o conceito de *estímulo* e o esquema do arco reflexo, segundo o qual um estímulo que vem de fora para o tecido vivo (a substância nervosa) é descarregado para fora por meio da ação. Esta ação se torna apropriada na medida em que subtrai a substância estimulada à influência do estímulo, afasta-a do raio de ação dele.

Mas qual a relação entre o "instinto" e o "estímulo"? Nada nos impede de incluir o conceito de instinto naquele de estímulo: o instinto seria um estímulo para a psique. Mas logo somos advertidos para não equiparar instinto e estímulo psíquico. Evidentemente existem, para a psique, outros estímulos além dos instintuais, aqueles que se comportam de maneira bem mais semelhante à dos estímulos fisiológicos. Quando uma luz forte bate no olho, por exemplo, não se trata de um estímulo instintual; mas tal é o caso quando se nota um ressecamento da mucosa da faringe, ou uma irritação da mucosa do estômago.[1]

---

[1] Pressupondo, claro, que esses processos internos sejam a base orgânica das necessidades da fome e da sede.

Agora adquirimos material para a distinção entre estímulo instintual e um outro estímulo (fisiológico), que age sobre a psique. Primeiro, o estímulo instintual não provém do mundo exterior, mas do interior do próprio organismo. Por isso atua de modo diferente sobre a psique e requer outras ações para ser eliminado. Além disso, tudo de essencial no estímulo está na suposição de que ele age como um impacto único; então pode ser liquidado também com uma única ação apropriada, cujo exemplo típico está na fuga motora diante da fonte de estímulo. Naturalmente esses impactos podem se repetir e se acumular, mas isso nada muda na concepção do processo e nas condições para a abolição do estímulo. O instinto, por sua vez, não atua jamais como uma *força momentânea de impacto*, mas sempre como uma força *constante*. Desde que não ataca de fora, mas do interior do corpo, nenhuma fuga pode servir contra ele. Uma denominação melhor para o estímulo instintual é "necessidade"; o que suprime essa necessidade é a "satisfação". Ela pode ser alcançada por meio de uma modificação pertinente (adequada) da fonte interior de estímulo.

Coloquemo-nos no lugar de um ser quase totalmente desamparado, ainda desorientado no mundo, que acolhe estímulos no seu tecido nervoso. Esse ser vivo logo será capaz de fazer a primeira diferenciação e adquirir a primeira orientação. Por um lado ele sentirá estímulos a que pode se subtrair mediante uma ação muscular (fuga), estímulos esses que atribui a um mundo externo; mas também, por outro lado, estímulos contra os quais é inútil tal ação, que apesar disso mantêm o seu caráter de constante premência; esses estímulos são o sinal característico de um mundo interior, a evidência de necessidades instintuais. A substância percipiente desse ser terá adquirido, na eficácia de sua atividade muscular, um ponto de apoio para distinguir um "fora" de um "dentro".

Assim, encontramos a essência do instinto, primeiramente, em suas características principais: a origem em fontes de estímulo no interior do organismo, o aparecimento como força constante; e derivamos daí um outro de seus traços: sua irredutibilidade por meio de ações de fuga. Mas nesta discussão não pudemos deixar de perceber uma coisa que requer uma nova admissão. Nós não apenas aplicamos à matéria da experiência determinadas convenções, na forma de conceitos fundamentais, como nos servimos também de vários *pressupostos* complicados, para nos guiar no trabalho com os fenômenos psicológicos. O mais importante desses pressupostos já foi assinalado; resta-nos apenas destacá-lo expressamente. É de natureza *biológica*, faz uso do conceito de tendência (eventualmente de finalidade) e diz que o sistema nervoso é um aparelho ao qual coube a função de eliminar os estímulos que lhe chegam, de reduzi-los ao mais baixo nível, um aparelho que, se fosse possível, gostaria de manter-se verdadeiramente livre de estímulos. Não nos surpreendamos, no momento, com a imprecisão dessa ideia, e vamos atribuir ao sistema nervoso, em termos bem gerais, a tarefa de *dominar os estímulos*. Vemos, então, como o simples esquema do reflexo fisiológico torna-se complicado com a introdução dos instintos. Os estímulos externos colocam apenas a tarefa de subtrair-se a eles, o que acontece então por movimentos musculares, dos quais um alcança o fim e, sendo o mais apropriado, torna-se disposição hereditária. Os estímulos instintuais que surgem no interior do organismo não podem ser liquidados por esse mecanismo. Portanto, colocam exigências bem mais elevadas ao aparelho nervoso, induzem-no a atividades complexas, interdependentes, as quais modificam tão amplamente o mundo exterior, que ele oferece satisfação à fonte interna de estímulo, e sobretudo obrigam o aparelho nervoso a renunciar à sua intenção ideal de manter a distância os estímulos, pois sustentam um inevitável, incessante afluxo de estímulos. Talvez possamos concluir, então, que eles, os instintos, e não os estímulos externos, são os autênticos motores dos progressos que levaram o sistema nervoso, tão infinitamente capaz, ao seu grau de desenvolvimento presente. Claro que nada contraria a suposição de que os próprios instintos sejam, ao menos em parte, precipitados de efeitos de estímulos externos, que no curso da filogênese atuaram de modo transformador sobre a substância viva.

E ao descobrir que mesmo a atividade dos mais evoluídos aparelhos psíquicos está sujeita ao *princípio do prazer*, ou seja, é automaticamente regulada por sensações da série prazer-desprazer, dificilmente podemos rejeitar o pressuposto seguinte, de que tais sensações reproduzem a maneira como se realiza a sujeição dos estímulos. Seguramente no sentido de que a sensação de desprazer está ligada ao aumento, e a sensação de prazer ao decréscimo do estímulo. Mas cuidemos de preservar essa hipótese em toda a sua indefinição, até que nos seja dado intuir a natureza da relação entre prazer-desprazer e as flutuações das grandezas de estímulos que atuam na vida psíquica. Certamente é possível que tais relações sejam muito variadas e bem pouco simples.

Voltando-nos agora para a consideração da vida psíquica do ângulo da biologia, o "instinto" nos aparece como um conceito-limite entre o somático e o psíquico, como o representante psíquico dos estímulos oriundos do interior do corpo e que atingem a alma, como uma medida do trabalho imposto à psique por sua ligação com o corpo.

Agora podemos discutir alguns termos utilizados em relação com o conceito de instinto, tais como: impulso, meta, objeto, fonte do instinto.

Por *impulso** de um instinto compreende-se o seu elemento motor, a soma de força ou a medida de trabalho que ele representa. O caráter impulsivo é uma característica geral dos instintos, é mesmo a essência deles. Todo instinto é uma porção de atividade; quando se fala, desleixadamente, de instintos passivos, não se quer dizer outra coisa senão instintos com meta passiva.

---

* "Impulso": tradução para *Drang*, que também pode significar "ímpeto", como na famosa expressão *Sturm und Drang*, "Tempestade e Ímpeto", que designa o movimento pré-romântico da literatura alemã, na segunda metade do século XVIII. Também utilizaremos "impulso" para *Regung*, ao longo desta edição das obras de Freud.

A *meta** de um instinto é sempre a satisfação, que pode ser alcançada apenas pela supressão do estado de estimulação na fonte do instinto. Mas embora essa meta final permaneça imutável para todo instinto, diversos caminhos podem conduzir à mesma meta final, de modo que um instinto pode ter várias metas próximas ou intermediárias, que são combinadas ou trocadas umas pelas outras. A experiência também nos permite falar de instintos "inibidos na meta", em processos que são tolerados por um trecho de caminho, na direção da satisfação instintual, mas que logo experimentam uma inibição ou desvio. É de supor que uma satisfação parcial também esteja ligada a esses processos.

O *objeto* do instinto é aquele com o qual ou pelo qual o instinto pode alcançar a sua meta. É o que mais varia no instinto, não estando originalmente ligado a ele, mas lhe sendo subordinado apenas devido à sua propriedade de tornar possível a satisfação. Não é necessariamente um objeto estranho, mas uma parte do próprio corpo. Pode ser mudado frequentemente, no decorrer das vicissitudes que o instinto sofre ao longo da vida; esse deslocamento do instinto desempenha papéis dos mais importantes. Pode ocorrer que o mesmo objeto se preste simultaneamente à satisfação de vários instintos, o caso do "entrelaçamento

---

* "Meta": *Ziel*; recorremos igualmente ao sinônimo "objetivo", quando a sonoridade da frase assim exigir e o contexto permitir. No mesmo parágrafo, "inibidos na meta" é tradução de *zielgehemmt*.

instintual",* segundo Alfred Adler. Uma ligação particularmente estreita do instinto ao objeto é qualificada de "fixação" do mesmo. Ela se efetua com frequência nos períodos iniciais do desenvolvimento instintual e põe termo à mobilidade do instinto, ao se opor firmemente à dissolução do laço.

Por *fonte* do instinto se compreende o processo somático num órgão ou parte do corpo, cujo estímulo é representado na psique pelo instinto. Não se sabe se tal processo é normalmente de natureza química ou se pode corresponder também à liberação de outras forças, mecânicas, por exemplo. O estudo das fontes de instintos já não pertence à psicologia; embora a proce-

---

* "Entrelaçamento instintual": *Triebverschränkung*. As versões estrangeiras consultadas apresentam: *confluencia de instintos, entrelazamiento de pulsiones, intreccio pulsionale, entrecroisement des pulsions, "confluence" of instincts*. Uma nota de Strachey indica que há dois exemplos disso no caso do "Pequeno Hans", de 1909. A expressão de Adler se acha no artigo "Der Agressionstrieb im Leben und in der Neurose" [O instinto de agressão na vida e na neurose], *Fortschritte der Medizin* [Progressos da Medicina], v. 26 (1908).
As versões estrangeiras consultadas durante a elaboração desta foram: a espanhola de Lopez-Ballesteros y de Torres, em *Obras completas*, v. II, Madri, Biblioteca Nueva, 3ª ed., 1973; a argentina de José L. Etcheverry, em *Obras completas*, v. XIV (Buenos Aires: Amorrortu, 5ª reimpressão da 2ª ed., 1993); a italiana dirigida por C. Musatti, em *Opere*, v. 8 (Turim: Boringhieri, 5ª impressão, 1987); a francesa dirigida por J. Laplanche, em *Œuvres complètes*, v. XIII (Paris: PUF, 1988); a inglesa de James Strachey, em *Standard edition*, v. XIV (Londres: Hogarth Press). Essas edições valem para as notas do tradutor em que são citadas, neste e nos ensaios metapsicológicos seguintes.

dência a partir da fonte somática seja o mais decisivo para o instinto, na psique nós o conhecemos tão só através de suas metas. Um conhecimento mais exato das fontes instintuais não é estritamente necessário para fins de investigação psicológica. Às vezes podemos inferir com segurança as fontes do instinto, a partir de suas metas.

Devemos supor que os diferentes instintos oriundos do corpo e atuantes na psique também se caracterizam por diferentes *qualidades*, e por isso se comportam de maneira qualitativamente diversa na vida psíquica? Tal não se justifica; basta recorrer à suposição mais simples de que os instintos são todos qualitativamente iguais, devendo o seu efeito apenas às magnitudes de excitação que conduzem, e talvez também a determinadas funções dessa quantidade. O que diferencia as operações psíquicas dos instintos entre si pode ser relacionado à variedade das fontes instintuais. No entanto, apenas num outro contexto poderá ser discutido o problema da qualidade do instinto.

Quais instintos podemos estabelecer, e quantos serão? Nisso há, sem dúvida, uma boa margem para o arbítrio. Nada se pode objetar se alguém empregar o conceito de um instinto do jogo, um instinto de destruição ou um instinto social, quando o tema assim exigir e as limitações da análise psicológica o permitirem. Mas não se deixe de considerar que esses móveis instintuais, tão especializados por um lado, talvez admitam ainda uma decomposição na direção das fontes instintuais, de modo que apenas os instintos primordiais, não decomponíveis, poderiam reivindicar maior importância.

Sugeri a diferenciação de dois grupos desses instintos primordiais, os *instintos do Eu*, ou *de autoconservação*, e os *instintos sexuais*. Mas essa proposta não tem a significação de um pressuposto necessário, como, por exemplo, a hipótese acerca da tendência biológica do aparelho psíquico (ver acima); não passa de uma construção auxiliar, que deve ser mantida apenas enquanto se revelar útil, e cuja substituição por outra não mudará muito os resultados de nosso trabalho de descrição e ordenação. O motivo para essa proposição resultou do desenvolvimento histórico da psicanálise, que teve como primeiro objeto as psiconeuroses, mais precisamente aquelas denominadas "neuroses de transferência" (histeria e neurose obsessiva), e por meio delas chegou à compreensão de que um conflito entre as exigências da sexualidade e as do Eu se encontra na raiz de cada uma dessas afecções. É possível, porém, que um estudo aprofundado das outras afecções neuróticas (sobretudo das psiconeuroses narcísicas, as esquizofrenias) leve a uma mudança dessa fórmula, e com isso a uma outra classificação dos instintos primordiais. Mas atualmente não conhecemos essa nova fórmula, e ainda não deparamos com um argumento que fosse desfavorável à contraposição de instintos do Eu e instintos sexuais.

Tenho sérias dúvidas de que seja possível, a partir do trabalho com o material psicológico, obter indicações decisivas a propósito da divisão e classificação dos instintos. Para os fins desse trabalho pareceria necessário, isto sim, aplicar ao material certas hipóteses sobre a vida dos instintos, e seria desejável que se pudesse retirar essas hipóteses de um outro campo, transportando-as para a psicologia. O que a biologia proporciona, no caso, não contraria certamente a distinção entre instintos sexuais e do Eu. A biologia ensina que a sexualidade não deve ser posta no mesmo plano que as demais funções do indivíduo, que as suas tendências vão além do individual e têm por conteúdo a produção de novos indivíduos, ou seja, a conservação da espécie. Ela nos mostra também que existem duas concepções, igualmente justificadas, para a relação entre o Eu e a sexualidade: segundo a primeira, o indivíduo é o principal, a sexualidade é uma de suas ocupações, a satisfação sexual, uma de suas necessidades; para a outra, o indivíduo é um apêndice provisório e passageiro do plasma germinativo quase imortal, que lhe foi confiado pela geração. A hipótese de que a função sexual se distingue dos outros processos corporais por um quimismo especial constitui também, pelo que sei, um pressuposto da pesquisa biológica de Ehrlich.*

Como o estudo da vida instintual a partir da consciência traz dificuldades quase insuperáveis, a investigação psicanalítica dos distúrbios anímicos permanece a fonte principal de nosso conhecimento. Mas,

---

* Provável referência a Paul Ehrlich (1854-1915): cientista alemão, ganhador do prêmio Nobel de Medicina em 1908.

em conformidade ao seu curso de desenvolvimento, até agora a psicanálise só pôde nos dar informações razoavelmente satisfatórias a respeito dos instintos sexuais, justamente porque pôde observar nas psiconeuroses, como se fossem isolados, apenas esse grupo de instintos. Com a extensão da psicanálise às outras afecções neuróticas, também o nosso conhecimento dos instintos do Eu encontrará fundamentos, embora seja temerário esperar condições de observação igualmente favoráveis nesse novo âmbito de pesquisa.

Para uma caracterização geral dos instintos sexuais podemos dizer o seguinte: eles são numerosos, originam-se de múltiplas fontes orgânicas, atuam de início independentemente uns dos outros, e apenas bem depois são reunidos numa síntese mais ou menos completa. A meta que cada um deles procura atingir é o *prazer do órgão*; somente após efetuada a síntese eles entram a serviço da *função reprodutiva*, tornando-se geralmente reconhecidos como instintos sexuais. Ao aparecer, apoiam-se inicialmente nos instintos de conservação, dos quais se desligam apenas aos poucos, e seguem também na busca de objeto os caminhos que lhes mostram os instintos do Eu. Uma parte deles permanece a vida inteira associada aos instintos do Eu, dotando-os de componentes *libidinais*, que na função normal são facilmente ignorados, e apenas quando há doença surgem claramente. Caracterizam-se pelo fato de poderem, em larga medida, agir vicariamente uns pelos outros, e trocar facilmente seus objetos. Devido a esses atributos, são capazes de realizações que se acham bem afastadas de suas originais ações dotadas de objetivo* (*sublimação*).

Nossa investigação referente às vicissitudes que os instintos podem experimentar no curso da evolução e da vida terá que se limitar aos instintos sexuais, que conhecemos melhor. Eis o que a observação nos ensina a reconhecer como destinos dos instintos:

A reversão no contrário.

O voltar-se contra a própria pessoa.

A repressão.

A sublimação.

Como não penso em tratar aqui da sublimação, e a repressão exige um capítulo especial, resta-nos descrever e discutir os dois primeiros pontos. Considerando os motivos que se opõem a que os instintos sigam diretamente seu curso, podemos apresentar os seus destinos também como modalidades de *defesa* contra os instintos.

Olhando mais atentamente, a *reversão no contrário* se divide em dois processos distintos, a *conversão da atividade em passividade* e a *inversão de conteúdo*. Por serem essencialmente distintos, os dois processos serão tratados separadamente.

---

* "Ações dotadas de objetivo": *Zielhandlungen* — nas versões estrangeiras consultadas: *actos finales, acciones-meta, mete, actions-à--but, purposive actions*. O termo alemão original para "sublimação", em seguida e entre parênteses, é de origem latina (*Sublimierung*) e já era usado por pensadores alemães anteriores a Freud: cf. Friedrich Nietzsche, *Humano, demasiado humano*, § 1; *Humano, demasiado humano* II, parte I, § 95; e *Além do bem e do mal*, § 101 e nota correspondente (tradução e notas de Paulo César de Souza. São Paulo: Companhia das Letras, 2000, 2008 e 1992, respectivamente).

Exemplos do primeiro processo se acham nos pares de opostos, sadismo-masoquismo e voyeurismo-exibicionismo. A reversão diz respeito apenas às *metas* do instinto; substitui-se a meta ativa: atormentar, olhar, pela passiva: ser atormentado, ser olhado. A inversão de conteúdo se encontra apenas no caso da transformação de amor em ódio.

A *volta contra a própria pessoa* nos é sugerida pela consideração de que o masoquismo, afinal, é um sadismo voltado contra o próprio Eu, e o exibicionismo inclui a contemplação do próprio corpo. A observação psicanalítica não deixa dúvidas quanto ao fato de que o masoquista também frui da fúria contra a sua pessoa, e o exibicionista, do seu desnudamento. O essencial no processo, portanto, é a mudança de *objeto* com a meta inalterada.

Ao mesmo tempo se percebe que a volta contra a própria pessoa e a conversão de atividade em passividade convergem ou coincidem nesses exemplos. Para esclarecer essas relações, é indispensável uma pesquisa mais demorada.

Quanto ao par de opostos sadismo-masoquismo, o processo pode ser apresentado da seguinte forma:

a) O sadismo consiste em prática de violência, exercício de poder tendo uma outra pessoa como objeto.

b) Esse objeto é abandonado e substituído pela própria pessoa. Com a volta contra a própria pessoa também se realiza a transformação da meta instintual ativa em passiva.

c) Novamente se busca uma outra pessoa como objeto, a qual, em virtude da transformação de meta ocorrida, tem de assumir o papel de sujeito.

O caso *c* é o que comumente se chama de masoquismo. Também com ele a satisfação se dá pela via do sadismo original, o Eu passivo se colocando em fantasia no seu lugar anterior, agora deixado ao novo sujeito. É bastante duvidoso que exista uma satisfação masoquista mais direta. Não parece ocorrer um masoquismo original, que não surja a partir do sadismo, da maneira descrita.[2] Não é supérflua a hipótese do estágio *b*, como talvez se deduza do comportamento do instinto sádico na neurose obsessiva. Nela se encontra o voltar-se contra a própria pessoa sem a passividade diante de uma nova. A transformação vai somente até o estágio *b*. A ânsia de atormentar se torna tormento de si mesmo, castigo de si, e não masoquismo. O verbo ativo não se transforma no passivo, mas num médio reflexivo.

A compreensão do sadismo é prejudicada também pela circunstância de que esse instinto parece buscar, além da sua meta geral (melhor, talvez: no interior dela) uma ação bem especial dotada de objetivo. Além da humilhação, do subjugamento, a inflição de dor. Mas a psicanálise parece mostrar que infligir dores não se relaciona com as originais ações do instinto dotadas de objetivo. A criança sádica não leva em conta a imposição de dor e não tem esse propósito. Uma vez efetuada a transformação em masoquismo, porém, as do-

---

[2] Em trabalhos posteriores (cf. "O problema econômico do masoquismo", 1924) sustentei, em relação a problemas da vida instintual, uma concepção oposta a essa.

res se prestam muito bem para uma meta masoquista passiva, pois temos todas as razões para supor que também as sensações dolorosas, como outras sensações de desprazer, invadem a excitação sexual e produzem um estado prazeroso, em virtude do qual se admite também o desprazer da dor. Quando sentir dores se torna uma meta masoquista, pode surgir também, retroativamente, a meta sádica de infligir dores, que o próprio indivíduo, ao suscitá-la em outros, frui masoquistamente na identificação com o objeto sofredor. Naturalmente se frui, em ambos os casos, não a dor mesma, mas a excitação sexual que a acompanha, o que é particularmente cômodo na posição do sádico. Portanto, fruir a dor seria uma meta originalmente masoquista, que no entanto só se tornaria uma meta instintual em alguém originalmente sádico. Apenas para completar, eu acrescentaria que a *compaixão* não pode ser descrita como resultado da transformação instintual no sadismo, mas que exige a concepção de uma *formação reativa* frente ao instinto (sobre a diferença, ver mais adiante).*

Resultados diversos, e mais simples, são proporcionados pela investigação de outro par de opostos, o dos instintos que têm por metas olhar e mostrar-se. (*Voyeur* e exibicionista, na linguagem das perversões.) Neste caso pode-se estabelecer os mesmos estágios do anterior: a) olhar como *atividade* dirigida a um outro objeto; b) o abandono do objeto, a volta do instinto de

---

* Não se sabe a que trecho ou a que trabalho Freud se refere.

olhar para uma parte do próprio corpo, e com isso a reversão em passividade e a constituição da nova meta: ser olhado; c) a introdução de um novo sujeito, ao qual o indivíduo se mostra, para ser olhado por ele. Dificilmente se duvidaria também que a meta ativa surge antes da passiva, que olhar precede ser olhado. Mas uma divergência significativa em relação ao sadismo está no fato de que no instinto de olhar se reconhece um estágio ainda anterior àquele designado com *a*. Pois o instinto de olhar é autoerótico no início de sua atividade, pode ter um objeto, mas encontra-o no próprio corpo. Apenas depois ele é levado (pela via da comparação) a trocar esse objeto por um análogo do corpo alheio (estágio *a*). Esse estágio preliminar é interessante porque dele derivam as duas situações do par de opostos resultante, conforme a mudança ocorra num lugar ou no outro. O esquema para o instinto de olhar poderia ser este:

α) O indivíduo mesmo olha um membro sexual. = Membro sexual é olhado pelo próprio indivíduo

β) indivíduo mesmo olha objeto alheio (prazer ativo de ver)

γ) Objeto próprio é olhado por outra pessoa / (prazer de mostrar, exibicionismo)

Um tal estágio preliminar falta no sadismo, que desde o princípio se orienta para um objeto alheio, embora não fosse absurdo construí-lo a partir dos esforços da criança que quer se assenhorear dos próprios membros.[3]

Para ambos os exemplos de instintos aqui considerados vale observar que a transformação instintual pela reversão da atividade em passividade e pela volta contra a própria pessoa não se realiza jamais em toda a extensão do movimento instintual. A velha orientação ativa do instinto continua, em certa medida, ao lado da nova passiva, mesmo quando o processo de mudança instintual foi muito grande. A única asserção correta sobre o instinto de olhar seria que todas as fases de desenvolvimento do instinto, tanto a fase preliminar autoerótica como a forma final ativa e passiva, subsistem uma ao lado da outra, e essa afirmação se torna evidente ao tomarmos como base de nosso julgamento, em vez das ações do instinto, o mecanismo da satisfação. Talvez se justifique ainda um outro modo de conceber e apresentar os fatos. Pode-se decompor a vida de cada instinto em uma série de ondas, cronologicamente separadas, homogêneas no interior de uma unidade de tempo qualquer, que se comportam entre si como erupções sucessivas de lava. Pode-se então imaginar que a primeira e mais primordial erupção do instinto prossiga inalterada e não sofra nenhuma evolução. A onda seguinte estaria sujeita desde o início a uma alteração, a conversão para a passividade, por exemplo, e com esse novo caráter viria se juntar à anterior, e assim por diante. Abrangendo com a vista o movimento instintual, do início até um

---

3 Ver nota 2 deste ensaio, p. 66.

determinado ponto, a sucessão de ondas que descrevemos daria a imagem de uma clara evolução do instinto.

O fato de numa época tardia da evolução se poder observar, ao lado de um movimento instintual, o seu contrário (passivo), merece ser destacado através da excelente denominação introduzida por Bleuler: *ambivalência*.

O desenvolvimento instintual se torna mais inteligível para nós se consideramos a história da evolução do instinto e a permanência dos estágios intermediários. Conforme a experiência, o montante de ambivalência demonstrável varia bastante em indivíduos, grupos e raças. Uma grande ambivalência instintual num ser humano de hoje pode ser apreendida como herança arcaica, pois temos motivos para supor que a participação dos impulsos ativos inalterados, na vida dos instintos, teria sido maior, nos primórdios, do que hoje, em média.

Habituamo-nos a chamar de *narcisismo*, sem pôr inicialmente em discussão o nexo entre autoerotismo e narcisismo, a fase inicial de evolução do Eu, durante a qual os instintos sexuais têm satisfação autoerótica. Então temos que dizer, sobre o estágio preliminar do instinto de olhar, em que o prazer de olhar tem o próprio corpo como objeto, que ele pertence ao narcisismo, é uma formação narcísica. A partir dele se desenvolve o instinto ativo de olhar, à medida que abandona o narcisismo, mas o instinto passivo de olhar se atém ao objeto narcísico. Do mesmo modo, a transformação do sadismo em masoquismo significaria um retorno ao objeto narcísico, enquanto nos dois casos o sujeito narcísico é trocado, mediante a identificação, por um outro Eu. Levando em conta o estágio preliminar narcísico do sadismo, que aqui construímos, aproximamo-nos de uma concepção mais geral: a de que as vicissitudes que consistem no instinto, para se voltarem contra o próprio Eu e se converterem de ativo em passivo, dependem da organização narcísica do Eu, e carregam a marca desta fase. Correspondem talvez às tentativas de defesa que em estágios mais elevados da evolução do Eu são conduzidas com outros meios.

Lembramos que até agora trouxemos à discussão apenas os dois pares opostos de instintos: sadismo e masoquismo, prazer de olhar e prazer de mostrar. Entre os instintos que aparecem de forma ambivalente, são esses os que melhor conhecemos. Os outros componentes da função sexual posterior ainda não se tornaram acessíveis o bastante à psicanálise para que sejam discutidos de maneira semelhante. Deles podemos dizer, em geral, que têm atividade *autoerótica*, isto é, seu objeto desaparece diante do órgão que é sua fonte, e via de regra coincide com ele. Mas o objeto do instinto de olhar, embora a princípio seja também parte do corpo, não é o próprio olho, e no sadismo a fonte orgânica, provavelmente a musculatura capacitada para agir, remete diretamente a outro objeto, ainda que no próprio corpo. Nos instintos autoeróticos, o papel da fonte orgânica é tão decisivo que, segundo uma interessante hipótese de P. Federn e L. Jekels (1913), forma e função do órgão determinam a atividade ou passividade da meta instintual.

A transformação de um instinto em seu contrário (material) é observada apenas em um caso, na *conversão de amor em ódio.* Sendo muito frequente encontrar os dois dirigidos simultaneamente para o mesmo objeto, tal coexistência oferece o mais significativo exemplo de ambivalência afetiva.

O caso do amor e do ódio adquire interesse particular pela circunstância de resistir ao enquadramento em nossa descrição dos instintos. Não se pode duvidar da íntima relação entre esses dois afetos contrários e a vida sexual, mas é preciso naturalmente se recusar a conceber o amor como um instinto parcial particular da sexualidade, de maneira igual aos outros. É preferível ver o amor como expressão da totalidade da tendência sexual, mas com isso não se vai muito longe também, e não se sabe como entender um contrário material dessa tendência.

O amar admite não apenas uma, mas três oposições. Além da oposição amor-ódio, existe a de amar-ser amado, e amor e ódio, tomados conjuntamente, opõem-se ao estado de indiferença ou insensibilidade. Dessas três antíteses, a segunda, amar-ser amado, corresponde inteiramente à conversão de atividade em passividade, e pode ser remetida a uma situação fundamental, como o instinto de olhar. Esta situação se chama: *amar a si mesmo*, o que para nós é a característica do narcisismo. Conforme o objeto ou o sujeito seja trocado por um exterior, ocorre a tendência ativa a uma meta, amar, ou a passiva, ser amado, das quais a última permanece mais próxima do narcisismo.

Talvez nos aproximemos de uma compreensão das múltiplas oposições do amar, se lembrarmos que a vida psíquica é dominada por *três polaridades*, que são as antíteses de:

Sujeito (Eu)—Objeto (mundo externo).
Prazer—Desprazer.
Ativo—Passivo.

A antítese Eu-Não Eu (Fora), (Sujeito-Objeto), é imposta bem cedo ao indivíduo, pela experiência de que pode silenciar estímulos externos pela ação muscular, mas é indefeso contra estímulos instintuais. Ela continua soberana principalmente na atividade intelectual e cria a situação fundamental da pesquisa, que não pode ser mudada por nenhum esforço. A polaridade prazer--desprazer é ligada a uma escala de sensações, cuja insuperável importância para a determinação de nossos atos (vontade) já foi sublinhada. A oposição ativo-passivo não deve ser confundida com a de Eu-sujeito—Fora--objeto. O Eu se comporta passivamente face ao mundo externo, enquanto recebe estímulos dele, e ativamente, ao reagir a ele. É impelido por seus instintos a uma *atividade* bem particular frente ao mundo exterior, de modo que, destacando o essencial, poderíamos dizer que o Eu-sujeito é passivo diante dos estímulos externos, e ativo em virtude dos próprios instintos. A oposição ativo-passivo se funde depois com a masculino-feminino, que não tem importância psicológica até que isso aconteça. A fusão de atividade e masculinidade, passividade e feminilidade nos aparece como um fato biológico; mas de modo nenhum ela é tão regularmente taxativa e exclusiva como nos inclinamos a crer.

As três polaridades psíquicas estabelecem as conexões mais significativas entre si. Há uma situação psíquica primordial, em que duas delas coincidem. Originalmente, bem no começo da vida anímica, o Eu se acha investido instintualmente, e em parte é capaz de satisfazer seus instintos em si mesmo. A esse estado chamamos de narcisismo, e de autoerótica a possibilidade de satisfação.[4] Nesse tempo o mundo exterior não está investido de interesse (falando de modo geral) e não faz diferença no que toca à satisfação. Logo, nesse momento o Eu-sujeito coincide com o que é prazeroso, o mundo externo com o que é indiferente (eventualmente com o que, enquanto fonte de estímulos, é desprazeroso). Se provisoriamente definimos o amar como a relação do Eu com suas fontes de prazer, então a situação na qual o Eu ama apenas a si mesmo e é indiferente para com o mundo ilustra a primeira das oposições em que encontramos o "amar".

Na medida em que é autoerótico, o Eu não precisa do mundo exterior, mas recebe dele objetos, devido às experiências dos instintos de conservação do Eu, e portanto não pode deixar de sentir estímulos instintuais internos como desprazerosos por algum tempo. Sob o domínio do princípio do prazer se efetua nele mais uma evolução. Ele

---

4 Como sabemos, uma parte dos instintos sexuais é capaz dessa satisfação autoerótica, e presta-se então para ser veículo do desenvolvimento descrito adiante, sob o domínio do princípio do prazer. Os instintos sexuais, que desde o início requerem um objeto, e as necessidades dos instintos do Eu, impossíveis de satisfazer autoeroticamente, perturbam naturalmente esse estado e preparam o caminho para mudanças. Claro que o estado narcísico primordial não poderia tomar essa evolução se todo indivíduo não conhecesse um período de *desamparo* e *cuidados*, durante o qual suas necessidades prementes são satisfeitas por intervenção exterior, e com isso freadas na evolução.

acolhe em seu Eu* os objetos oferecidos, na medida em que são fontes de prazer, introjeta-os (conforme a expressão de Ferenczi) e por outro lado expele de si o que se torna, em seu próprio interior, motivo de desprazer. (Ver mais adiante o mecanismo da projeção.)

Logo, há uma mudança do Eu-realidade inicial, que distinguiu interior e exterior conforme um bom critério objetivo, em um purificado *Eu-de-prazer*, que põe o atributo do prazer acima de qualquer outro. O mundo externo se divide para ele em uma parte prazerosa, que incorporou em si, e um resto que lhe é estranho. Ele segregou uma parte integrante do próprio Eu, que lança ao mundo externo e percebe como inimiga. Após essa reordenação, restabelece-se a coincidência das duas polaridades:

Eu-sujeito — com o prazer.

Mundo externo — com o desprazer (antes com a indiferença).

Quando o objeto entra no estágio do narcisismo primário, chega-se à formação da segunda antítese do amar, o odiar.

Como vimos, o objeto é levado ao Eu, desde o mundo exterior, primeiramente pelos instintos de autoconservação, e não se pode descartar que também o sentido original do ódio designe a relação para com o mundo ex-

---

* A redundância se encontra no original: *"Es nimmt* [...] *in sein Ich auf"* — nas versões consultadas: *Acoge en su yo*, *recoge en su interior*, *Esso assume in sé*, *Il accueille dans son moi*, *it takes them into itself*. Na mesma frase, a expressão de Ferenczi foi retirada de "Introjektion und Übertragung" [Introjeção e transferência], *Jahrbuch für psychoanalytische und psychopathologische Forschungen*, v. 1, 1909.

terior alheio e portador de estímulos. A indiferença se liga ao ódio, à aversão, como um seu caso especial, após ter surgido primeiro como seu precursor. O exterior, o objeto, o odiado seriam sempre idênticos no início. Se depois o objeto se revela fonte de prazer, ele será amado, mas também incorporado ao Eu, de modo que para o Eu-prazer purificado o objeto coincide novamente com o alheio e odiado.

Mas notamos agora também que, assim como o par de opostos amor-indiferença reflete a polaridade Eu-mundo exterior, também a segunda oposição amor-ódio reproduz a polaridade prazer-desprazer que se relaciona à primeira. Depois que o estágio puramente narcísico dá lugar ao estágio do objeto, prazer e desprazer significam relações do Eu com o objeto. Quando o objeto se torna fonte de sensações prazerosas, produz-se uma tendência motora que busca aproximá-lo do Eu, incorporá-lo ao Eu; fala-se então da "atração" que o objeto dispensador de prazer exerce, e diz-se que se "ama" o objeto. Inversamente, quando o objeto é fonte de sensações desprazerosas, há uma tendência que se esforça por aumentar a distância entre ele e o Eu, repetir a original tentativa de fuga face ao mundo externo emissor de estímulos. Sentimos a "repulsão" do objeto e o odiamos; esse ódio pode então se exacerbar em propensão a agredir o objeto, em intenção de aniquilá-lo.

É possível dizer de um instinto, se necessário, que ele "ama" o objeto que procura para a sua satisfação. Que um instinto "odeie" um objeto, porém, é algo que nos soa estranho, de modo que atentaremos para o fato de que as designações* amor e ódio não se aplicam às relações dos instintos com seus objetos, sendo reservadas para a relação do Eu total com os objetos. Mas a observação do uso da linguagem, sem dúvida pleno de sentido, mostra-nos uma outra limitação no significado de amor e ódio. Não dizemos que amamos os objetos que são úteis à conservação do Eu; enfatizamos que temos necessidade deles, e expressamos algo referente a um outro tipo de relação, ao utilizar palavras que indicam um amor bem atenuado, como "gostar de", "achar agradável", "apreciar".

Portanto, a palavra "amar" se avizinha cada vez mais à esfera da pura relação de prazer do Eu com o objeto, e finalmente se fixa nos objetos sexuais em sentido estrito, e nos objetos que satisfazem as necessidades dos instintos sexuais sublimados. A separação entre instintos do Eu e instintos sexuais, que impusemos à nossa psicologia, revela-se então conforme ao espírito de nossa língua. Se não estamos habituados a dizer que o instinto sexual ama seu objeto, mas vemos o uso mais adequado da palavra "amar" na relação do Eu com seu objeto sexual, essa observação nos ensina que tal emprego nessa relação começa apenas com a síntese de todos os instintos componentes da sexualidade, sob o primado dos órgãos genitais e a serviço da função reprodutiva.

---

* *Bezeichnungen*, como está na primeira edição. Nas edições posteriores encontra-se *Beziehungen* ("relações"), o que evidentemente faz menos sentido no contexto. James Strachey observa isso numa nota, conservando porém o segundo termo. Na mesma frase, em seguida, o termo traduzido por "relação" (duas vezes, a primeira no plural) é *Relation*.

É digno de nota que na utilização da palavra "odiar" não apareça uma relação íntima com o prazer sexual e a função sexual, a relação de desprazer parecendo ser a única decisiva. O Eu odeia, abomina, persegue com propósitos destrutivos todos os objetos que se lhe tornam fonte de sensações desprazerosas, não importando se para ele significam uma frustração da satisfação sexual ou da satisfação de necessidades de conservação. Pode-se mesmo afirmar que os autênticos modelos da relação de ódio não provêm da vida sexual, mas da luta do Eu por sua conservação e afirmação.

O amor e o ódio, que se nos apresentam como uma total oposição material, não se acham portanto numa relação simples um com o outro. Não nasceram da cisão de algo primordialmente comum, mas têm origens diversas e perfizeram cada qual uma evolução própria, antes de formarem um par de opostos, sob influência da relação prazer-desprazer. Neste ponto se nos depara a tarefa de resumir o que sabemos sobre a origem do amor e do ódio.

O amor deriva da capacidade do Eu para satisfazer autoeroticamente, pela obtenção de prazer de órgão, uma parte de seus impulsos instintuais.* Ele é originalmente

---

* "Impulsos instintuais": tradução não muito satisfatória para *Triebregungen*, termo composto por Freud, formado de *Trieb* ("instinto, impulso") e *Regung* ("movimento inicial, agitação, emoção"). Talvez se possa traduzi-lo por uma só palavra ("impulsos", digamos), como argumentei em *As palavras de Freud: o vocabulário freudiano e suas versões*, op. cit., apêndice B. Nas outras versões consultadas encontramos: *impulsos instintivos, mociones pulsionales, moti pulsionali, motions pulsionelles, instinctual impulses.*

narcísico, depois passa para os objetos que foram incorporados ao Eu ampliado, e exprime a procura motora do Eu por esses objetos, enquanto fontes de prazer. Liga-se intimamente à atividade dos futuros instintos sexuais, e coincide, quando a síntese desses é completada, com a totalidade da procura sexual. Estágios preliminares do amor se revelam como metas sexuais temporárias, enquanto os instintos sexuais perfazem a sua complexa evolução. O primeiro desses estágios divisamos no *incorporar* ou *devorar*, um tipo de amor compatível com a abolição da existência separada do objeto, e que portanto pode ser designado como ambivalente. No mais elevado estágio da organização sádico-anal pré-genital surge a procura pelo objeto, sob a forma de impulso de apoderamento, ao qual não importa se o objeto é danificado ou aniquilado. Essa forma e fase preliminar do amor mal se distingue do ódio, em seu comportamento para com o objeto. Apenas com o estabelecimento da organização genital o amor se torna o contrário do ódio.

Enquanto relação com o objeto, o ódio é mais antigo que o amor, surge da primordial rejeição do mundo externo dispensador de estímulos, por parte do Eu narcísico. Como expressão da reação de desprazer provocada por objetos, sempre permanece em íntima relação com os instintos de conservação do Eu, de modo que instintos do Eu e instintos sexuais podem facilmente constituir uma oposição que repete a de ódio e amor. Quando os instintos do Eu dominam a função sexual, como sucede no estágio da organização sádico-anal, eles conferem também à meta sexual as características do ódio.

A história da origem e das relações do amor nos torna mais compreensível o fato de tão frequentemente ele aparecer como "ambivalente", isto é, em companhia de impulsos de ódio contra o mesmo objeto. O ódio mesclado ao amor procede em parte dos estágios preliminares do amor, não superados inteiramente, e de outra parte se fundamenta nas reações de rejeição dos instintos do Eu, que nos frequentes conflitos entre interesses do Eu e do amor podem invocar motivos reais e atuais. Em ambos os casos, portanto, o ódio entremesclado se reporta à fonte dos instintos de conservação do Eu. Quando a relação de amor com um determinado objeto é rompida, não é raro que o ódio tome o seu lugar, com o que temos a impressão de que o amor se transformou em ódio. Seremos levados além dessa descrição se adotarmos a concepção de que nisso o ódio motivado de maneira real é fortalecido pela regressão do amor ao estágio sádico preliminar, e portanto odiar assume um caráter erótico e a continuidade de uma relação amorosa é garantida.

A terceira antítese do amor, a transformação do amar em ser amado, corresponde à ação da polaridade ativo-passivo, e está sujeita à mesma apreciação que os casos do instinto de olhar e do sadismo.

Resumindo, podemos sublinhar que os destinos dos instintos consistem essencialmente no fato de que *os impulsos instintuais são submetidos às influências das três grandes polaridades que governam a vida psíquica*. Dessas três polaridades, pode-se designar a da atividade-

-passividade como a *biológica*, a do Eu-mundo exterior como a *real*, e por fim a de prazer-desprazer como a *econômica*.

O destino instintual da *repressão* constituirá o objeto da investigação seguinte.

A REPRESSÃO (1915)

TÍTULO ORIGINAL: "DIE VERDRÄNGUNG".
PUBLICADO PRIMEIRAMENTE EM
INTERNATIONALE ZEITSCHRIFT FÜR ÄRZTLICHE PSYCHOANALYSE [REVISTA INTERNACIONAL DE PSICANÁLISE MÉDICA], V. 3, N. 3, PP. 129-38.
TRADUZIDO DE *GESAMMELTE WERKE* X, PP. 248-61; TAMBÉM SE ACHA EM *STUDIENAUSGABE* III, PP. 103-18.

A REPRESSÃO

Um destino possível para um impulso instintual* é encontrar resistências que buscam torná-lo inoperante. Em determinadas condições, que passaremos a examinar mais detidamente, ele chega ao estado da *repressão*.** Tratando-se do efeito de um estímulo externo, a fuga seria, obviamente, o recurso adequado. No caso de um instinto a fuga não serve, pois o Eu não pode fugir de si mesmo. Mais tarde se verá na rejeição baseada no julgamento (*condenação*) um bom recurso contra o impulso instintual. Um estágio preliminar da condenação, um meio termo entre a fuga e a condenação, é a repressão, cujo conceito não podia ser estabelecido na época anterior à pesquisa psicanalítica.

Não é fácil deduzir teoricamente a possibilidade da repressão. Por que deveria um impulso instintual sucumbir a esse destino? Evidentemente, deve ser preenchida a condição de que a obtenção da meta instintual produza desprazer em vez de prazer. Mas esse caso é dificilmente concebível. Não existem tais instintos, uma satisfação instintual é sempre prazerosa. Teríamos de supor condições particulares, algum processo me-

---

* *Triebregung* — nas versões estrangeiras consultadas: *instinto, moción pulsionale, moto pulsionale, motion pulsionelle, instinctual impulse*. Ver nota do ensaio anterior, "Os instintos e seus destinos", p. 78.

** Há estudiosos de Freud que usam "repressão" para verter *Unterdrückung* e "recalque" para *Verdrängung*, enquanto outros adotam "supressão" e "repressão". Em *As palavras de Freud*, op. cit., capítulo sobre *Verdrängung*, procuramos mostrar que há argumentos para as duas opções, e até mesmo para a eventual não distinção entre *Unterdrückung* e *Verdrängung*, que às vezes são usados alternadamente por Freud.

diante o qual o prazer da satisfação é transformado em desprazer.

Para delimitar melhor a repressão, podemos discutir algumas outras situações instintuais. Pode ocorrer que um estímulo externo se interiorize — ao irritar e destruir um órgão, por exemplo —, dando origem a uma nova fonte de contínua excitação e aumento de tensão. Desse modo ele adquire uma larga semelhança com um instinto. Sabemos que um caso desses é por nós sentido como *dor*. Mas a meta desse pseudoinstinto é apenas a cessação da mudança no órgão e do desprazer que a ela se liga. Um prazer de outro tipo, direto, não pode ser obtido com a cessação da dor. Além disso, a dor é imperativa; ela se submete apenas à ação de um tóxico ou à influência de uma distração psíquica.

O caso da dor é muito pouco transparente para servir a nosso propósito. Tomemos o caso em que um estímulo instintual, como a fome, permanece insatisfeito. Ele se torna imperativo, não pode ser aplacado senão por um ato de satisfação; mantém uma contínua tensão de necessidade. Algo que semelhe uma repressão não parece se apresentar.

Logo, não se verifica a repressão nos casos em que a tensão se torna insuportavelmente grande, devido à insatisfação de um impulso instintual. Quanto aos meios de defesa do organismo contra essa situação, serão discutidos em outro contexto.

Vamos nos ater à experiência clínica, tal como aparece na prática psicanalítica. Então aprenderemos que a satisfação do instinto submetido à repressão seria possível, e também prazerosa em si mesma, mas que seria inconciliável com outras exigências e intenções; geraria prazer num lugar e desprazer em outro. Então se torna condição para a repressão que o motivo do desprazer adquira um poder maior que o prazer da satisfação. Além disso, a experiência psicanalítica com as neuroses de transferência nos leva a concluir que a repressão não é um mecanismo de defesa existente desde o início, que não pode surgir antes que se produza uma nítida separação entre atividade psíquica consciente e inconsciente, e que *a sua essência consiste apenas em rejeitar e manter algo afastado da consciência*. Tal modo de conceber a repressão seria complementado pela suposição de que, anteriormente a esse estágio da organização psíquica, cabe a outras vicissitudes dos instintos, como a transformação no contrário e a reversão contra a própria pessoa, a tarefa da defesa frente a impulsos instintuais.

Agora nos parece haver uma tão extensa correlação entre repressão e inconsciente que teremos de adiar um aprofundamento da essência da repressão até sabermos sobre a estrutura das instâncias psíquicas e a diferenciação de consciente e inconsciente. Antes disso podemos apenas reunir, de modo puramente descritivo, algumas características da repressão que foram notadas clinicamente, arriscando repetir sem alteração coisas afirmadas em outros lugares.

Temos fundamentos, portanto, para supor uma *repressão primordial*, uma primeira fase da repressão, que consiste no fato de ser negado, à representante psíquica* do instinto, o acesso ao consciente. Com isso se produz uma *fixação*; a partir daí a representante em questão persiste inalterável, e o instinto permanece ligado a ela. Isso acontece devido às propriedades dos processos inconscientes que discutiremos depois.

O segundo estágio da repressão, a *repressão propriamente dita*, afeta os derivados psíquicos da representante reprimida ou as cadeias de pensamentos que, originando-se de outra parte, entraram em vínculo associativo com ela. Graças a essa relação, tais representações sofrem o mesmo destino que o que foi reprimido primordialmente. A repressão propriamente dita é, portanto, uma "pós-repressão".** Aliás, é um erro destacar apenas a repulsa que, a partir do consciente, age sobre o que há de ser reprimido. Deve-se ter em conta, em igual medida, a atração que o primordialmente reprimido exerce sobre tudo aquilo com que pode estabelecer contato. Provavelmente a tendência para a repressão não alcançaria seu propósito se essas forças não atuassem juntas, se não houvesse algo re-

---

* "Representante psíquica": *Vorstellungsrepräsentanz* — nas versões estrangeiras consultadas: *representación psíquica*, *agencia representante* {*Representanz*} *psíquica* (*agencia representante-representación*) [sic; com chaves e parênteses], "*rappresentanza*" *psichica* (*ideativa*), *représentance psychique* (*représentance de représentation*), *psychical* (*ideational*) *representative*. Ver, quanto a esse problemático termo, o capítulo "*Vorstellung / idea / représentation*", em *As palavras de Freud*, op. cit.

** No original: "*Die eigentliche Verdrängung ist also ein Nachdrängen*". Esse último termo, cunhado por Freud, foi traduzido, nas versões estrangeiras consultadas, por: *fuerza opresiva* ("*nachdrängen*") *posterior*, "*esfuerzo de dar caza*", *post-rimozione*, *refoulement après-coup*, *after-pressure*.

primido anteriormente, disposto a acolher o que é repelido pelo consciente.

Influenciados pelo estudo das psiconeuroses, que nos faz ver o significativo efeito da repressão, somos inclinados a superestimar o seu conteúdo psicológico, e esquecemos com facilidade que a repressão não impede a representante do instinto de prosseguir existindo no inconsciente, de continuar se organizando, formando derivados e estabelecendo conexões. Na realidade, a repressão perturba apenas a relação com um sistema psíquico, o do consciente.

A psicanálise pode nos mostrar ainda outras coisas significativas para o entendimento dos efeitos da repressão nas psiconeuroses. Por exemplo, que a representante do instinto se desenvolve de modo mais desimpedido e mais substancial quando é subtraída à influência consciente mediante a repressão. Ela prolifera como que no escuro, e acha formas de manifestação extremas, que, ao serem traduzidas e exibidas para o neurótico, não só lhe parecem inevitavelmente estranhas, mas também o assustam com a imagem de uma extraordinária e perigosa força instintual. Essa ilusória intensidade do instinto é produto de uma desinibida expansão da fantasia e de um represamento devido à satisfação frustrada. O fato de esse acontecimento estar ligado à repressão é algo que indica onde devemos buscar a verdadeira significação desta.

Mas se retornamos ao aspecto contrário, constatamos não ser correto que a repressão mantenha afastados do consciente todos os derivados do reprimido primordial. Quando estes se distanciaram o suficiente da representante reprimida, seja assumindo deformações, seja pelo número de elos intermediários que se interpuseram, o acesso ao consciente se torna livre para eles. É como se a resistência que o consciente lhes opõe fosse uma função do seu distanciamento do originalmente reprimido. No exercício da técnica psicanalítica, exortamos continuamente o paciente a produzir tais derivados do reprimido, que devido a sua distância ou deformação podem passar pela censura do consciente. Não são outra coisa os pensamentos espontâneos que dele solicitamos, através da renúncia a todas as ideias intencionais* conscientes e a toda crítica, e a partir dos quais reconstituímos uma tradução consciente da representante reprimida. Nisso observamos que o paciente pode continuar tecendo uma tal cadeia de associações, até que no seu curso depara com uma formação de pensamento na qual a relação com o reprimido age com tamanha intensidade, que ele tem de repetir sua tentativa de repressão. É preciso que também os sintomas neuróticos tenham satisfeito a condição acima, pois eles são derivados do reprimido, que por meio dessas formações obteve enfim o acesso à consciência que lhe era negado.

De modo geral não podemos dizer até onde tem que ir o distanciamento e deformação do reprimido para que a resistência do consciente seja removida. Aí ocorre um sutil sopesamento, cuja ação nos escapa, mas cujo efeito

---

* "Ideias intencionais": *Zielvorstellungen* — nas versões consultadas: *ideas de propositos conscientes*, *representación-meta*, *rappresentazione finalizzata*, *représentations-de-but*, *purposive idea*. Cf. o mencionado capítulo sobre *Vorstellung*, em *As palavras de Freud*, op. cit.

nos permite inferir que a questão é parar antes que o investimento do inconsciente atinja uma determinada intensidade, além da qual ele procederia rumo à satisfação. Portanto, a repressão trabalha de maneira *altamente individual*; cada derivado do inconsciente pode ter seu destino particular; um pouco mais ou um pouco menos de deformação altera completamente o resultado. Nisto se compreende que os objetos favoritos dos homens, seus ideais, provenham das mesmas percepções e vivências que os mais execrados por eles, e que originalmente eles se diferenciem uns dos outros apenas por mudanças mínimas. Pode mesmo ocorrer, como vimos na gênese do fetiche, que a representante original do instinto se decomponha em duas partes, das quais uma sucumbe à repressão, e a restante, precisamente devido a esse íntimo enlace, tem o destino da idealização.

Aquilo que resulta de uma deformação maior ou menor pode também ser alcançado na outra ponta do aparelho, por assim dizer, através de uma modificação nas condições da produção de prazer-desprazer. Técnicas especiais foram desenvolvidas, com o propósito de efetuar mudanças tais no jogo das forças psíquicas, que o que normalmente produz desprazer será também portador de prazer, e, sempre que tal recurso entrar em ação, será suspensa a repressão de uma representante instintual que normalmente seria rechaçada. Até agora, essas técnicas foram estudadas com maior detalhe apenas nas *piadas*. Via de regra a suspensão da repressão é apenas provisória; logo é restabelecida.

Mas observações desse tipo nos levam a atentar para

outras características da repressão. Ela é não só, como acabamos de ver, *individual*, mas também extremamente *móvel*. Não se deve imaginar o processo de repressão como algo acontecido uma única vez e que tem resultado duradouro, mais ou menos como quando se abate algo vivo, que passa a estar morto; a repressão exige, isto sim, um constante gasto de energia, cuja cessação colocaria em perigo o seu êxito, de modo que um novo ato de repressão se tornaria necessário. É lícito imaginar que o reprimido exerce uma contínua pressão na direção do consciente, a qual tem de ser compensada por uma ininterrupta contrapressão. Portanto, manter uma repressão pressupõe um permanente dispêndio de energia, e a sua eliminação significa, economicamente, uma poupança. A mobilidade da repressão, aliás, também acha expressão nas características psíquicas do sono, o único estado que torna possível a formação do sonho. Com o despertar, os investimentos de repressão que foram recolhidos são novamente enviados.

Por fim, não podemos esquecer que ainda dissemos pouco sobre um impulso instintual, ao constatar apenas que ele é reprimido. Ele pode, sem prejuízo da repressão, encontrar-se em estados bem diferentes, estar inativo, isto é, investido de bem pouca energia psíquica, ou investido em grau variável, e assim capacitado para a atividade. É certo que a sua ativação não terá a consequência de suprimir diretamente a repressão, mas estimulará todos os processos que terminam por lhe consentir a penetração até a consciência por vias indiretas. No caso de derivados não reprimidos do inconsciente, a medida de ativação ou investimento decide com frequência o destino da ideia. É comum suceder que um tal derivado permaneça não reprimido enquanto representa uma energia mínima, embora o seu conteúdo fosse adequado para despertar um conflito com o que é dominante no consciente. Mas o fator quantitativo se revela decisivo para esse conflito; tão logo a ideia, no fundo repugnante, fortalece-se além de determinada medida, o conflito se torna atual, e é justamente a ativação que traz consigo a repressão. Logo, em matéria de repressão, um acréscimo no investimento de energia age no mesmo sentido de uma aproximação ao inconsciente, e o seu decréscimo, no mesmo sentido de um distanciamento ou uma deformação. Compreendemos assim que as tendências repressoras possam encontrar, no enfraquecimento do que é desagradável, um substituto para a sua repressão.

Em nossa discussão tratamos, até o momento, da repressão de uma representante instintual, entendendo por isso uma ideia ou grupo de ideias investido de um determinado montante de energia psíquica (libido, interesse) a partir do instinto. A observação clínica nos leva agora a decompor o que até então apreendemos como uma unidade, pois nos mostra que é preciso considerar, além da ideia, uma outra coisa que representa o instinto, e o fato de que ela experimenta um destino de repressão que pode ser inteiramente diverso do da ideia. Para designar esse outro elemento da representante psíquica já se encontra estabelecido o termo de *montante afetivo*; ele corresponde ao instinto, na medida em que este se desligou da ideia e acha expressão, proporcional à sua quantidade, em processos que são percebidos como afetos. De agora em diante, ao descrever um caso de repressão, teremos de acompanhar separadamente aquilo em que resultou a ideia, devido à repressão, e o que veio a ser da energia instintual que a ela se ligava.

Bem gostaríamos de fazer uma afirmação geral sobre os destinos de ambas. Isso nos será possível depois de alguma orientação. O destino geral da *ideia* que representa o instinto dificilmente será outro senão desaparecer do consciente, se antes era consciente, ou ser mantida fora da consciência, se estava a ponto de tornar-se consciente. A diferença já não é significativa; corresponde mais ou menos a saber se eu ordeno a um hóspede indesejável que se retire de minha sala ou do vestíbulo, ou se, após tê-lo reconhecido, não permito sequer que ele pise a soleira da entrada.[1] O destino do fator *quantitativo* da representante instintual pode ser triplo, como nos ensina um rápido exame das experiências reunidas na psicanálise. O instinto é inteiramente suprimido, de modo que dele nada se encontra, ou aparece como um afeto, qualitativamente nuançado de alguma forma, ou é transformado em angústia. As duas últimas possibilidades nos impõem a tarefa de contemplar, como nova vicissitude do instinto, a *conversão* das energias psíquicas dos *instintos* em *afetos*, muito especialmente em *angústia*.

---

1 Esta imagem, aplicável ao processo de repressão, pode ser estendida também a uma característica já mencionada da repressão. Basta acrescentar que é preciso deixar um vigia permanente junto à porta que foi proibida para o hóspede, senão este rejeitado a arrombaria. (Ver acima.)

A REPRESSÃO

Recordamos que o motivo e o propósito da repressão eram tão somente evitar o desprazer. Segue-se que o destino do montante afetivo da representante é bem mais importante que o da ideia, e que isso é decisivo para o julgamento do processo de repressão. Se uma repressão não consegue impedir o surgimento de sensações de desprazer ou de angústia, então podemos dizer que ela fracassou, ainda que tenha alcançado sua meta na parte ideativa. Naturalmente a repressão fracassada tem mais direito ao nosso interesse do que aquela mais ou menos bem-sucedida, que em geral escapa ao nosso estudo.

Agora pretendemos obter uma visão do *mecanismo* do processo de repressão, e saber, principalmente, se existe apenas um mecanismo de repressão ou vários deles, e se cada uma das psiconeuroses se distinguiria por um mecanismo de repressão todo próprio. Mas já no começo desta pesquisa nós vislumbramos complicações. O mecanismo de uma repressão se torna acessível para nós apenas quando o deduzimos a partir dos resultados da repressão. Limitando a observação aos seus resultados na parte ideativa da representante, descobrimos que em geral a repressão produz uma *formação substitutiva*. Qual é então o mecanismo dessa formação substitutiva? Ou existem, aqui também, vários mecanismos a diferenciar? Sabemos igualmente que a repressão deixa *sintomas*. Podemos então supor que a formação substitutiva e a formação de sintomas coincidem, e, se assim for no conjunto, o mecanismo da formação de sintomas equivale ao da repressão? Atualmente a probabilidade maior é de que os dois divirjam bastante, de que não seja a repressão mesma que produz formações substitutivas e sintomas, mas que estes surjam como indícios de um *retorno do reprimido*, em virtude de processos inteiramente outros. Então parece recomendável que se investiguem os mecanismos da formação de substitutos e de sintomas antes daqueles da repressão.

É claro que a especulação já não pode ajudar aqui, tendo que ser substituída pela cuidadosa análise dos efeitos da repressão, a serem observados nas diferentes neuroses. Mas devo propor que também esse trabalho seja adiado, até que tenhamos formado ideias confiáveis sobre a relação entre o consciente e o inconsciente. Apenas para que esta discussão não acabe inteiramente sem frutos, anteciparei que 1) de fato, o mecanismo da repressão não coincide com o ou os mecanismos da formação substitutiva, 2) há mecanismos bastante diversos de formação substitutiva, e 3) há pelo menos uma coisa comum aos mecanismos de repressão: a *retração do investimento de energia* (ou *libido*, quando lidamos com instintos sexuais).

Além disso quero mostrar, limitando-me às três mais conhecidas psiconeuroses, como os conceitos aqui introduzidos têm aplicação no estudo da repressão. Para a *histeria de angústia* escolherei um exemplo bem analisado de zoofobia. O impulso instintual sujeito à repressão é uma atitude libidinal frente ao pai, acompanhada da angústia em relação a ele.* Depois da repressão esse im-

---

* Ou "medo dele", pois *Angst* tem os dois sentidos; os tradutores italiano e inglês usaram *paura* e *fear*, enquanto os outros mantiveram "angústia".

pulso desapareceu da consciência, o pai já não aparece aí como objeto da libido. Como substituto, em lugar correspondente, encontra-se um animal, que se presta relativamente bem para objeto de angústia. A formação substitutiva da parte ideativa [da representante instintual] realizou-se pela via do *deslocamento* ao longo de uma cadeia de relações determinada de certa maneira. A parte quantitativa não desapareceu, mas sim converteu-se em angústia. O resultado é angústia diante do lobo, em vez de reivindicação do amor do pai. Naturalmente as categorias aqui aplicadas não bastam para fornecer explicação nem mesmo para o caso mais simples de psiconeurose. Há outros ângulos a serem considerados.

Uma repressão como a do caso de zoofobia pode ser vista como radicalmente fracassada. O trabalho da repressão consistiu apenas em eliminar e substituir a ideia; deixou totalmente de evitar o desprazer. Por isso o trabalho da neurose também não descansa, mas prossegue numa segunda fase, para atingir sua meta mais próxima e mais importante. Forma-se uma tentativa de fuga, a autêntica *fobia*, uma série de escapatórias para evitar o desencadeamento da angústia. Uma investigação mais específica permitirá compreender os mecanismos pelos quais a fobia atinge sua meta.

O quadro de uma verdadeira *histeria de conversão* nos obriga a considerar de modo bem diferente o processo de repressão. O que nela sobressai é o fato de se chegar ao desaparecimento completo do montante de afeto. O doente exibe, frente a seus sintomas, o comportamento que Charcot denominou de "*la belle indifférence des hys-*

tériques". Outras vezes tal supressão não é tão bem-sucedida, uma parcela de sensações dolorosas liga-se aos próprios sintomas, ou não é possível impedir algum desencadeamento da angústia, o que por sua vez põe em movimento o mecanismo de formação de fobias. O conteúdo ideativo da representante instintual é radicalmente subtraído à consciência; como formação substitutiva — e ao mesmo tempo como sintoma — se encontra uma inervação muito acentuada — somática, em casos exemplares —, ora de natureza sensorial, ora motora, como excitação ou como inibição. A um exame mais atento, o local superinervado se revela parte da representante instintual reprimida, que atraiu para si, como por *condensação*, todo o investimento. Claro que essas observações também não desvendam inteiramente o mecanismo de uma histeria de conversão; deve ser aí acrescentado principalmente o fator da *regressão*, que será oportunamente apreciado.

Pode-se julgar completamente falha a repressão da histeria [de conversão], na medida em que foi tornada possível somente por formações substitutivas extensas; mas quanto à forma de dispor do montante afetivo, a verdadeira tarefa da repressão, ela significa geralmente um completo êxito. Na histeria de conversão, o processo de repressão é concluído com a formação de sintomas e não necessita, como no caso da histeria de angústia, prolongar-se num segundo momento — ou mesmo indefinidamente.

A repressão mostra mais um aspecto diferente na terceira afecção a que recorremos para comparação, a da *neurose obsessiva*. Aqui ficamos em dúvida, a princípio, sobre o que devemos considerar como representante submetida à repressão, se uma tendência libidinal ou uma hostil. A incerteza vem de que a neurose obsessiva tem por pressuposto uma regressão, por meio da qual uma tendência sádica tomou o lugar de uma afetuosa. É esse impulso hostil para com uma pessoa amada que é sujeito à repressão. Numa primeira fase do trabalho de repressão, o efeito é bem diferente do que será depois. De início, o êxito é completo, o conteúdo ideativo é rechaçado e o afeto é levado a desaparecer. Como formação substitutiva se verifica uma mudança do Eu, a elevação da conscienciosidade, que não se pode chamar exatamente de sintoma. Formação substitutiva e formação de sintomas não coincidem aqui. Nisso também aprendemos algo sobre o mecanismo da repressão. Como em todos os casos, ela efetuou aqui uma retração da libido, mas para este fim se serviu da *formação reativa*, mediante o fortalecimento de uma oposição. Logo, a formação substitutiva tem aqui o mesmo mecanismo que a repressão, e no fundo coincide com esta, mas se distingue cronologicamente — e conceitualmente — da formação de sintomas. É muito provável que o processo inteiro seja tornado possível pela relação de ambivalência em que se inscreve o impulso sádico a ser reprimido.

Mas a repressão, inicialmente boa, não se sustenta, e com a progressão das coisas o seu fracasso ressalta cada vez mais. A ambivalência, que permitiu a repressão através da formação reativa, é também o lugar onde o reprimido consegue retornar. O afeto desaparecido volta transformado em angústia social, angústia da consciência, recriminação desmedida, a ideia rejeitada é trocada por um *substituto por deslocamento*, com frequência deslocamento para algo menor, indiferente. Em geral há uma tendência inegável para restabelecer intacta a ideia reprimida. O fracasso na repressão do fator quantitativo, afetivo, põe em jogo o mesmo mecanismo de fuga por meio de proibições e escapatórias que já vimos na formação da fobia histérica. Mas a ideia rejeitada do consciente é tenazmente mantida dessa forma, porque envolve um impedimento da ação, um entrave motor ao impulso. Assim o trabalho de repressão, na neurose obsessiva, prolonga-se numa luta interminável e sem êxito.

A pequena série de comparações aqui apresentada deve nos convencer da necessidade de investigações mais abrangentes, para que possamos ter a esperança de compreender os processos relacionados à repressão e formação neurótica de sintomas. O extraordinário entrelaçamento de todos os fatores a considerar nos deixa apenas um caminho livre para a exposição. Temos que escolher ora um, ora outro ângulo, e persegui-lo através do material, enquanto sua utilização parece dar frutos. Cada uma dessas elaborações será incompleta em si, e não deixará de ter obscuridades, ali onde tocar no que ainda não foi trabalhado; mas podemos esperar que da composição final resulte uma boa compreensão.

O INCONSCIENTE (1915)

TÍTULO ORIGINAL: "DAS UNBEWUßTE".
PUBLICADO PRIMEIRAMENTE EM
*INTERNATIONALE ZEITSCHRIFT FÜR
ÄRZTLICHE PSYCHOANALYSE* [REVISTA
INTERNACIONAL DE PSICANÁLISE MÉDICA],
V. 3, N. 4, PP. 189-203, E N. 5, PP. 257-69.
TRADUZIDO DE *GESAMMELTE WERKE* X,
PP. 264-303; TAMBÉM SE ACHA
EM *STUDIENAUSGABE* III, PP. 119-73.

O INCONSCIENTE

Aprendemos, com a psicanálise, que a essência do processo de repressão não consiste em eliminar, anular a ideia que representa o instinto,* mas em impedir que ela se torne consciente. Dizemos então que se acha em estado de "inconsciente", e podemos oferecer boas provas de que também inconscientemente ela pode produzir efeitos, inclusive aqueles que afinal atingem a consciência. Tudo que é reprimido tem de permanecer inconsciente, mas constatemos logo de início que o reprimido não cobre tudo que é inconsciente. O inconsciente tem o âmbito maior; o reprimido é uma parte do inconsciente.

De que forma podemos chegar ao conhecimento do inconsciente? É claro que o conhecemos apenas enquanto consciente, depois que experimentou uma trans-

---

* "A ideia que representa o instinto": *eine den Trieb repräsentierende Vorstellung*. A tradução de *Vorstellung* por "representação" gera um problema neste ponto, como atestam as versões estrangeiras que assim fazem: *una idea que representa al instinto, una representación representante de la pulsión, un'idea che rappresenta una pulsione, une représentation représentant la pulsion*, idem, idem, *the ideational presentation of an instinct, the idea that represents the instinct*. Cf. capítulos sobre os termos *Vorstellung* e *Trieb*, em *As palavras de Freud*, op. cit. Além daquelas indicadas numa nota a "Os instintos e seus destinos" (p. 59) foram consultadas, ao traduzir o presente ensaio, as seguintes versões estrangeiras: mais duas francesas — uma de J. Laplanche e J.-B. Pontalis, no volume *Métapsychologie*, Paris: Gallimard, 1968; e uma de vários tradutores, suplemento da revista *L'Unebévue*, v. 1, 1992 — e outra inglesa, de Cecil M. Baines, em *Collected papers*, v. IV, Londres: Hogarth Press e Institute of Psycho-Analysis, 1925. Todas são citadas em ordem decrescente de proximidade ao português; havendo mais de uma em determinada língua, em ordem cronológica de publicação.

posição ou tradução em algo consciente. Diariamente o trabalho psicanalítico nos traz a experiência de que é possível uma tal tradução. Isso requer que o analisando supere determinadas resistências, as mesmas que outrora, rejeitando-o do consciente, transformaram um dado material em reprimido.

I. JUSTIFICAÇÃO DO INCONSCIENTE

O direito de supor uma psique inconsciente e de trabalhar cientificamente com essa hipótese nos é contestado de muitos lados. A isso podemos replicar que a suposição do inconsciente é *necessária* e *legítima*, e que possuímos várias *provas* da existência do inconsciente. Ela é necessária porque os dados da consciência têm muitas lacunas; tanto em pessoas sadias como em doentes verificam-se com frequência atos psíquicos que pressupõem, para sua explicação, outros atos, de que a consciência não dá testemunho. Esses atos não são apenas as ações falhas e os sonhos dos indivíduos sadios, e tudo o que é chamado de sintomas e fenômenos obsessivos na psique dos doentes — nossa experiência cotidiana mais pessoal nos familiariza com pensamentos espontâneos cuja origem não conhecemos, e com resultados intelectuais cuja elaboração permanece oculta para nós. Todos esses atos conscientes permanecem desconexos e incompreensíveis se insistimos na pretensão de que através da consciência experimentamos tudo o que nos sucede em matéria de atos psíquicos, mas se inscrevem numa coerência demonstrável se neles interpolamos os atos inconscientes inferidos. Um ganho em sentido e coerência é motivo plenamente justificado para irmos além da experiência imediata. Se além disso pudermos edificar, sobre a hipótese do inconsciente, uma prática bem-sucedida, mediante a qual influímos no curso dos processos conscientes, teremos neste sucesso uma prova indiscutível da existência daquilo suposto. Então será preciso adotar o ponto de vista de que é uma *pretensão insustentável* exigir que tudo o que sucede na psique teria de se tornar conhecido também para a consciência.

Podemos avançar um pouco e alegar, em favor de um estado psíquico inconsciente, que a cada instante a consciência abrange apenas um conteúdo mínimo, de sorte que a maior parte do que denominamos conhecimento consciente deve, de qualquer maneira, achar-se em estado de latência por longos períodos de tempo, ou seja, em um estado de inconsciência psíquica. Contradizer o inconsciente seria, em vista de todas as nossas lembranças latentes, algo inteiramente inconcebível. Deparamos, em seguida, com a objeção de que essas recordações latentes já não podem ser chamadas de psíquicas, mas correspondem a vestígios de processos somáticos, a partir dos quais o psíquico pode novamente surgir. Não é difícil replicar que a lembrança latente é, pelo contrário, um indubitável resto de um processo psíquico. Mais importante, porém, é ter claro que a objeção se baseia na equiparação — tácita, mas de antemão estabelecida — do consciente ao psíquico. Tal equiparação é ou uma *petitio principii*, que não admite questio-

I. JUSTIFICAÇÃO DO INCONSCIENTE

nar se tudo psíquico tem de ser também consciente, ou um caso de convenção, de nomenclatura. Tendo este segundo caráter, ela é naturalmente irrefutável, como toda convenção. Resta então perguntar se ela é útil e adequada o bastante para que tenhamos de aceitá-la. Podemos responder que a identificação convencional entre o psíquico e o consciente é totalmente inadequada. Ela rompe as continuidades psíquicas, nos precipita nas insolúveis dificuldades do paralelismo psicofísico, fica aberta à crítica de superestimar sem fundamentação razoável o papel da consciência, e nos obriga a deixar o âmbito da pesquisa psicológica, sem nos trazer compensação de outros campos.

De todo modo é claro que essa questão, de saber se os incontestáveis estados latentes da vida psíquica devem ser concebidos como estados psíquicos inconscientes[*] ou como físicos, ameaça redundar numa disputa de palavras. Daí ser aconselhável pôr em primeiro plano aquilo que sabemos com certeza sobre a natureza desses estados. Quanto a suas características físicas, eles nos são completamente inacessíveis; nenhuma concepção[**] fisiológica, nenhum processo químico pode nos dar ideia de sua essência. Por outro lado se verifica que eles mantêm o mais amplo contato com os processos psíquicos cons-

---

[*] "Estados psíquicos inconscientes": *unbewußte seelische Zustände*; inexplicavelmente, tanto a versão de Lopez-Ballesteros como a *Standard* inglesa trazem "conscientes" neste ponto.

[**] "Concepção": tradução que nessa frase damos a *Vorstellung* — nas versões estrangeiras consultadas: *concepto*, *idea* (contrariando sua própria orientação), *rappresentazione*, *représentation*, idem, idem, *conception*, *concept*.

cientes; mediante um certo trabalho podem se transformar neles, serem substituídos por eles, e se deixam descrever com todas as categorias que aplicamos aos atos anímicos conscientes, tais como representações, decisões, aspirações etc. Mais ainda, de muitos desses estados devemos dizer que se diferenciam dos conscientes apenas pela falta da consciência. Logo, não hesitaremos em tratá-los como objetos da investigação psicológica, em íntima relação com os atos anímicos conscientes.

A tenaz rejeição do caráter psíquico dos atos anímicos latentes se explica pelo fato de a maioria dos fenômenos considerados não haver se tornado objeto de estudo fora da psicanálise. Quem não conhece os fatos patológicos, vê como casuais os lapsos das pessoas normais e se limita à velha sabedoria de que "os sonhos são espumas" [*Träume sind Schäume*], precisa apenas negligenciar mais alguns enigmas da psicologia da consciência para se poupar a hipótese de uma atividade anímica inconsciente. As experiências hipnóticas, aliás, especialmente a sugestão pós-hipnótica, demonstraram de modo tangível a existência e maneira de operar do inconsciente psíquico, antes mesmo da época da psicanálise.

A hipótese do inconsciente é também inteiramente *legítima*, na medida em que, ao adotá-la, não nos afastamos um passo da maneira de pensar que para nós é habitual e tida como correta. A consciência proporciona a cada um de nós apenas o conhecimento dos próprios estados d'alma; que um outro ser humano tenha consciência é uma conclusão que se tira *per analogiam*, com base nas manifestações e nos atos que percebemos desse ou-

I. JUSTIFICAÇÃO DO INCONSCIENTE

tro, para nos tornar compreensível o seu comportamento. (Psicologicamente mais correto seria talvez afirmar que sem maior reflexão nós atribuímos, a cada outro indivíduo, nossa própria constituição e também nossa consciência, e que tal identificação é o pressuposto de nossa compreensão.) Essa conclusão — ou identificação — foi outrora estendida, pelo Eu, aos outros seres humanos, animais, plantas, às coisas inanimadas e à totalidade do mundo, e se revelou útil enquanto a similitude com o Eu individual foi preponderante, mas tornou-se menos confiável à medida que o "outro" se distanciou do Eu. Atualmente nossa reflexão crítica já é insegura quanto à consciência dos animais, recusa-se a admiti-la nas plantas e deixa para o misticismo a hipótese de uma consciência do que é inanimado. Mas também onde a tendência original à identificação passou pelo exame crítico, no caso de o "outro" ser um humano próximo, a suposição de uma consciência baseia-se numa inferência, e não pode partilhar a imediata certeza de nossa própria consciência.

Ora, a psicanálise exige apenas que esse método de inferência* se volte também para a própria pessoa — algo para o qual não existe, claro, uma tendência constitucional. Assim fazendo, será preciso dizer que todos os atos e

---

* "Método de inferência": *Schlußverfahren*. Este é um caso em que as duas palavras que compõem o termo admitem mais de uma versão; daí a maior diversidade nas traduções estrangeiras consultadas: *procedimiento deductivo*, *modo de razonamiento*, *tipo di inferenza*, *procédé d'inférence*, idem, *procédé de déduction*, *method of inference*, *process of inference*.

manifestações que em mim percebo, e que não sei ligar ao restante de minha vida psíquica, têm de ser julgados como se pertencessem a uma outra pessoa, e devem achar esclarecimento por uma vida anímica que se atribua a esta pessoa. A experiência também mostra que sabemos interpretar nos outros, isto é, integrar no seu contexto anímico os mesmos atos a que negamos reconhecimento psíquico em nossa própria pessoa. Evidentemente, um obstáculo especial desvia nossa investigação da própria pessoa, impedindo que realmente a conheçamos.

Esse método de inferência, aplicado sobre a própria pessoa apesar de oposição interna, não leva à descoberta de um inconsciente, e sim, mais corretamente, à suposição de uma outra, uma segunda consciência, que em minha pessoa se acha unida com a que me é conhecida. Mas nisso a crítica tem justa oportunidade de fazer objeções. Primeiro, uma consciência da qual o próprio portador nada sabe é algo diferente de uma consciência alheia, e pode-se perguntar se uma tal consciência, a que falta a mais importante característica, merece de fato uma discussão. Quem se rebelou contra a hipótese de uma psique inconsciente não ficará satisfeito em trocá-la por uma *consciência inconsciente*. Em segundo lugar, a análise indica que cada um dos processos anímicos latentes que inferimos goza de um alto grau de independência, como se não estivesse em ligação com os demais e nada soubesse deles. Devemos então estar preparados para supor em nós uma segunda consciência, mas também uma terceira, quarta, talvez uma série interminável de estados de consciência, todos desconhecidos para nós e entre si. Em terceiro lugar vem, como o ar-

I. JUSTIFICAÇÃO DO INCONSCIENTE

gumento de maior peso, a consideração de que através da pesquisa analítica sabemos que uma parte desses processos latentes possui características e peculiaridades que nos parecem estranhas, mesmo incríveis, e que contrariam diretamente os atributos da consciência que nos são conhecidos. Assim teremos razão para modificar a inferência sobre nossa própria pessoa: ela não demonstra uma segunda consciência em nós, mas sim a existência de atos psíquicos privados de consciência. Também a designação de "subconsciência" poderemos rejeitar, por ser incorreta e enganadora. Os conhecidos casos de "*double conscience*" (cisão da consciência)* nada provam contra a nossa concepção. Eles podem ser descritos, da maneira mais pertinente, como casos de cisão das atividades anímicas em dois grupos, sendo que então a mesma consciência volta-se alternadamente para um ou para o outro.

Na psicanálise só nos resta declarar os processos anímicos em si como inconscientes e comparar sua percepção pela consciência à percepção do mundo externo pelos órgãos dos sentidos. Esperamos inclusive que essa comparação seja proveitosa para o nosso conhecimento. A suposição psicanalítica da atividade psíquica inconsciente nos parece, por um lado, um desenvolvimento ulterior do animismo primitivo, que em tudo nos fazia ver imagens fiéis de nossa consciência, e por outro lado o prosseguimento da retificação, empreendida por Kant, de nosso modo de conceber a percepção externa. Assim como Kant nos aler-

---

* A expressão *double conscience* está em francês no original, e o sinônimo entre parênteses é do próprio Freud.

tou para não ignorar o condicionamento subjetivo de nossa percepção e não tomá-la como idêntica ao percebido incognoscível, a psicanálise adverte para não se colocar a percepção pela consciência no lugar do processo psíquico inconsciente, que é o objeto desta percepção. Tal como o físico, também o psíquico não precisa, na realidade, ser como nos aparece. Mas teremos a satisfação de verificar que a retificação da percepção interna não apresenta dificuldade tão grande como a da externa, que o objeto interno é menos incognoscível que o mundo exterior.

II. A PLURALIDADE DE SENTIDOS DO INCONSCIENTE E O PONTO DE VISTA TOPOLÓGICO

Antes de prosseguir, constatemos o fato importante, e também embaraçoso, de que a inconsciência é apenas um traço distintivo do psíquico, que de modo algum basta para a sua caracterização. Existem atos psíquicos de valor bem diverso, que no entanto coincidem na característica de serem inconscientes. Por um lado, o inconsciente abrange atos que são apenas latentes, temporariamente inconscientes, mas que de resto não se diferenciam em nada dos conscientes, e, por outro lado, processos como os reprimidos, que, caso se tornassem conscientes, contrastariam da maneira mais crua com os restantes conscientes. Para pôr fim a todos os mal-entendidos, seria bom

II. A PLURALIDADE DE SENTIDOS DO INCONSCIENTE

abstrair totalmente, na descrição dos variados atos psíquicos, do fato de serem conscientes ou inconscientes, e classificá-los apenas segundo sua relação com os instintos e metas, segundo sua composição e inclusão nos sistemas psíquicos superpostos uns aos outros. Mas isso é impraticável por razões diversas, e assim não podemos escapar à ambiguidade de utilizar os termos "consciente" e "inconsciente" ora num sentido descritivo, ora sistemático, quando então significam inclusão em determinados sistemas e posse de certos atributos. Poderíamos também fazer a tentativa de evitar a confusão designando os sistemas psíquicos reconhecidos com nomes tomados arbitrariamente, que não aludissem à qualidade de ser consciente. Mas teríamos antes que justificar em que baseamos a diferenciação dos sistemas, e nisso não poderíamos contornar a qualidade de ser consciente, pois ela constitui o ponto de partida de todas as nossas investigações. Talvez possamos buscar socorro na sugestão de, ao menos na escrita, substituir "consciência" pela abreviatura *Cs* e "inconsciente" por *Ics*, ao usar as duas palavras no sentido sistemático.

De maneira positiva, enunciemos agora, como resultado da psicanálise, que um ato psíquico passa geralmente por duas fases em relação ao seu estado, entre as quais se coloca uma espécie de exame (*censura*). Na primeira fase ele é inconsciente e pertence ao sistema *Ics*; se no exame ele é rejeitado pela censura, não consegue passar para a segunda fase; então ele é "reprimido" e tem que permanecer inconsciente. Saindo-se bem no exame, porém, ele entra na segunda fase e participa do segundo sistema, a que denominamos sistema *Cs*. Mas essa participação não chega a determinar inequivocamente a sua relação com a consciência. Ela ainda não é consciente, mas *capaz de consciência* (na expressão de J. Breuer), isto é, pode então, dadas certas condições, tornar-se objeto da consciência sem maior resistência. Tendo em vista essa capacidade de consciência, chamamos o sistema *Cs* também de o *"pré-consciente"*. Se ocorrer que também o tornar-se consciente do pré-consciente seja codeterminado por uma certa censura, então discriminaremos de modo mais rigoroso os sistemas *Pcs* e *Cs*. Por enquanto basta ter em mente que o sistema *Pcs* partilha as propriedades do sistema *Cs* e que a censura rigorosa cumpre seu papel na passagem do *Ics* para o *Pcs*.

Ao admitir esses dois (ou três) sistemas psíquicos, a psicanálise distanciou-se mais um passo da psicologia descritiva da consciência, atribuindo-se uma nova colocação de problemas e um novo conteúdo. Até então ela se diferenciava da psicologia sobretudo pela concepção *dinâmica* dos processos anímicos; agora ela pretende considerar igualmente a *topologia* da psique,* e indicar, acerca de um ato psíquico qualquer, no interior de qual sistema ou entre quais sistemas ele se passa. Em virtude

---

* "Topologia da psique": *psychische Topik*, no original. O termo "tópica", às vezes utilizado em textos e discussões de psicanálise, é uma versão equivocada para o alemão *Topik* (um "falso amigo", como dizem os tradutores), pois em português ele designa o ramo da medicina que se ocupa dos remédios tópicos, aqueles cuja ação se dá no local em que são aplicados. Alguns outros substantivos alemães têm essa terminação que pode induzir em erro de leitura; *Romantik* ("romantismo") e *Pädagogik* ("pedagogia") são dois exemplos.

II. A PLURALIDADE DE SENTIDOS DO INCONSCIENTE

desse empenho, deram-lhe também o nome de *"psicologia das profundezas"*. Veremos que ela pode enriquecer-se ainda com uma outra perspectiva.

Se vamos lidar seriamente com uma topologia dos atos anímicos, temos que dirigir nosso interesse para uma dúvida que se apresenta neste ponto. Se um ato psíquico (limitemo-nos, aqui, a um que tenha a natureza de uma ideia)* é transposto do sistema *Ics* para o sistema *Cs* (ou *Pcs*), devemos supor que a essa transposição se liga uma nova fixação, como que um segundo registro da ideia em questão, que então pode estar contido também numa nova localidade psíquica, e junto ao qual continua a existir o registro inconsciente original? Ou devemos antes acreditar que a transposição consiste numa mudança de estado, que se produz no mesmo material e na mesma localidade? Essa questão pode parecer abstrusa, mas tem de ser levantada, se quisermos formar da topologia psíquica, da dimensão psíquica profunda, uma ideia mais definida. Ela é difícil, porque ultrapassa o puramente psicológico e toca nas relações entre o aparelho psíquico e a anatomia. Sabemos, de modo pouco preciso, que tais relações existem. Um inabalável resultado da pesquisa é que a ativi-

---

* "Ideia": *Vorstellung* — nas versões estrangeiras consultadas: *idea*, *representación*, *rappresentazione* (com uma nota em que o tradutor dá o termo original e diz que o traduz às vezes assim, outras vezes por *idea*), *représentation*, idem, idem, *ideation*, *idea* (com uma nota em que Strachey lembra que o termo original é *Vorstellung*, "que cobre os termos ingleses *idea*, *image* e *presentation*"; mas não apenas eles, acrescentemos); ver a primeira nota do tradutor a este ensaio, p. 100.

dade anímica se encontra mais ligada à função do cérebro do que a qualquer outro órgão. Um pouco adiante — não se sabe quanto — leva-nos à descoberta da importância desigual das partes do cérebro e suas relações especiais com determinadas partes do corpo e atividades espirituais. Mas fracassaram radicalmente todas as tentativas de a partir disso encontrar uma localização para os processos anímicos, todos os esforços de pensar nas ideias como se fossem armazenadas em células nervosas e nas excitações como se vagassem pelas fibras dos nervos. O mesmo destino estaria reservado para uma teoria que, digamos, acreditasse reconhecer no córtex cerebral o lugar anatômico do sistema Cs, da atividade psíquica consciente, e quisesse localizar os processos inconscientes nas zonas subcorticais do cérebro. Aqui se abre uma lacuna que no momento não pode ser preenchida; e tampouco é tarefa da psicologia preenchê-la. *Provisoriamente*, nossa topologia psíquica nada tem a ver com a anatomia; ela se refere a regiões do aparelho psíquico, onde quer que se situem no corpo, e não a locais anatômicos.

Neste aspecto nosso trabalho é livre, então, e pode proceder de acordo com suas próprias necessidades. Também será útil lembrar que nossas hipóteses reivindicam apenas, em princípio, o valor de ilustrações. A primeira das duas possibilidades consideradas, a de que a fase Cs da ideia significa um novo registro da mesma, encontrável em outro lugar, é indubitavelmente a mais grosseira delas, mas também a mais cômoda. A segunda hipótese, de uma mudança de estado apenas *funcional*, é de antemão a mais provável, mas é menos plástica,

II. A PLURALIDADE DE SENTIDOS DO INCONSCIENTE

mais difícil de manipular. Ligada à primeira, à hipótese topográfica, acha-se aquela de uma separação topográfica dos sistemas *Ics* e *Cs*, e a possibilidade de uma ideia existir simultaneamente em dois lugares do aparelho psíquico, e mesmo de que, não sendo inibida pela censura, avance regularmente de um lugar para o outro, eventualmente sem perder o seu primeiro assento ou registro. Isso talvez pareça estranho, mas pode se apoiar em impressões da prática psicanalítica.

Se comunicamos a um paciente uma ideia que ele reprimiu num dado momento e que descobrimos, num primeiro instante isso nada muda em seu estado psíquico. Principalmente, não suprime a repressão nem desfaz suas consequências, como talvez se esperasse do fato de a ideia antes inconsciente haver se tornado consciente. Pelo contrário, de início obteremos tão só uma nova rejeição da ideia reprimida. Mas agora o paciente tem de fato a mesma ideia em dupla forma, em lugares diferentes de seu aparelho psíquico: primeiro tem a lembrança consciente do traço auditivo da ideia, através da comunicação; e também traz consigo, como sabemos com certeza, a memória inconsciente do vivido, em sua forma anterior. Na realidade, a repressão não é suprimida enquanto a ideia consciente, após a superação das resistências, não entrou em ligação com o traço de memória inconsciente. Apenas tornando consciente esta última se alcança o êxito. Assim pareceria demonstrado, para a consideração superficial, que ideias conscientes e inconscientes são registros diferentes, topograficamente separados, do mesmo conteúdo. Mas uma reflexão posterior mostra que é apenas aparente a identidade entre a comunicação e a lembrança reprimida do paciente. Ter ouvido e ter vivido são coisas bem diversas em sua natureza psicológica, mesmo quando têm o mesmo conteúdo.

Portanto, no momento não somos capazes de decidir entre as duas possibilidades discutidas. Talvez ainda encontremos fatores que façam pender a balança para uma delas. Talvez nos aguarde a descoberta de que nossa colocação do problema foi insatisfatória, e que a distinção entre a ideia consciente e a inconsciente deve ser determinada de modo inteiramente diverso.

III. SENTIMENTOS INCONSCIENTES

Restringimos a discussão anterior às ideias e agora podemos lançar uma nova questão, cuja resposta contribuirá para esclarecer nossos pontos de vista teóricos. Dissemos que existem ideias conscientes e inconscientes; mas haveria também impulsos,* sentimentos, sensações inconscientes, ou neste caso combinações assim não fariam sentido?

De fato, creio que a oposição de consciente e inconsciente não se aplica aos instintos. Um instinto não pode jamais se tornar objeto da consciência, apenas a ideia que o representa. Mas também no inconsciente ele não

---

* "Impulsos": *Triebregungen*; ver nota a "Os instintos e seus destinos", p. 78.

III. SENTIMENTOS INCONSCIENTES

pode ser representado senão pela ideia. Se o instinto não se prendesse a uma ideia ou não aparecesse como um estado afetivo, nada poderíamos saber sobre ele. Mas se, no entanto, falamos de um impulso inconsciente ou um impulso reprimido, trata-se de uma inócua negligência de expressão. Só podemos estar nos referindo a um impulso cujo representante ideativo* é inconsciente, pois outra coisa não poderia entrar em consideração.

Deveríamos pensar que a resposta à questão sobre os afetos, sentimentos, sensações inconscientes, é igualmente fácil. Pois é da natureza de um sentimento que ele seja sentido, isto é, que se torne conhecido da consciência. A possibilidade de inconsciência se excluiria totalmente no caso de sentimentos, sensações, afetos. Mas na prática psicanalítica estamos acostumados a falar de amor, ódio, raiva etc. inconscientes, e vemos como inevitável até mesmo a insólita junção "consciência de culpa inconsciente"** ou a paradoxal "angústia inconsciente". Esse modo de falar tem maior significado do que no caso de "instinto inconsciente"?

---

* "Representante ideativo": *Vorstellungsrepräsentanz* — nas versões estrangeiras consultadas: *representación ideológica, agencia representante-representación, rappresentanza ideativa, représentant-représentation, représentant de la représentation, représentance de représentation, ideational presentation, ideational representative*. Talvez se possa usar igualmente "representante psíquico" no caso; preferindo-se "representação" para verter *Vorstellung*, deve-se usar "representante da representação".

** "Consciência de culpa inconsciente": *unbewußtes Schuldbewußtsein*.

Aqui a coisa é realmente outra. Pode primeiramente suceder que um impulso afetivo ou emocional seja percebido, mas de forma equivocada. Ele é obrigado, devido à repressão de sua verdadeira representação, a unir-se com outra ideia, e passa a ser tido, pela consciência, como manifestação dessa última. Se restabelecemos o vínculo correto, chamamos o impulso afetivo original de "inconsciente", embora seu afeto jamais tenha sido inconsciente, apenas sua ideia sucumbiu à repressão. O uso das expressões "afeto inconsciente" e "sentimento inconsciente" remete aos destinos do fator quantitativo do impulso instintual, em consequência da repressão (ver o ensaio sobre a repressão). Sabemos que esses destinos podem ser três: ou o afeto continua como é, no todo ou em parte; ou se transforma num montante de afeto qualitativamente diferente, sobretudo em angústia; ou é suprimido, ou seja, seu desenvolvimento é impedido. (É talvez mais fácil estudar essas possibilidades no trabalho do sonho do que nas neuroses.) Sabemos, além disso, que a supressão do desenvolvimento do afeto é o verdadeiro objetivo da repressão, e que o trabalho desta permanece inconcluso se esse objetivo não é alcançado. Em todos os casos em que a repressão consegue inibir o desenvolvimento do afeto, chamamos de "inconscientes" os afetos que reinstauramos ao corrigir o trabalho da repressão. Assim, não se pode negar a coerência desse modo de falar; mas existe, em relação à ideia inconsciente, a importante diferença de que esta, após a repressão, continua existindo como formação real no sistema *Ics*, enquanto ao afeto inconsciente corresponde, no mesmo lugar, apenas uma possibilidade incipiente, que não pôde se desenvolver.

III. SENTIMENTOS INCONSCIENTES

A rigor, e embora esse modo de falar continue sendo irrepreensível, não existem afetos inconscientes tal como existem ideias inconscientes. Mas bem pode haver, no sistema *Ics*, formações afetivas que, como outras, tornam-se conscientes. Toda a diferença vem de que ideias são investimentos — de traços mnemônicos, no fundo —, enquanto os afetos e sentimentos correspondem a processos de descarga, cujas expressões finais são percebidas como sensações. No estado atual de nosso conhecimento dos afetos e sentimentos não somos capazes de exprimir essa diferença de modo mais claro.

A constatação de que a repressão pode impedir que o impulso instintual se transforme em exteriorização de afeto é de especial interesse para nós. Mostra-nos que o sistema *Cs* normalmente governa tanto a afetividade como o acesso à motilidade e realça o valor da repressão, indicando, entre as consequências desta, não só que ela mantém algo longe da consciência, mas que também impede o desenvolvimento do afeto e o desencadeamento da atividade muscular. Também é possível dizer, de modo inverso, que, na medida em que o sistema *Cs* controla a afetividade e a motilidade, chamamos de normal o estado psíquico do indivíduo. No entanto, há uma inegável diferença na relação entre o sistema dominante e as duas ações vizinhas de descarga.[1] Enquanto o domínio do *Cs* sobre a motilidade voluntária é firmemente estabelecido, resiste regularmente ao assalto da

---

1 A afetividade se exterioriza essencialmente em descarga motora (secretora, vaso-reguladora) para alteração (interna) do próprio corpo sem relação com o mundo externo, a motilidade, em ações destinadas à alteração do mundo externo.

neurose e apenas na psicose desmorona, o controle do desenvolvimento dos afetos pelo *Cs* é menos firme. Mesmo no interior da vida normal percebe-se uma constante luta entre os sistemas *Cs* e *Ics* pela primazia na afetividade, certas esferas de influência delimitam umas às outras e ocorrem misturas entre as forças operantes.

A importância do sistema *Cs* (*Pcs*) para o acesso à liberação de afeto e à ação também nos torna compreensível o papel que toca às ideias substitutivas na configuração da doença. É possível que o desenvolvimento do afeto proceda diretamente do sistema *Ics*; nesse caso tem sempre o caráter da angústia, pela qual são trocados todos os afetos "reprimidos". Mas frequentemente o impulso instintual tem que esperar até achar uma ideia substitutiva no sistema *Cs*. Então o desenvolvimento do afeto é possibilitado a partir desse substituto consciente, e o caráter qualitativo do afeto é determinado pela natureza dele. Afirmamos que na repressão o afeto se separa de sua ideia, e depois os dois prosseguem para seus diferentes destinos. Em termos descritivos isso é indiscutível; via de regra, porém, o processo real é que um afeto não surge enquanto não é conseguida uma nova representação no sistema *Cs*.

IV. TOPOLOGIA E DINÂMICA DA REPRESSÃO

Chegamos ao resultado de que a repressão é, no essencial, um processo que se verifica em ideias na fronteira

IV. TOPOLOGIA E DINÂMICA DA REPRESSÃO

dos sistemas *Ics* e *Pcs* (*Cs*), e agora podemos fazer uma nova tentativa de descrever mais detalhadamente esse processo. Deve se tratar de uma *retirada* de investimento, mas pergunta-se em qual sistema ocorre a retirada e a qual sistema pertence o investimento retirado.

A ideia reprimida permanece capaz de ação no *Ics*; deve ter conservado seu investimento, portanto. O que foi retirado deve ser outra coisa. Se tomamos o caso da repressão propriamente dita (a "pós-repressão"),* tal como se dá na ideia pré-consciente ou mesmo já consciente, a repressão pode consistir apenas em que é retirada à ideia o investimento (pré)consciente que pertence ao sistema *Pcs*. A ideia permanece não investida, então, ou recebe investimento do *Ics*, ou conserva o investimento *ics* que já possuía antes. Logo, há retirada do investimento pré-consciente, manutenção do inconsciente ou substituição do investimento pré-consciente por um inconsciente. Notamos, aliás, que como por descuido baseamos essas considerações na hipótese de que a passagem do sistema *Ics* para o seguinte não ocorre por um novo registro, mas por uma mudança de estado, uma modificação do investimento. Aqui a hipótese funcional tirou de cena a topológica, sem maior esforço.

Mas esse processo de retirada de libido não basta para fazer mais compreensível uma outra característica da repressão. Não está claro por que a ideia que permaneceu investida ou foi dotada de investimento a partir do *Ics* não

---

* "Pós-repressão": *Nachdrängen*; ver nota sobre o termo em "A repressão", p. 86 acima.

deveria renovar a tentativa de, por força desse investimento, penetrar no sistema *Pcs*. Então a retirada de libido teria que se repetir nela, e o mesmo jogo prosseguiria indefinidamente, mas o resultado não seria a repressão. Do mesmo modo, o referido mecanismo de retirada de investimento pré-consciente falharia, em se tratando de descrever a repressão primordial; neste caso se depara com uma ideia inconsciente, que ainda não recebeu investimento do *Pcs*, e à qual ele não pode ser retirado, portanto.

Temos aqui necessidade, então, de outro processo, que no primeiro caso sustente a repressão, e no segundo cuide da sua produção e continuidade, e só podemos enxergá-lo na suposição de um *contrainvestimento*, através do qual o sistema *Pcs* se proteja do assalto da ideia inconsciente. Como se manifesta um tal contrainvestimento que tem lugar no sistema *Pcs* é algo que veremos em exemplos clínicos. É ele que representa o gasto permanente de uma repressão primordial, mas que também garante a permanência dela. O contrainvestimento é o único mecanismo da repressão primordial; na repressão propriamente dita (a "pós-repressão") sobrevém a subtração do investimento *Pcs*. É bem possível que precisamente o investimento retirado à ideia seja aplicado no contrainvestimento.

Notamos que pouco a pouco fomos levados a introduzir, na exposição de fenômenos psíquicos, um terceiro ponto de vista, além do dinâmico e do topológico: o *econômico*, que procura acompanhar os destinos das quantidades de excitação e alcançar uma avaliação ao menos relativa dos mesmos. Parece-nos apropriado distinguir com um nome especial o modo de ver as coisas que é a

IV. TOPOLOGIA E DINÂMICA DA REPRESSÃO

consumação da pesquisa psicanalítica. Proponho que seja denominada *metapsicológica* uma exposição na qual consigamos descrever um processo psíquico em suas relações *dinâmicas*, *topológicas* e *econômicas*. Diga-se de imediato que, no estado atual de nossos conhecimentos, conseguiremos fazê-lo apenas em alguns pontos isolados.

Vamos fazer uma acanhada tentativa de descrição metapsicológica do processo de repressão nas três conhecidas neuroses de transferência. Poderemos aqui substituir "investimento" por "libido", porque se trata, como sabemos, dos destinos dos instintos sexuais.

Na histeria de angústia, uma primeira fase do processo frequentemente não é notada, talvez seja realmente omitida, mas a observação cuidadosa permite reconhecê-la. Ela consiste no surgimento da angústia sem que se perceba o que a desperta. É de supor que no *Ics* havia um impulso de amor* que demandava transposição para o sistema *Pcs*; mas o investimento a ele dirigido, vindo desse sistema, recolheu-se como numa tentativa de fuga, e o investimento libidinal inconsciente da ideia rejeitada foi descarregado como angústia. Numa eventual repetição do processo foi dado um primeiro passo para dominar a desagradável evolução da angústia. O investimento em fuga voltou-se para uma ideia

---

* "Impulso de amor": *Liebesregung*, composto de *Liebe*, "amor", e *Regung*, "movimento, impulso"; nas versões consultadas: *impulso erótico*, *moción de amor*, *impulso amoroso*, *motion d'amour*, idem, *sollicitation d'amour*, *love-impulse*, idem.

substituta, que por um lado ligava-se associativamente à ideia rejeitada, e por outro lado escapava à repressão por seu distanciamento daquela (*substituto por deslocamento*) e permitia uma racionalização do desenvolvimento da angústia que não se podia inibir. A ideia substituta desempenha então para o sistema *Cs* (*Pcs*) o papel de um contrainvestimento, ao garanti-lo contra a emergência da ideia reprimida no *Cs*, e por outro lado é, ou age como se fosse, o local de partida para o desencadeamento do afeto de angústia, agora de fato não inibível. A observação clínica mostra que, por exemplo, a criança que sofre de fobia de animal sente angústia em dois tipos de condições: primeiro, quando o impulso amoroso reprimido é intensificado; segundo, quando o animal angustiante é percebido. A ideia substituta se comporta, num caso, como o local de uma transmissão do sistema *Ics* para o sistema *Cs*; no outro, como uma fonte independente que desencadeia a angústia. A expansão do domínio do sistema *Cs* costuma se manifestar no fato de que o primeiro modo de excitação da ideia substituta retrocede cada vez mais diante do segundo. Talvez a criança se comporte, afinal, como se não tivesse afeição alguma pelo pai, tendo se liberado completamente dele, e como se tivesse de fato medo* do animal. Mas esse medo, nutrido da fonte instintual inconsciente, revela-se pertinaz e desmedido face a todas as influências do

---

* Convém lembrar que em alemão existe uma só palavra para medo e angústia, *Angst*. Assim, "medo de animal" é *Tierangst*, e "histeria de angústia", *Angsthysterie*.

IV. TOPOLOGIA E DINÂMICA DA REPRESSÃO

sistema *Cs*, traindo desse modo sua proveniência do sistema *Ics*.

O contrainvestimento do sistema *Cs* levou portanto à formação substitutiva, na segunda fase da histeria de angústia. Logo o mesmo mecanismo encontra uma nova aplicação. O processo de repressão ainda não terminou, como sabemos, e encontra um outro objetivo na tarefa de inibir o desenvolvimento da angústia a partir do substituto. Isso ocorre desta maneira: tudo o que circunda e está associado à ideia substituta é investido de particular intensidade, de modo a poder demonstrar uma grande sensibilidade à excitação. Uma excitação de qualquer ponto dessa estrutura exterior deve inelutavelmente, graças à conexão com a ideia substituta, dar ocasião a um pequeno desenvolvimento da angústia, que então é utilizado como sinal para inibir, mediante nova fuga do investimento, o desenvolvimento ulterior da angústia. Quanto mais os contrainvestimentos sensíveis e alertas forem distanciados do substituto temido, mais precisamente poderá funcionar o mecanismo que deve isolar a ideia substituta e dela afastar excitações novas. Naturalmente essas cautelas protegem apenas das excitações que chegam à ideia substituta a partir de fora, mediante a percepção, mas nunca do impulso instintual que alcança a ideia substituta a partir da ligação com a ideia reprimida. Portanto, elas começam a influir apenas quando o substituto assumiu bem a representação do reprimido, e não podem jamais ser inteiramente confiáveis. A cada aumento da excitação instintual, o baluarte de proteção em torno da ideia substituta tem que ser colocado um pouco adiante. Toda essa construção, que de modo análogo é produzida nas outras neuroses, leva o nome de *fobia*. A fuga ante o investimento consciente da ideia substituta se exprime nas renúncias, evitações e proibições em que reconhecemos a histeria de angústia. Olhando todo o processo, pode-se dizer que a terceira fase repetiu em escala maior o trabalho da segunda. O sistema *Cs* protege-se agora da ativação da ideia substituta mediante o contrainvestimento do que a circunda, tal como antes havia se garantido contra a emergência da ideia reprimida mediante o investimento da ideia substituta. Desse modo prosseguiu a formação substitutiva por deslocamento. É preciso acrescentar que antes o sistema *Cs* possuía tão só um pequeno lugar por onde podia irromper o impulso instintual reprimido, ou seja, a ideia substituta, mas que afinal toda a estrutura fóbica exterior corresponde a um tal enclave da influência inconsciente. Além disso podemos sublinhar o ponto de vista interessante de que através do mecanismo de defesa posto em ação foi alcançada uma projeção do perigo instintual para fora. O Eu se comporta como se o perigo do desenvolvimento da angústia não partisse de um impulso instintual, mas de uma percepção, o que lhe permite reagir a esse perigo externo com as tentativas de fuga das evitações fóbicas. Uma coisa a repressão obtém nesse processo: o desencadeamento de angústia pode ser represado em alguma medida, mas apenas com pesados sacrifícios da liberdade pessoal. Tentativas de fuga ante exigências instintuais são geralmente inúteis, porém, e o resultado da fuga fóbica é sempre insatisfatório.

IV. TOPOLOGIA E DINÂMICA DA REPRESSÃO

Boa parte do que encontramos na histeria de angústia vale também para as duas outras neuroses, de maneira que podemos limitar a discussão às diferenças e ao papel do contrainvestimento. Na histeria de conversão o investimento instintual da ideia reprimida é transformado em inervação do sintoma. Até onde e em que condições a ideia inconsciente é drenada por essa descarga à inervação, de modo a poder abandonar o assédio ao sistema *Cs*, é uma questão que, juntamente com outras semelhantes, será melhor reservar para uma investigação especial da histeria. O papel do contrainvestimento que parte do sistema *Cs* (*Pcs*) é nítido na histeria de conversão e vem à luz na formação de sintomas. É o contrainvestimento que escolhe em qual parte do representante instintual* pode se concentrar todo o investimento dela. Essa porção eleita para sintoma preenche a condição de exprimir tanto a meta de desejo** do impulso instintual como o esforço de defesa ou castigo do sistema *Cs*; então ela é superinvestida e sustentada por ambos os lados, como a ideia substituta na histeria de angústia.

---

* "Representante instintual": *Triebrepräsentanz*; nas versões consultadas: *representación del instinto*, *agencia representante de pulsion*, *rappresentanza pulsionale*, *représentant de la pulsion*, *représentance de pulsion*, *représentant de la pulsion*, *instinct-presentation*, *instinctual representative*.
** "Meta de desejo": *Wunschziel*; nas versões consultadas: *fin deseado*, *meta desiderativa*, *meta agognata* [ambicionada], *but de désir*, *but de souhait*, *but de désir*, *aim*, *wishful aim*. No segundo parágrafo da parte v, pouco adiante, aparece *Wunschregungen*, aqui vertido por "impulsos de desejo" e, nas versões consultadas, por: *impulsos de deseos*, *mociones de deseo*, *moti di desiderio*, *motions de désir*, *motions de souhait*, *sollicitations de désir*, *wish-impulses*, *wishful impulses*.

Dessa situação podemos inferir que o dispêndio em repressão do sistema *Cs* não precisa ser tão grande como a energia de investimento do sintoma, pois a intensidade da repressão é medida pelo contrainvestimento aplicado, e o sintoma não se apoia apenas no contrainvestimento, mas também no investimento instintual nele condensado, vindo do sistema *Ics*.

Quanto à neurose obsessiva, acrescentaríamos às observações do ensaio anterior ["A repressão"] que nela aparece em primeiro plano, do modo mais palpável, o contrainvestimento do sistema *Cs*. É ele que se ocupa da primeira repressão, organizado como formação reativa, e é nele que mais tarde sucede a irrupção da ideia reprimida. Pode-se conjecturar que é devido à preponderância do contrainvestimento e à ausência de descarga que a obra da repressão parece muito menos bem-sucedida na histeria de angústia e na neurose obsessiva que na histeria de conversão.

V. AS CARACTERÍSTICAS ESPECIAIS DO SISTEMA *ICS*

A distinção entre os dois sistemas psíquicos ganha nova significação se atentarmos para o fato de que os processos de um deles, do *Ics*, mostram características que não se acham naquele imediatamente acima.

O âmago do *Ics* consiste de representantes instintuais que querem descarregar seu investimento, de im-

V. AS CARACTERÍSTICAS ESPECIAIS DO SISTEMA *ICS*

pulsos de desejo, portanto. Esses impulsos instintuais são coordenados entre si, coexistem sem influência mútua, não contradizem uns aos outros. Quando dois impulsos de desejo são ativados ao mesmo tempo, e suas metas nos parecem claramente incompatíveis, os dois impulsos não subtraem algo um do outro ou eliminam um ao outro, mas concorrem para a formação de um objetivo intermediário, um compromisso.

Nesse sistema não há negação, não há dúvida nem graus de certeza. Tudo isso é trazido apenas pelo trabalho da censura entre *Ics* e *Pcs*. A negação é um substituto da repressão em nível mais alto. No *Ics* existem apenas conteúdos mais ou menos fortemente investidos.

Há uma mobilidade bem maior das intensidades de investimento. Pelo processo de *deslocamento* uma ideia pode ceder a outra todo o seu montante de investimento, pelo de *condensação* pode acolher todo o investimento de várias outras. Propus enxergar nesses dois processos indícios do assim chamado processo psíquico primário.[*]
No sistema *Pcs* vigora o *processo secundário*;[2] quando se

---

[*] Nessa frase, o termo original vertido por "dois processos" foi *Prozeß*, enquanto na expressão "processo psíquico primário" o termo alemão empregado foi *Vorgang*, que também possui o sentido menos técnico de "acontecimento, evento", aparentado que é ao verbo *vorgehen*, "ir para a frente, proceder, acontecer". Essa sutil distinção não parece estar presente nessa frase, mas caberia tê-la em mente em alguns outros lugares (como nos dois parágrafos seguintes, onde Freud também usa *Vorgang*).

[2] Ver a discussão na parte VII da *Interpretação dos sonhos*, que se apoia em ideias desenvolvidas por J. Breuer em *Estudos sobre a histeria* [1895].

permite que um tal processo primário ocorra em elementos do sistema *Ics*, ele se mostra "cômico" e provoca risos.

Os processos do sistema *Ics* são *atemporais*, isto é, não são ordenados temporalmente, não são alterados pela passagem do tempo, não têm relação nenhuma com o tempo. A referência ao tempo também se acha ligada ao trabalho do sistema *Cs*.

Os processos do *Ics* tampouco levam em consideração a *realidade*. São sujeitos ao princípio do prazer; seu destino depende apenas de sua intensidade e de cumprirem ou não as exigências da regulação prazer-desprazer.

Vamos resumir: *ausência de contradição, processo primário* (mobilidade dos investimentos), *atemporalidade* e *substituição da realidade externa pela psíquica* são as características que podemos esperar encontrar nos processos do sistema *Ics*.[3]

Os processos inconscientes tornam-se cognoscíveis para nós apenas nas condições do sonho e das neuroses, ou seja, quando processos do mais elevado sistema *Pcs* são transpostos para um estágio anterior mediante um rebaixamento (regressão). Em si eles são incognoscíveis, e também incapazes de existência, porque ao sistema *Ics* se sobrepõe bastante cedo o *Pcs*, que se apoderou do acesso à consciência e à motilidade. A descarga do sistema *Ics* passa para a inervação somática, levando ao desenvolvimento do afeto, mas,

---

3 Deixamos para outro contexto a menção de uma outra importante prerrogativa do *Ics*.

V. AS CARACTERÍSTICAS ESPECIAIS DO SISTEMA *ICS*

como vimos, mesmo essa via de escoamento é contestada pelo *Pcs*. Apenas por si o sistema *Ics*, em circunstâncias normais, não poderia realizar nenhuma ação muscular apropriada, com exceção daquelas já organizadas como reflexos.

A plena significação dessas características do sistema *Ics* só se tornaria clara para nós se pudéssemos contrapô-las aos atributos do sistema *Pcs* e compará-las a estes. Mas isso nos levaria tão longe que mais uma vez proponho concordarmos num adiamento e fazermos a comparação dos dois sistemas apenas quando da apreciação daquele mais elevado. Só o que é mais premente deverá ser agora mencionado.

Os processos do sistema *Pcs* mostram — e isso não importando se são já conscientes ou apenas capazes de consciência — uma inibição da tendência das ideias investidas à descarga. Quando um processo passa de uma ideia a outra, a primeira retém parte de seu investimento e só uma pequena parcela sofre deslocamento. Tal como no processo primário, deslocamentos e condensações são excluídos ou muito limitados. Isso levou Joseph Breuer a supor dois diferentes estados de energia de investimento na psique, um tônico, vinculado, e outro livremente móvel, tendente à descarga. Acho que essa distinção representa, até agora, nossa mais profunda percepção da natureza da energia nervosa, e não vejo como se poderia evitá-la. Uma necessidade premente, numa apresentação metapsicológica — mas talvez um empreendimento por demais ousado —, seria prosseguir a discussão desse ponto.

Ao sistema *Pcs* cabem, além disso, o estabelecimento de uma capacidade de comunicação entre os conteúdos das ideias, de maneira que possam influenciar uns aos outros, a ordenação temporal deles, a introdução de uma ou várias censuras, a prova da realidade e o princípio da realidade. Também a memória consciente parece depender inteiramente do *Pcs*; ela deve ser claramente diferenciada dos traços mnemônicos em que se fixam as experiências do *Ics*, e corresponde provavelmente a um registro especial, tal como quisemos supor para a relação da ideia consciente com a inconsciente, mas que rejeitamos. Nisso também acharemos meios de pôr fim à oscilação ao nomear o sistema mais elevado, que agora chamamos indiferentemente de *Pcs* ou de *Cs*.

E será oportuna a advertência de não generalizar apressadamente o que aqui esclarecemos sobre a distribuição das funções psíquicas entre os dois sistemas. Nós descrevemos a situação tal como se mostra no ser humano adulto, no qual o sistema *Ics*, a rigor, funciona apenas como estágio preliminar da organização mais elevada. O conteúdo e as relações que tem esse sistema durante o desenvolvimento individual, e a significação que lhe cabe nos animais, não devem ser inferidos da nossa descrição, mas sim pesquisados independentemente. Além disso, devemos estar preparados para encontrar, no ser humano, condições patológicas em que os dois sistemas mudam, ou mesmo trocam entre si, tanto o conteúdo como as características.

VI. A COMUNICAÇÃO ENTRE OS DOIS SISTEMAS

Seria errado imaginar que o *Ics* permanece em repouso enquanto o trabalho psíquico é realizado pelo *Pcs*, que o *Ics* é algo acabado, um órgão rudimentar, um resíduo do desenvolvimento. Ou supor que a comunicação entre os dois sistemas se restringe ao ato da repressão, em que o *Pcs* lança ao abismo do *Ics* tudo o que lhe parece perturbador. O *Ics* é, isto sim, algo vivo e capaz de desenvolvimento, e mantém bom número de outras relações com o *Pcs*, entre elas também a de cooperação. É preciso dizer, em suma, que o *Ics* continua nos assim chamados "derivados", que é suscetível aos influxos da vida, influencia constantemente o *Pcs* e até se acha sujeito, por sua vez, a influências por parte do *Pcs*.

O estudo dos derivados do *Ics* irá decepcionar profundamente nossa expectativa de uma divisão pura e esquemática entre os dois sistemas psíquicos. Certamente isso despertará insatisfação com nossos resultados, e provavelmente será usado para questionar o modo como separamos os processos psíquicos. Mas alegaremos que a nossa tarefa consiste em transpor para a teoria os resultados da observação, e que não temos a obrigação de alcançar, já de início, uma teoria bastante polida e recomendável em sua simplicidade. Nós defendemos as suas complicações, na medida em que correspondem à observação, e não perdemos a esperança de justamente por meio delas chegar enfim ao conhecimento de um estado de coisas* que, embora simples em si, possa fazer justiça às complicações da realidade.

Entre os derivados dos impulsos instintuais *ics* do tipo que descrevemos, há alguns que reúnem em si características opostas. Por um lado, são altamente organizados, isentos de contradição, utilizaram todas as aquisições do sistema *Cs* e mal se distinguiriam, em nosso julgamento, das formações desse sistema. Por outro lado, são inconscientes e incapazes de tornar-se conscientes. Ou seja, pertencem qualitativamente ao sistema *Pcs*, mas factualmente ao *Ics*. Sua procedência é determinante para seu destino. Devemos compará-los aos mestiços das raças humanas, que no geral semelham os brancos, mas denunciam a origem de cor em algum traço notável e por isso são excluídos da sociedade, não desfrutando os privilégios dos brancos. Dessa natureza são as fantasias dos normais e dos neuróticos, que reconhecemos como estágios preliminares da formação dos sonhos e dos sintomas e que, apesar de sua alta organização, permanecem reprimidas e, como tais, não podem se tornar conscientes. Chegam perto da consciência, não são incomodadas enquanto não possuem um investimento intenso, mas são rejeitadas assim que ultrapassam um certo grau de investimento. Derivados do *Ics* assim altamente organizados são também as formações substitutivas, mas elas conseguem penetrar na consciência

---

* "Estado de coisas": *Sachverhalt* — um termo notoriamente problemático para os tradutores de alemão; os dicionários bilíngues oferecem: "estado das coisas, fatos; correlação; exposição dos fatos; circunstâncias"; as versões consultadas trazem: *cuestión, relación de las cosas, stato di cose, état de choses,* idem, idem, *state of affairs,* idem.

VI. A COMUNICAÇÃO ENTRE OS DOIS SISTEMAS

devido a uma circunstância favorável como, por exemplo, a união a um contrainvestimento do *Pcs*.

Quando investigarmos mais detidamente, em outro lugar,* as condições para o tornar-se consciente, poderemos solucionar uma parte das dificuldades que aqui surgem. No momento seria útil contrapor, à abordagem desde o *Ics* até aqui adotada, uma outra, a partir da consciência. Para a consciência, a inteira soma dos processos psíquicos aparece como o reino do pré-consciente. Uma parte enorme desse pré-consciente se origina do inconsciente, tem o caráter dos derivados deste e submete-se a uma censura antes de poder se tornar consciente. Uma outra parte do *Pcs* é capaz de consciência, sem censura. Aqui temos uma contradição com uma hipótese anterior. Na abordagem da repressão, vimo-nos obrigados a situar entre os sistemas *Ics* e *Pcs* a censura decisiva no tornar-se consciente. Agora nos parece plausível uma censura entre *Pcs* e *Cs*. Mas convém não enxergar nessa complicação uma dificuldade, e supor, isto sim, que a cada passagem de um sistema para o seguinte e mais elevado, ou seja, a cada progresso para um estágio mais elevado de organização psíquica, corresponde uma nova censura. No entanto, com isso é eliminada a hipótese de uma contínua renovação dos registros.

---

* Provável referência a um dos ensaios perdidos — ou dispensados pelo próprio autor — da série sobre metapsicologia; cf. sua nota inicial a "Complemento metapsicológico à teoria dos sonhos", neste volume.

A razão de todas essas dificuldades está em que a qualidade de ser consciente, a única característica dos processos psíquicos que nos é dada diretamente, não se presta em absoluto para distinguir os sistemas. Não considerando o fato de o consciente não ser sempre consciente, mas às vezes latente, a observação nos mostrou que muito daquilo que partilha as propriedades do sistema *Pcs* não se torna consciente, e ainda ficamos sabendo que o tornar-se consciente é restringido por determinadas direções de sua atenção.* Portanto, a consciência não tem relação simples nem com os sistemas nem com a repressão. A verdade é que não só o psiquicamente reprimido permanece alheio à consciência, mas também uma parte dos impulsos que governam nosso Eu, ou seja, o mais forte oposto funcional do reprimido. Na medida em que nos esforçamos por uma abordagem metapsicológica da psique, temos que aprender a nos emancipar da importância dada ao sintoma "ser/estar consciente".**

Enquanto ainda nos apegamos a ele, vemos nossas generalizações serem regularmente contrariadas por

---

* "Que o tornar-se consciente é restringido por determinadas direções de sua atenção": *daß das Bewußtwerden durch gewisse Richtungen seiner Aufmerksamkeit eingeschränkt ist* — nesta frase elíptica, o possessivo provavelmente se refere ao *Pcs*. Segundo Strachey, ela ficaria mais clara se pudéssemos relacioná-la ao texto perdido sobre a consciência.
** "Ser/estar consciente": *Bewußtheit* — nas versões consultadas: *ser consciente, condición de consciente, consapevolezza, le fait de la conscience, le fait d'être conscient, consciencialit, being conscious*, idem.

VI. A COMUNICAÇÃO ENTRE OS DOIS SISTEMAS

exceções. Vemos que derivados do *Ics** tornam-se conscientes como formações substitutas e sintomas, via de regra após consideráveis distorções em relação ao inconsciente, mas frequentemente conservando muitas características que solicitam a repressão. Notamos que permanecem inconscientes muitas formações pré-conscientes que, de acordo com sua natureza — pensaríamos —, bem poderiam tornar-se conscientes. É provável que nelas prevaleça a mais forte atração do *Ics*. Somos levados a buscar a diferença mais significativa não ali entre o consciente e o pré-consciente, mas entre o pré-consciente e o inconsciente. Na fronteira do *Pcs*, o *ics* é rechaçado pela censura, e derivados dele podem contornar essa censura, organizar-se superiormente, crescer no *Pcs* até atingir certa intensidade no investimento, mas depois de a haver ultrapassado, ao procurar se impor à consciência, são reconhecidos como derivados do *ics* e novamente reprimidos na nova fronteira de censura entre *Pcs* e *Cs*. Assim, a primeira censura funciona para o *Ics* mesmo; a última, para os derivados *ics* dele. Podemos supor que a censura adiantou-se um tanto no curso do desenvolvimento individual.

No tratamento psicanalítico chegamos à prova incontestável da existência da segunda censura, aquela entre

---

* Na edição dos *Gesammelte Werke* se acha *Vbw* (*Vorbewußt*, "pré--consciente", *Pcs*), mas na *Studienausgabe*, uma edição revista, os editores afirmam que no manuscrito conservado se lê *Ubw* (*Unbewußt*, "inconsciente", *Ics*). Uma nota da *Standard* inglesa — anterior à *Studienausgabe* — já dizia que era provavelmente um erro de impressão.

os sistemas *Pcs* e *Cs*. Solicitamos ao paciente que produza numerosos derivados do *Ics*, obrigamo-lo a superar as objeções da censura ao fato de essas formações pré-conscientes se tornarem conscientes e, pela vitória sobre essa censura, abrimos o caminho para a abolição da repressão, que é obra da censura anterior. Acrescentemos a observação de que a existência da censura entre *Pcs* e *Cs* nos lembra que o tornar-se consciente não é um simples ato de percepção, mas provavelmente um *sobreinvestimento* também, um avanço mais na organização psíquica.

Examinemos a comunicação do *Ics* com os outros sistemas, não para constatar algo novo, mas para não ignorar o que tem mais relevo. Nas raízes da atividade instintual os sistemas se comunicam amplamente entre si. Uma parte dos processos estimulados passa pelo *Ics* como por um estágio preparatório e alcança o mais alto desenvolvimento psíquico no *Cs*, enquanto outra parte é retida como *Ics*. Mas o *Ics* é também atingido pelas experiências vindas da percepção externa. Todos os caminhos que levam da percepção para o *Ics* permanecem normalmente livres; apenas os caminhos que do *Ics* levam adiante são submetidos à barreira da repressão.

É muito digno de nota que o *Ics* de um indivíduo possa, contornando o *Cs*, reagir ao *Ics* de outro. Esse fato merece investigação mais aprofundada, em especial para saber se a atividade pré-consciente é aí excluída, mas como descrição é algo incontestável.

O conteúdo do sistema *Pcs* (ou *Cs*) procede em parte da vida instintual (pela mediação do *Ics*) e em parte da percepção. É incerto até que ponto os processos desse

VI. A COMUNICAÇÃO ENTRE OS DOIS SISTEMAS

sistema influem diretamente sobre o *Ics*; a pesquisa de casos patológicos revela, com frequência, uma quase inacreditável autonomia e impermeabilidade a influências por parte do *Ics*. O que caracteriza a doença é uma total discordância das tendências, uma absoluta desintegração dos dois sistemas. Mas o tratamento psicanalítico é fundado na influência sobre o *Ics* a partir do *Cs*, mostrando, de toda maneira, que isso, embora trabalhoso, não é algo impossível. Como já dissemos, os derivados do *Ics* que mediam entre os dois sistemas nos preparam o caminho para essa realização. Devemos admitir, porém, que a modificação espontânea do *Ics* por parte do *Cs* é um processo lento e difícil.

A cooperação entre um impulso pré-consciente e um inconsciente, até mesmo fortemente reprimido, pode ocorrer quando há a situação em que o impulso inconsciente é capaz de agir no mesmo sentido de uma das tendências dominantes. Nesse caso é suspensa a repressão; permite-se a atividade reprimida, como reforço daquela pretendida pelo Eu. O inconsciente torna-se conforme ao Eu nessa constelação única, sem que, de resto, algo se modifique em sua repressão. O êxito do *Ics* nessa cooperação é inconfundível; as tendências reforçadas se comportam diferentemente das normais, elas habilitam para uma operação* perfeita e mostram, diante de oposições,

---

* "Operação": *Leistung*, mais um desses termos alemães que admitem vários sentidos, como se vê pelas traduções consultadas: *funciones, rendimiento, prestazioni, réalisations, action, opération, achievements, functioning.*

uma resistência semelhante à dos sintomas obsessivos, digamos.

O conteúdo do *Ics* pode ser comparado a uma população aborígine da psique. Se no ser humano existem formações psíquicas herdadas, algo análogo ao instinto [*Instinkt*] dos animais, então isso constitui o âmago do *Ics*. Junta-se a isso, mais tarde, o que durante o desenvolvimento infantil é eliminado por ser inutilizável, e que não precisa ser diferente, em sua natureza, daquilo que foi herdado. Uma divisão clara e definitiva no conteúdo dos dois sistemas só se estabelece, via de regra, no momento da puberdade.

VII. A IDENTIFICAÇÃO DO INCONSCIENTE

O que expusemos acima é, provavelmente, tudo o que podemos afirmar sobre o *Ics*, na medida em que recorremos tão só ao conhecimento da vida onírica e das neuroses de transferência. Certamente não é muito, e às vezes dá uma impressão de pouca clareza e desordem; sobretudo, não nos oferece a possibilidade de alinhar o *Ics* num contexto já familiar ou de nele inseri-lo. Somente a análise de uma das afecções que chamamos de psiconeuroses narcísicas pode nos trazer concepções que nos aproximem do enigmático *Ics* ou o tornem tangível, por assim dizer.

Desde um trabalho de Abraham (1908), que o escrupuloso autor reconheceu dever ao meu estímulo, busca-

VII. A IDENTIFICAÇÃO DO INCONSCIENTE

mos caracterizar a *dementia praecox* de Kraepelin (esquizofrenia, segundo Bleuler) por seu comportamento ante a oposição Eu-objeto. Nas neuroses de transferência (histeria de angústia, histeria de conversão, neurose obsessiva) nada havia que desse particular relevo a essa oposição. Sabíamos, é verdade, que a frustração relativa ao objeto* traz a irrupção da neurose, e que a neurose implica a renúncia ao objeto real, e também que a libido subtraída ao objeto real retrocede a um objeto fantasiado e dele a um reprimido (introversão). Mas nelas o investimento objetal é mantido com grande energia, e um exame mais cuidadoso do processo de repressão nos levou a admitir que o investimento objetal dentro do sistema *Ics* continua a existir, apesar — ou melhor, por causa — da repressão. Afinal, a capacidade para a transferência, que nessas afecções nós utilizamos para fins terapêuticos, pressupõe um investimento objetal inalterado.

Já na esquizofrenia impôs-se, para nós, a hipótese de que depois do processo de repressão a libido retirada não busca um novo objeto, mas recua para o Eu; ou seja, de que os investimentos objetais são abandonados e um estado primitivo de narcisismo sem objeto é restabelecido. A incapacidade desses pacientes para a transferência — até onde alcança o processo patológico —, a consequen-

---

* "Frustração relativa ao objeto": *Versagung des Objekts* — nas versões estrangeiras consultadas, e omitindo aqui a palavra "objeto", que sempre se repete: *frustración con respecto al*, *denegación {frustración} del*, *frustrazione relativa all'*, *refus venant de*, *être frustré de*, *refusement de*, *frustration from the side of*, *frustration in regard to*.

te inacessibilidade à terapia, a característica rejeição do mundo externo, o surgimento de sinais de um sobreinvestimento do próprio Eu, o desfecho na completa apatia, todos esses traços clínicos parecem condizer perfeitamente com a hipótese de um abandono dos investimentos objetais. Quanto à relação entre os dois sistemas psíquicos, todos os observadores notaram que na esquizofrenia se exprime conscientemente muita coisa que nas neuroses de transferência só podemos demonstrar que existem no *Ics*, mediante a psicanálise. Mas não foi possível, ao menos no início, estabelecer uma conexão inteligível entre a relação Eu-objeto e as relações da consciência.

O que procuramos parece apresentar-se da seguinte maneira insuspeitada. Observa-se nos esquizofrênicos, sobretudo nos instrutivos estágios iniciais, um bom número de mudanças na linguagem, das quais algumas merecem ser examinadas de um certo ponto de vista. Frequentemente o modo de expressão é objeto de um cuidado especial, torna-se "rebuscado", "afetado". As frases são formadas com uma peculiar ausência de organização que as torna ininteligíveis para nós, de maneira que consideramos absurdas as manifestações dos doentes. Com frequência, uma relação com órgãos do corpo ou inervações assume o primeiro plano no conteúdo dessas manifestações. A isso podemos acrescentar que, nesses sintomas da esquizofrenia que semelham formações substitutivas histéricas ou neurótico-obsessivas, a relação entre o substituto e o reprimido mostra peculiaridades que nos surpreenderiam nas duas neuroses mencionadas.

O dr. Victor Tausk, de Viena, pôs à minha disposição

VII. A IDENTIFICAÇÃO DO INCONSCIENTE

algumas das observações que fez numa esquizofrenia incipiente, que apresentam a vantagem de a doente mesma ter dado explicação para suas falas. Mostrarei agora, tomando dois de seus exemplos, a concepção que pretendo defender, e não duvido que qualquer observador poderia facilmente produzir tal material em abundância.

Uma das doentes de Tausk, uma garota que foi levada para a clínica após uma briga com seu namorado, queixa-se de que "*os olhos não estão direitos, estão virados*". Isso ela mesma explica, ao fazer, em linguagem coerente, várias recriminações ao namorado. "Ela não o compreende, ele parece diferente a cada vez, é um hipócrita, um *virador de olhos*,* ele virou os olhos dela, agora ela tem os olhos virados, não são mais seus olhos, agora ela vê o mundo com outros olhos."

As declarações da doente sobre sua frase ininteligível têm o valor de uma análise, pois contêm o equivalente da frase em linguagem compreendida por todos. Ao mesmo tempo, esclarecem a respeito da significação e da gênese da formação de palavras na esquizofrenia. Em concordância com Tausk, quero ressaltar que nesse exemplo a relação com o órgão (o olho) se arvora em representação de todo o conteúdo. A fala esquizofrênica tem aí um traço hipocondríaco, torna-se linguagem *do órgão*.

Outra declaração da mesma paciente: "Ela está em pé na igreja, de repente sente um puxão, tem de *pôr-se em outra posição, como se pusesse alguém, como se fosse posta*".

---

* "Virador de olhos": versão literal de *Augenverdreher*; em português — no Brasil, pelo menos — diz-se que ele "virou a cabeça dela".

Segue-se a análise, com novas recriminações ao namorado, "que é ordinário, que também a ela, que era de uma casa fina, ele tornou ordinária. Ele a tornou igual a si, ao fazê-la acreditar que lhe era superior; agora ela se tornou como ele, porque acreditou que se tornaria melhor se ficasse igual a ele. Ele se *colocou falsamente*, agora ela é como ele (identificação!), ele a *colocou em lugar errado*".*

O movimento de "pôr-se em outra posição", observa Tausk, é um modo de representar o termo *verstellen* [pôr no lugar errado] e a identificação com o namorado. Outra vez destaco a predominância, em toda a cadeia de pensamentos, daquele elemento que tem por conteúdo uma inervação corporal (ou antes a sensação dela). Uma histérica teria virado os olhos convulsivamente no primeiro caso, e no segundo teria realmente executado o puxão, em vez de sentir o impulso ou ter a sensação de fazê-lo, e nos dois casos não teria nenhum pensamento consciente, e depois também seria incapaz de manifestá-lo.

Essas duas observações depõem a favor do que chamamos linguagem hipocondríaca ou "do órgão". Mas também — o que nos parece mais importante — nos chamam a atenção para outro fato, que pode ser facilmente apontado nos exemplos reunidos na monografia de Bleuler, por exemplo, e ser expresso numa fórmula determinada. Na esquizofrenia, as *palavras* são submetidas

---

* Na última frase usa-se o verbo *verstellen*, "pôr no lugar errado", que também significa, figuradamente, e usado como reflexivo (*sich verstellen*), "fingir, enganar". Na declaração sobre o que a paciente sentiu na igreja, o verbo original é *stellen*, "pôr".

VII. A IDENTIFICAÇÃO DO INCONSCIENTE

ao mesmo processo que forma as imagens oníricas a partir dos pensamentos oníricos latentes, que chamamos de *processo psíquico primário*. Elas são condensadas e transferem umas para as outras seus investimentos por inteiro, através do deslocamento. O processo pode ir tão longe que uma única palavra, tornada apta para isso mediante múltiplas relações, assume a representação de toda uma cadeia de pensamentos. Os trabalhos de Bleuler, Jung e seus discípulos fornecem rico material em favor justamente dessa afirmação.[1]

Antes de tirarmos uma conclusão dessas impressões, vamos ainda considerar as diferenças sutis, mas surpreendentes, entre a formação substituta esquizofrênica, de um lado, e a histérica e neurótico-obsessiva, de outro. Num paciente que acompanho atualmente, o mau estado da pele do rosto causou o abandono dos interesses da vida. Ele afirma ter cravos e fundos buracos no rosto, que qualquer pessoa enxerga. A análise demonstra que ele encena[*] seu complexo da castração em sua pele. Num primeiro instante mexeu sem pena nos seus cravos; tinha grande satisfação em esprêmê-los, pois nisso saltava fora alguma coisa, explicou. Depois começou a achar que em todo lugar onde havia eliminado um cravo surgia uma cavidade, e recriminou-se bastante por haver estragado para sempre a pele com sua "constante manipulação". É evidente que espre-

---

[1] Ocasionalmente o trabalho do sonho trata as palavras como as coisas, e cria, então, falas ou neologismos "esquizofrênicos" muito semelhantes.
[*] "Encena": *abspielt* — nas versões consultadas: *hace desarrolarse, juega, sfoga, joue*, idem, idem, *is working out, is playing out*.

mer os cravos, para ele, é um substituto da masturbação. A cavidade que, por sua culpa, surgia então, é o genital feminino, ou seja, o cumprimento da ameaça de castração (ou da fantasia que a representa) provocada pela masturbação. Essa formação substitutiva tem, apesar de seu caráter hipocondríaco, muita semelhança com uma conversão histérica; no entanto, é inevitável a sensação de que aí deve suceder outra coisa, de que uma formação substitutiva como essa não pode ser atribuída a uma histeria, mesmo antes de poder dizer em que se estriba a diferença. Um histérico dificilmente tomará uma cavidade pequena como um poro da pele por símbolo da vagina, que ele geralmente compara com todos os objetos possíveis que encerram um espaço vazio. Achamos também que a multiplicidade de pequenos buracos o impedirá de vê-los como substituto para o genital feminino. Algo semelhante vale para um jovem paciente sobre o qual, anos atrás, Tausk fez um relato à Sociedade Psicanalítica de Viena. Ele se comportava como um neurótico obsessivo, levava horas fazendo a toalete etc. Mas chamava a atenção o fato de que podia informar sem resistências o significado de suas inibições. Ao calçar as meias, por exemplo, incomodava-o a ideia de que ia afastar os pontos da malha, isto é, revelar os buracos, e cada buraco, para ele, simbolizava a abertura sexual feminina. Também isso é algo que não podemos esperar de um neurótico obsessivo; um desses, observado por Rudolf Reitler, que sofria da mesma demora em calçar as meias, após superar as resistências achou a explicação de que o pé era um símbolo do pênis, a colocação da meia, um ato masturbatório, e ele tinha de constantemente pôr e tirar a meia, em parte para

VII. A IDENTIFICAÇÃO DO INCONSCIENTE

completar o quadro da masturbação, em parte para desfazê-lo.*

Se nos perguntamos o que empresta à formação substitutiva e ao sintoma esquizofrênico esse caráter estranho, compreendemos enfim que é a predominância da referência à palavra sobre a referência à coisa. Entre espremer um cravo e ejacular sêmen há uma semelhança mínima da coisa, e ela é ainda menor entre os inúmeros, pouco profundos poros da pele e a vagina; mas no primeiro caso algo esguicha a cada vez, e no segundo vale, literalmente, a cínica frase que diz: "Um buraco é um buraco". O que determinou o substituto foi a uniformidade da expressão linguística, não a semelhança das coisas designadas. Quando as duas — palavra e coisa — não coincidem, a formação substitutiva esquizofrênica diverge daquela das neuroses de transferência.

Vamos relacionar essa percepção** à hipótese de que na esquizofrenia os investimentos de objeto são abandonados. Então teremos que fazer uma modificação: o investimento

---

* "Desfazer": *ungeschehen machen* (literalmente "tornar não acontecido"); cf. *Inibição, sintoma e angústia* (1926), parte VI, onde é discutido o mecanismo do *ungeschehen machen*.

** "Percepção": *Einsicht* — nas traduções consultadas: *conclusión, intelección, scoperta, ce dont nous avons pris connaissance, idée, manière de voir, considerations, finding*. Percebe-se que o termo português é aqui usado num dos dois sentidos principais que lhe vêm do seu verbo cognato: o de "fazer ideia, compreender"; o outro é "tomar conhecimento através dos sentidos", em que o substantivo corresponde ao alemão *Wahrnehmung*, também presente no texto. Ver nota 67 do tradutor, em F. Nietzsche, *Além do bem e do mal* (São Paulo: Companhia das Letras, 1992).

nas representações verbais dos objetos é mantido. Agora o que poderíamos chamar de representação consciente do objeto se decompõe para nós em *representação da palavra* e em *representação da coisa*,* que consiste no investimento, se não das imagens mnemônicas diretas das coisas, ao menos de traços mnemônicos mais distantes e delas derivados. Acreditamos saber agora como uma representação consciente se distingue de uma inconsciente. As duas não são, como achávamos, diferentes registros do mesmo conteúdo em diferentes locais psíquicos, e tampouco diferentes condições funcionais de investimento no mesmo local — a representação consciente abrange a representação da coisa mais a da palavra correspondente, e a inconsciente é ape-

---

* "Representação da palavra (ou verbal)/representação da coisa": *Wortvorstellung/Sachvorstellung*. A partir desse parágrafo utilizamos "representação" para *Vorstellung*, acompanhando as versões inglesa e italiana. Eis o que todas elas trazem: *imagen verbal/de la cosa, representación-palabra/representación-objeto* (seguidos dos termos alemães entre chaves), *rappresentazione della parola/rappresentazione della cosa, représentation de mot/représentation de chose*, idem, idem, *idea of the word (verbal idea)/idea of the thing (concrete idea), presentation of the word/presentation of the thing*. Essa última versão, a da *Standard*, vem acompanhada de uma longa nota, assinalando que o termo até então traduzido por *idea* será vertido por *presentation* até o final do ensaio. Strachey também afirma que a diferenciação entre *Wortvorstellung* e *Sachvorstellung* remonta aos estudos de Freud sobre a afasia, e reproduz, em apêndice, o trecho pertinente do mais relevante desses estudos, *Zur Auffassung der Aphasien*, de 1891 (há edição portuguesa com o título *A interpretação das afasias*. Lisboa: Edições 70, s.d. O trecho reproduzido por Strachey se acha entre as pp. 66 e 73; a tradução foi feita do italiano, porém; na *Standard* brasileira, traduzida do inglês, como se sabe, acha-se no v. XIV).

VII. A IDENTIFICAÇÃO DO INCONSCIENTE

nas a representação da coisa. O sistema *Ics* contém os investimentos de coisas dos objetos, os primeiros investimentos objetais propriamente ditos; o sistema *Pcs* surge quando essa representação da coisa é sobreinvestida mediante a ligação com as representações verbais que lhe correspondem. São esses sobreinvestimentos, conjecturamos, que levam a uma mais alta organização psíquica e tornam possível a substituição do processo primário pelo processo secundário dominante no *Pcs*. Podemos então dizer precisamente o que a repressão, nas neuroses de transferência, recusa à representação rejeitada: a tradução em palavras que devem permanecer ligadas ao objeto. A representação não colocada em palavras ou o ato psíquico não sobreinvestido permanece então no inconsciente, como algo reprimido.

Seja-me permitido observar que bem cedo já tínhamos a percepção[*] que hoje nos torna compreensível uma das características mais notáveis da esquizofrenia. Nas últimas páginas de *A interpretação dos sonhos*, publicado em 1900, desenvolvo a tese de que os processos de pensamento, isto é, os atos de investimento mais afastados das percepções, não têm qualidades e são inconscientes em si, e apenas ligando-se aos resíduos das percepções de palavras obtêm a capacidade de se tornar conscientes. Por sua vez, as representações verbais procedem da percepção dos sentidos, assim como as representações de coisas, de modo que caberia perguntar por que as

---

[*] "Percepção": *Einsicht* — *conocimiento, intelección, cognizione, conception, idée, manière de voir, insight*, idem. Ver nota à p. 145.

representações de objetos não podem se tornar conscientes através de seus próprios resíduos de percepções. Mas provavelmente o pensar ocorre em sistemas afastados dos originais resíduos de percepções, de modo que nada mais conservaram das qualidades desses, e precisam ser reforçados com novas qualidades para se tornar conscientes. Além disso, mediante a ligação com palavras podem ser dotados de qualidades também os investimentos que não puderam trazer nenhuma qualidade das percepções, por corresponderem apenas a relações entre as representações de objeto. Tais relações, tornadas apreensíveis apenas mediante palavras, são um componente capital de nossos processos de pensamento. Compreendemos que a ligação com representações verbais ainda não coincide com o tornar-se consciente, e apenas fornece a possibilidade para isso, ou seja, que não caracteriza nenhum outro sistema senão o *Pcs*. Mas agora notamos que essa discussão nos afastou de nosso tema propriamente dito e nos deixou em meio aos problemas relativos ao pré-consciente e ao consciente, que seria adequado tratarmos separadamente.

Quanto à esquizofrenia, que aqui abordamos apenas na medida em que nos parece indispensável para um conhecimento geral do *Ics*, temos de nos perguntar se o processo aqui denominado repressão ainda tem algo em comum com a repressão nas neuroses de transferência. A fórmula segundo a qual a repressão é um processo que ocorre entre o sistema *Ics* e o *Pcs* (ou *Cs*), que resulta em manter algo distante da consciência, de toda maneira requer uma mudança, para poder incluir também

VII. A IDENTIFICAÇÃO DO INCONSCIENTE

a *dementia praecox* e outras afecções narcísicas. Mas permanece como traço comum a tentativa de fuga do Eu, que se manifesta na retirada do investimento consciente. E a mais superficial reflexão nos ensina que essa tentativa de fuga, essa fuga do Eu, realiza-se de maneira bem mais profunda e radical nas neuroses narcísicas.

Se na esquizofrenia essa fuga consiste na retirada do investimento instintual dos lugares que representam a inconsciente representação de objeto, pode parecer estranho que a parte da mesma representação de objeto pertencente ao sistema *Pcs* — as representações verbais que a ela correspondem — deva experimentar, ao contrário, um investimento mais intenso. Seria antes de esperar que a representação verbal, sendo a parte pré-consciente, tenha de suportar o primeiro impacto da repressão, e que ela se torne completamente insuscetível de investimento depois que a repressão prosseguiu até as representações de coisa inconscientes. Isto é, certamente, algo difícil de compreender. A saída que se oferece é o investimento da representação verbal não pertencer ao ato de repressão, mas constituir a primeira das tentativas de restabelecimento ou cura que tão claramente dominam o quadro da esquizofrenia. Esses esforços pretendem reaver os objetos perdidos, e bem pode ser que, com essa intenção, eles tomem o caminho para o objeto através da parte verbal dele, nisso tendo de se contentar com as palavras em vez das coisas, porém. Pois nossa atividade anímica se move, de maneira bastante geral, em duas direções opostas: ou dos instintos, pelo sistema *Ics*, até o trabalho consciente do pensamento, ou, por incitação de fora, pelo sistema do *Cs* e *Pcs* até os investimentos *ics* do Eu e dos objetos. Este segundo caminho tem de permanecer transitável, apesar da repressão ocorrida, e fica, até certo ponto, aberto aos esforços da neurose para readquirir seus objetos. Quando pensamos abstratamente, corremos o perigo de negligenciar as relações das palavras com as representações de coisa inconscientes, e não se pode negar que então nosso filosofar ganha uma indesejada semelhança, em expressão e conteúdo, com o modo de funcionar* dos esquizofrênicos. Por outro lado, pode-se tentar caracterizar o modo de pensar dos esquizofrênicos dizendo que eles tratam as coisas concretas como se fossem abstratas.

Se nós de fato identificamos o inconsciente e determinamos de forma correta a diferença entre uma representação inconsciente e uma pré-consciente, então nossas pesquisas, a partir de muitos outros pontos, deverão necessariamente remeter a essa percepção.

---

* "Modo de funcionar": *Arbeitsweise* (literalmente "modo de trabalho") — nas versões estrangeiras consultadas: *labor mental, modalidad de trabajo, modo di pensare, mode de travail, façon dont opèrent, mode de travail, way of thinking, mode of operation*.

COMPLEMENTO METAPSICOLÓGICO À TEORIA DOS SONHOS (1917 [1915])

TÍTULO ORIGINAL: "METAPSYCHOLOGISCHE ERGÄNZUNG ZUR TRAUMLEHRE". PUBLICADO PRIMEIRAMENTE EM *INTERNATIONALE ZEITSCHRIFT FÜR ÄRZTLICHE PSYCHOANALYSE* [REVISTA INTERNACIONAL DE PSICANÁLISE MÉDICA], V. 4, N. 6, PP. 277-87. TRADUZIDO DE *GESAMMELTE WERKE* X, PP. 412-26; TAMBÉM SE ACHA EM *STUDIENAUSGABE* III, PP. 175-91.

Em mais de uma ocasião veremos como é vantajoso para a nossa pesquisa comparar certos estados e fenômenos que podem ser apreendidos como *modelos normais* de afecções patológicas. Entre eles estão estados afetivos como o luto e o enamoramento, mas também o estado do sono e o fenômeno do sonhar.[1]

Não costumamos pensar muito sobre o fato de que toda noite o ser humano tira os panos que cobriam sua pele, e talvez ainda as peças complementares de seus órgãos, na medida em que logrou compensar-lhes as deficiências com próteses como óculos, perucas, dentes etc. Podemos acrescentar que ao adormecer ele realiza um desnudamento análogo na psique, renuncia à maior parte de suas aquisições psíquicas e efetua assim uma extraordinária aproximação, dos dois lados, à situação que foi o ponto de partida de seu desenvolvimento vital. Somaticamente, dormir é uma reativação da estadia no ventre materno, preenchendo-se as condições de repouso, calor e ausência de estímulos; e muitas pessoas retomam, dormindo, a posição fetal. O estado psíquico de quem dorme se caracteriza pela retração quase total do mundo que o cerca e cessação de todo interesse por ele.

---

[1] Este ensaio e aquele seguinte provêm de uma série que originalmente eu pretendia publicar em forma de livro com o título de *Preparação para uma metapsicologia*. Eles se relacionam a trabalhos que aparecerem no volume III da *Internationale Zeitschrift für ärztliche Psychoanalyse* ("Os instintos e seus destinos", "A repressão", "O inconsciente", incluídos no presente volume). Esta série tem o objetivo de aclarar e aprofundar as suposições teóricas que estariam na base de um sistema psicanalítico.

COMPLEMENTO METAPSICOLÓGICO À TEORIA DOS SONHOS

Investigando os estados psiconeuróticos, somos levados a destacar em cada um deles as chamadas *regressões temporais*, o montante de retrocesso no desenvolvimento que lhes é peculiar. Distinguimos duas dessas regressões, aquela no desenvolvimento do Eu e aquela no da libido. Esta última chega, no estado do sono, até à instauração do *narcisismo primitivo*; a primeira chega ao estágio da *satisfação alucinatória do desejo*.

Aquilo que sabemos das características psíquicas do estado do sono aprendemos com o estudo do sonho, naturalmente. É verdade que o sonho nos mostra o ser humano enquanto ele não dorme, mas não pode deixar de nos revelar ao mesmo tempo características do próprio sono. A partir da observação conhecemos algumas peculiaridades do sonho, que inicialmente não pudemos entender e que agora podemos enumerar sem dificuldade. Sabemos que o sonho é absolutamente egoísta, e que no protagonista de suas cenas devemos identificar sempre o sonhador mesmo. Isso decorre, compreensivelmente, do narcisismo do estado do sono. Pois narcisismo e egoísmo coincidem; a palavra "narcisismo" apenas sublinha que o egoísmo é também um fenômeno libidinoso, ou, para dizê-lo de outra forma, o narcisismo pode ser designado como o complemento libidinoso do egoísmo. Igualmente compreensível se torna a faculdade "diagnóstica" do sonho, universalmente reconhecida e vista como enigmática, em que padecimentos físicos incipientes são notados antes e de modo mais nítido que na vigília, e todas as sensações corporais do instante são aumentadas enormemente. Esse aumento é de natureza hipocondríaca, tem por pressupos-

COMPLEMENTO METAPSICOLÓGICO À TEORIA DOS SONHOS

to que todo investimento psíquico foi retirado do mundo externo para o próprio Eu, e possibilita agora o reconhecimento precoce de mudanças corporais que na vida de vigília permaneceriam inadvertidas por algum tempo.

Um sonho nos mostra que sucedeu algo que tendia a perturbar o sono, e nos permite vislumbrar o modo como essa perturbação pôde ser rechaçada. No final o dormente sonhou e pode continuar o seu sono; no lugar da exigência interna que pretendia ocupá-lo sobreveio uma experiência externa, cuja reivindicação foi resolvida. Portanto, um sonho é também uma *projeção*, uma exteriorização de um processo interior. Lembramos já haver encontrado a projeção, em outro lugar, entre os meios de defesa. Também o mecanismo da fobia histérica culminava no fato de, mediante tentativas de fuga, o indivíduo conseguir proteger-se de um perigo externo, que tomara o lugar de uma exigência instintual interna. Mas reservaremos uma discussão demorada da projeção para quando chegarmos à dissecção daquela doença em que tal mecanismo tem papel evidente.

Mas de que modo se produz o caso em que a intenção de dormir é perturbada? A perturbação pode vir de uma excitação interna ou de um estímulo externo. Consideremos primeiro o caso menos transparente e mais interessante da perturbação a partir do interior. A experiência nos indica, como instigadores do sonho, vestígios diurnos, investimentos de pensamento que não obedeceram à retração geral de investimentos e conservaram, a despeito dela, uma certa medida de interesse libidinoso ou de outro tipo. Já de início, portanto, o narcisismo do sono teve que admitir uma exceção, e com ela principia a formação do sonho. Na análise tomamos conhecimento desses restos diurnos como pensamentos oníricos latentes e, por sua natureza e por toda a situação, temos de reconhecê-los como ideias pré-conscientes, como integrantes do sistema *Pcs*.

Um maior esclarecimento da formação do sonho não é alcançado sem superarmos algumas dificuldades. O narcisismo do estado de sono significa a retirada do investimento de todas as representações de objeto,* tanto das partes inconscientes delas como das pré-conscientes. Logo, se determinados "restos diurnos" permaneceram investidos, hesitamos em supor que durante a noite eles adquiram energia bastante para se fazer notar pela consciência; inclinamo-nos antes a supor que o investimento que retiveram seja bem mais fraco do que o possuído durante o dia. A análise nos dispensa de mais especulações nesse ponto, ao demonstrar que esses restos diurnos têm de receber um reforço das fontes de impulsos instintuais inconscientes, se forem atuar na construção do sonho. De início essa hipótese não apresenta dificuldades, pois temos de crer que a censura entre *Pcs*

---

* "Representações de objeto": *Objektvorstellungen* — *ideas de objetos*, *representaciones-objeto*, *rappresentazioni degli oggetti*, *représentations d'objets*, *ideas of objects* (embora tenha adotado *presentation of the thing* para *Sachvorstellung*, no ensaio "O inconsciente", Strachey agora prefere *ideas of objects*). As versões estrangeiras aqui citadas são aquelas indicadas em nota ao ensaio "Os instintos e seus destinos" (p.59).

e *Ics* se acha bem diminuída no sono, e o trânsito entre os dois sistemas é facilitado, portanto.

Mas uma outra consideração não pode ser ignorada. Se o estado narcísico do sono implica a retirada de todos os investimentos dos sistemas *Ics* e *Pcs*, então não é possível que os restos diurnos obtenham reforço dos impulsos instintuais inconscientes, os quais entregaram ao Eu seus próprios investimentos. A teoria da formação do sonho perde-se aqui numa contradição, ou tem de ser salva através de uma modificação da hipótese sobre o narcisismo do sono.

Como se verá depois, uma hipótese assim limitadora será inevitável também na teoria da *dementia praecox*. Ela só pode afirmar que a parte reprimida do sistema *Ics* não obedece ao desejo de dormir que provém do Eu, conserva no todo ou em parte o seu investimento e, devido à repressão, conquistou um certo grau de independência em relação ao Eu. Ainda em conformidade a isso, também um certo montante do gasto com a repressão (do *contrainvestimento*) deveria ser mantido durante a noite para fazer frente ao perigo instintual, embora a inacessibilidade dos caminhos que levam à liberação de afetos e à motilidade possa abaixar consideravelmente o nível do contrainvestimento necessário. Podemos então representar da seguinte maneira a situação que conduz à formação do sonho. O desejo de dormir procura recolher todos os investimentos enviados pelo Eu, instaurando um narcisismo absoluto. Isso pode ter êxito apenas parcial, pois a parte reprimida do sistema *Ics* não acompanha o desejo de dormir. Logo, é preciso que também uma parcela dos contrainvestimentos seja mantida, e que a censura entre *Ics* e *Pcs* permaneça, ainda que não em plena força. Até onde alcançarem o domínio do Eu, todos os sistemas estarão vazios de investimentos. Quanto mais fortes são os investimentos instintuais *ics*, mais instável é o sono. Conhecemos igualmente o caso extremo em que o Eu renuncia ao desejo de dormir, porque se sente incapaz de inibir os impulsos reprimidos que são liberados durante o sono; em outras palavras, desiste do sono porque tem medo dos sonhos.

Depois apreciaremos em toda a sua importância a hipótese da insubordinação dos impulsos reprimidos. Continuemos seguindo a formação do sonho.

Como uma segunda ameaça ao narcisismo devemos considerar a possibilidade, já referida, de que também alguns dos pensamentos diurnos pré-conscientes se revelem resistentes e mantenham parte do seu investimento. No fundo, os dois casos podem ser idênticos; a resistência dos vestígios diurnos pode remontar ao nexo com impulsos inconscientes, presente já na vida desperta, ou a coisa não é tão simples e apenas no estado de sono os restos diurnos não inteiramente esvaziados se vinculem ao reprimido, em virtude da comunicação facilitada entre *Pcs* e *Ics*. Em ambos os casos há o mesmo avanço decisivo rumo à formação do sonho: forma-se o desejo pré-consciente onírico, o qual *dá expressão ao impulso inconsciente no material dos restos diurnos pré-conscientes*. Devemos diferenciar nitidamente esse desejo onírico dos restos diurnos; ele não precisa ter existido na vida desperta, já pode mostrar o caráter irracional que tudo o que é inconsciente traz consigo, quando o traduzimos para o consciente. O desejo onírico também não pode ser confundido com os desejos que possivelmente, mas não necessariamente, se encontravam entre os pensamentos oníricos pré-conscientes (latentes). Mas, tendo havido esses desejos pré-conscientes, o desejo onírico junta-se a eles como o reforço mais eficaz.

Vejamos agora as vicissitudes posteriores desse desejo que na sua essência representa uma reivindicação instintual inconsciente, e que no *Pcs* formou-se como desejo onírico (fantasia realizadora de desejo). Ele poderia se resolver em três caminhos diferentes, segundo nos diz a reflexão. Pelo caminho que na vida desperta seria o normal, irrompendo na consciência a partir do *Pcs*, ou criando uma descarga motora direta, evitando a consciência, ou tomando o caminho insuspeitado que a observação nos faz realmente seguir. No primeiro caso ele se tornaria uma *ideia delirante* tendo o conteúdo da realização do desejo, mas isso não ocorre jamais no estado do sono. (Embora bem pouco familiarizados com as condições metapsicológicas dos processos anímicos, podemos talvez extrair desse fato a indicação de que o esvaziamento completo de um sistema o faz pouco inclinado a responder a incitações.) O segundo caso, a descarga motora direta, deveria ser excluído pelo mesmo princípio, pois normalmente o acesso à motilidade se acha ainda um tanto além da censura da consciência, mas de forma excepcional é observado como sonambulismo. Não sabemos que condições o tornam possível, e por que não acontece com maior frequência. O que sucede realmente na formação do sonho é uma decisão muito notável e inteiramente imprevisível. O processo urdido no *Pcs*, e reforçado pelo *Ics*, toma um caminho retrógrado através do *Ics*, rumo à percepção que se impõe à consciência. Essa *regressão* é a terceira fase da formação do sonho. Vamos repetir as anteriores, para ter uma visão geral: reforço dos vestígios diurnos *pcs* pelo *Ics* — produção do desejo onírico.

Uma tal regressão chamamos de *topológica*, para distingui-la da *temporal* ou histórico-evolutiva, já mencionada. As duas não têm de coincidir sempre, mas o fazem justamente no exemplo que para nós se oferece. A reversão do curso da excitação, do *Pcs* pelo *Ics* até à percepção, é ao mesmo tempo o retorno ao estágio primeiro da realização alucinatória do desejo.

Sabemos, a partir da *Interpretação dos sonhos*, de que maneira se dá a regressão dos vestígios diurnos pré-conscientes na formação do sonho. Os pensamentos são transpostos em imagens — predominantemente visuais —, as representações de palavras são reconduzidas às representações de coisas que lhes correspondem, como se, no todo, o processo fosse governado por considerações atinentes à *figurabilidade*. Depois de consumada a regressão, resta no sistema *Ics* uma série de investimentos, investimentos das lembranças de coisas sobre as quais atua o processo psíquico primário, até que, pela sua condensação e pelo deslocamento dos investimentos entre elas, dá forma ao conteúdo manifesto do sonho. Apenas quando as representações de palavras que se acham nos restos diurnos são vestígios frescos, reais, de percepções, e não expressão de pensamentos, é que são tratadas como representações de coisas e submetidas às influências da condensação e do deslocamento. Daí a regra oferecida na interpretação de sonhos, e depois confirmada até se tornar evidência, segundo a qual palavras e falas do conteúdo onírico não são novas criações, mas recriações de falas do dia do sonho (ou de outras impressões frescas, também de leituras). É digno de nota quão pouco o trabalho do sonho se atém às representações de palavras; a todo momento ele se dispõe a trocar as palavras umas pelas outras, até encontrar a expressão mais conveniente para a representação plástica.[2]

Neste ponto se mostra a diferença decisiva entre o tra-

---

[2] Também atribuo à consideração pela figurabilidade o fato sublinhado — e talvez superestimado — por Silberer, de que alguns sonhos permitem duas interpretações, simultaneamente válidas e no entanto essencialmente diversas, uma das quais ele chama de *analítica*, e a outra, de *anagógica*. Trata-se aí de pensamentos muito abstratos, que oferecem grandes dificuldades à representação no sonho. A título de comparação, imaginemos ter que substituir o editorial de um jornal político por ilustrações! Nesses casos o trabalho do sonho tem primeiro que substituir o texto abstrato dos pensamentos por um mais concreto, que a ele se ligue de algum modo, pela comparação, alusão alegórica, simbolismo e, melhor ainda, geneticamente, e que tome o seu lugar como material do trabalho do sonho. Os pensamentos abstratos suscitam a chamada interpretação anagógica, que no trabalho interpretativo alcançamos com mais facilidade do que aquela propriamente analítica. Segundo uma correta observação de Otto Rank, determinados sonhos relativos ao tratamento, por pacientes em análise, são os melhores modelos para conceber tais sonhos de múltipla interpretação. [A expressão "representação plástica" traduz *plastische Darstellung*.]

balho do sonho e a esquizofrenia. Nesta, as palavras mesmas em que estava expresso o pensamento pré-consciente são objeto da elaboração pelo processo primário; no sonho isso não sucede às palavras, mas às representações de coisas a que remontaram as palavras. O sonho conhece uma regressão topológica, a esquizofrenia não; no sonho se acha livre o trânsito entre investimentos de palavras (*pcs*) e investimentos de coisas (*ics*), enquanto é típico da esquizofrenia que ele seja bloqueado. A impressão feita por essa diferença é atenuada justamente pelas interpretações de sonhos que fazemos na prática psicanalítica. Na medida em que a interpretação do sonho rastreia o curso do trabalho do sonho, segue as vias que levam dos pensamentos latentes aos elementos oníricos, revela a exploração das ambiguidades verbais e evidencia as pontes de palavras entre diferentes grupos de material, ela desperta uma impressão ora engraçada, ora esquizofrênica, e nos faz esquecer que todas as operações com palavras constituem, para o sonho, apenas preparação para regredir às coisas.

O processo onírico se completa quando o conteúdo de pensamento, transformado regressivamente, remodelado numa fantasia-desejo, torna-se consciente como percepção sensorial, e nisso experimenta a elaboração secundária a que está sujeito todo conteúdo perceptivo. Dizemos que o desejo onírico é *alucinado* e, enquanto alucinação, acha maneira de crer na realidade de sua concretização. É precisamente a essa parte conclusiva da formação do sonho que se ligam as mais fortes incertezas, e para o esclarecimento delas vamos comparar o sonho aos estados patológicos a ele aparentados.

A formação da fantasia-desejo e o seu regredir à alucinação constituem as partes essenciais do trabalho do sonho, mas não pertencem exclusivamente a ele. Acham-se igualmente em dois estados mórbidos, na confusão alucinatória aguda, a *amentia* (de Meynert), e na fase alucinatória da esquizofrenia. O delírio alucinatório da *amentia* é uma fantasia de desejo claramente reconhecível, com frequência inteiramente ordenada, como um belo devaneio. Poderíamos falar, de modo bem geral, de uma *psicose de desejo alucinatória*, e atribuí-la tanto ao sonho como à *amentia*. Há também sonhos que consistem apenas de fantasias de desejo não deformadas e bem ricas de conteúdo. A fase alucinatória da esquizofrenia foi menos estudada; via de regra parece ser de caráter composto, mas no essencial poderia corresponder a uma nova tentativa de restituição, que busca devolver o investimento libidinal às representações de objetos.[3] Não posso estender a comparação a outros estados alucinatórios em várias afecções patológicas, porque não disponho aí de experiência própria, nem posso utilizar a de outros.

Fique claro que a psicose de desejo alucinatória — no sonho ou em outros casos — realiza duas operações que absolutamente não se confundem. Não apenas leva à consciência desejos escondidos ou reprimidos, mas apresenta-os, em inteira boa fé, como satisfeitos. Faz-se mister entender essa conjunção. Não é possível afirmar,

---

[3] No ensaio sobre "O inconsciente" vimos o superinvestimento das representações de palavras como a primeira tentativa desse gênero.

de modo algum, que os desejos inconscientes deveriam ser tidos como realidades após se terem tornado conscientes, pois nosso juízo é sabidamente capaz de distinguir realidades de ideias e desejos, por mais intensos que sejam. Por outro lado, parece justificado supor que a crença na realidade se liga à percepção através dos sentidos. Se um pensamento encontrou o caminho para a regressão até os traços mnêmicos inconscientes de objetos, e daí à percepção, admitimos a sua percepção como real. Logo, a alucinação traz consigo a crença na realidade. Pergunta-se agora qual a condição para o surgimento de uma alucinação. A primeira resposta seria: a regressão, o que substituiria a questão da origem da alucinação pela do mecanismo da regressão. No que toca aos sonhos, a resposta não precisa tardar. A regressão dos pensamentos oníricos *pcs* às imagens mnêmicas das coisas é claramente consequência da atração que esses representantes instintuais *ics* — por exemplo, lembranças reprimidas de vivências — exercem sobre os pensamentos vertidos em palavras. Mas logo notamos que seguimos uma trilha errada. Se o segredo da alucinação não fosse outro que o da regressão, toda regressão com intensidade bastante deveria produzir uma alucinação com crença na sua realidade. Mas conhecemos muito bem os casos em que uma reflexão regressiva traz à consciência imagens mnêmicas visuais bastante nítidas, que nem por isso tomamos por uma percepção real. E podemos muito bem imaginar que o trabalho do sonho penetre até essas imagens mnêmicas, tornando conscientes as até então inconscientes, sustentando à nossa frente uma fantasia-

-desejo pela qual ansiaríamos, mas que não reconheceríamos como a real concretização do desejo. A alucinação deve ser, portanto, mais do que a animação regressiva de imagens mnêmicas em si *ics*.

Tenhamos presente, ainda, que é de grande importância prática distinguir percepções de ideias, mesmo que intensivamente lembradas. Toda a nossa relação com o mundo externo, com a realidade, depende dessa capacidade. Formulamos a ficção de não termos sempre possuído tal capacidade, e de que no início de nossa vida psíquica realmente alucinamos o objeto gratificante, ao sentirmos necessidade dele. Mas a satisfação não ocorria nesse caso, e logo o fracasso deve ter nos movido a criar um dispositivo que ajudasse a distinguir entre essa percepção fruto do desejo e uma real satisfação, e a evitá-la no futuro. Em outras palavras, bem cedo abandonamos a satisfação alucinatória do desejo e instituímos uma espécie de *exame da realidade*. Surge agora a questão de em que consistia tal exame da realidade, e de como a psicose de desejo alucinatória do sonho, da *amentia* e de condições análogas chega a suspendê-lo, restabelecendo o antigo modo de satisfação.

A resposta pode ser obtida se determinarmos com maior precisão o terceiro de nossos sistemas psíquicos, o sistema *Cs*, que até o momento não separamos nitidamente do *Pcs*. Já na *Interpretação dos sonhos* tivemos de enxergar a percepção consciente como realização de um sistema particular, ao qual atribuímos certas características notáveis e ao qual temos bons motivos para conferir mais alguns traços. Tal sistema, lá denominado *P*, nós o faremos coincidir com o sistema *Cs*, de cujo trabalho depende habitualmente a passagem para a consciência. No entanto, o fato de algo se tornar consciente não coincide totalmente com o dado de pertencer a um sistema, pois já verificamos que é possível notar imagens mnêmicas sensoriais a que não podemos conceder um lugar psíquico no sistema *Cs* ou *P*.

Mas será lícito adiar o tratamento dessa dificuldade, até colocarmos o próprio sistema *Cs* no centro de nosso interesse. No contexto presente nos será permitida a hipótese de que a alucinação consiste num investimento do sistema *Cs* (*P*), que porém sucede não a partir de fora, como é normalmente, mas de dentro, e de que ela tem por condição que a regressão vá ao ponto de alcançar esse sistema mesmo, podendo assim colocar-se fora do exame da realidade.[4]

Num contexto anterior ("Os instintos e seus destinos") reivindicamos, para o organismo ainda desamparado, a capacidade de obter uma primeira orientação no mundo por meio de suas percepções, ao distinguir entre "fora" e "dentro" com referência a uma ação muscular. Uma percepção levada a desaparecer mediante uma ação é reconhecida como externa, como realidade; quando tal ação nada modifica, a percepção vem do próprio interior do corpo, não é real. Para o indivíduo é valioso possuir um tal meio de distinguir a realidade,[*]

---

[4] Quero acrescentar, a título de complemento, que uma tentativa de esclarecimento da alucinação deveria principiar não com a alucinação positiva, mas com a *negativa*.

que significa ao mesmo tempo uma ajuda contra ela, e ele bem gostaria de ser dotado de um poder similar contra as exigências muitas vezes implacáveis de seus instintos. Daí ele se esforçar tanto em transpor para fora o que o incomoda de dentro, em *projetar*.

Após uma dissecção minuciosa do aparelho psíquico, devemos atribuir apenas ao sistema *Cs* (*P*) tal função de orientação no mundo através da distinção entre fora e dentro. *Cs* deve dispor de uma inervação motora, mediante a qual é constatado se a percepção pode ser levada a desaparecer ou se resiste. O *exame da realidade* não precisa ser outra coisa além desse dispositivo.[5] Mais não podemos dizer sobre isso, pois a natureza e o modo de trabalho do sistema *Cs* ainda são pouco conhecidos. Situaremos o exame da reali-

---

* "Meio de distinguir a realidade": *Kennzeichen der Realität*; a tradução literal do primeiro termo, encontrada nos dicionários, é "sinal distintivo, característica"; as versões consultadas trazem: *medio de reconocer*, *signo distintivo*, *segno di riconoscimento*, *signe caractéristique*, *means [...] of recognizing*. Strachey remete, numa nota, à expressão *Realitätszeichen*, no *Esboço de uma psicologia*, de 1895 (conhecido como *Projeto*, mas "esboço" é uma tradução mais correta para *Entwurf*), parte 15, "Processo primário e secundário em ψ" (pp. 39 ss da edição brasileira: *Projeto de uma psicologia*, tradução e notas de Osmyr Faria Gabbi Jr. Rio de Janeiro: Imago, 1995).

5 Sobre a distinção entre um exame da atualidade [*Aktualitätsprüfung*] e um exame da realidade [*Realitätsprüfung*], ver uma passagem posterior [Não se sabe a que passagem Freud se refere; provavelmente a um dos ensaios que não chegou a publicar. Quanto à versão do primeiro dos termos alemães assinalados, Lopez-Ballesteros emprega *examen del momento*, e Strachey, *testing with regard to immediacy*; os demais tradutores fazem, como aqui, uma versão literal].

dade, como uma das grandes *instituições do Eu*, ao lado das *censuras* entre os sistemas psíquicos, as quais já conhecemos, e esperamos que a análise das afecções narcísicas nos ajude a descobrir outras instituições desse tipo.

Por outro lado, já agora a patologia nos ensina de que maneira o exame da realidade pode ser suspenso ou colocado fora de ação, e aprenderemos isso de modo mais inequívoco na psicose de desejo, na *amentia*, do que no sonho: a *amentia* é a reação a uma perda que a realidade afirma, mas que o Eu deve negar por insuportável. Em consequência o Eu rompe a relação com a realidade, subtrai ao sistema das percepções *Cs* o investimento ou, melhor talvez, um investimento cuja natureza especial ainda pode ser objeto de investigação. Com esse afastamento da realidade o seu exame é posto de lado, as fantasias de desejo — não reprimidas, inteiramente conscientes — podem penetrar no sistema e a partir de lá são reconhecidas como uma realidade melhor. Uma tal subtração pode ser contada entre os processos de repressão: a *amentia* nos oferece o interessante espetáculo de uma desunião entre o Eu e um de seus órgãos, aquele que talvez o servisse mais fielmente e lhe fosse mais intimamente ligado.[6]

O que na *amentia* é realizado pela "repressão" é feito no sonho pela renúncia voluntária. O estado de sono

---

6 A partir daí pode-se arriscar a conjectura de que também as alucinoses tóxicas — o delírio alcoólico, por exemplo — devem ser entendidas de maneira análoga. A perda intolerável, imposta pela realidade, seria justamente a do álcool; sendo ele ingerido, cessam as alucinações.

não quer saber do mundo externo, não se interessa pela realidade, ou apenas o faz quando há o risco de se abandonar o estado de sono, de se despertar. Logo, ele subtrai o investimento do sistema *Cs*, tal como dos outros sistemas, o *Pcs* e o *Ics*, na medida em que as posições* neles presentes acatem o desejo de dormir. Com esse não investimento do sistema *Cs* abandona-se a possibilidade de um exame da realidade, e as excitações que, independentemente do estado de sono, tomaram o caminho da regressão, o encontrarão livre até o sistema *Cs*, no qual serão tidas como realidade incontestada.[7] Quanto à psicose alucinatória da *dementia praecox*, deduziremos de nossas considerações que ela não pode estar entre os sintomas iniciais de tal afecção. Ela se torna possível apenas quando o Eu do doente se desintegrou tanto que o exame da realidade já não impede a alucinação.

No que respeita à psicologia dos processos oníricos, chegamos ao resultado de que todas as características essenciais do sonho são determinadas pela condição do

---

* *Positionen*, no original. O uso do termo por Freud é mais compreensível se tivermos presente um outro sentido de *Besetzung*: o de "ocupação militar" — sentido este inevitavelmente perdido na tradução por "investimento".

[7] O princípio da inexcitabilidade dos sistemas não investidos parece aqui invalidado no tocante ao *Cs* (*P*). Mas talvez se trate de uma supressão apenas parcial do investimento, e para o sistema perceptivo, precisamente, teremos de supor um bom número de condições de excitação que divergem bastante daquelas de outros sistemas. É claro que de modo algum vamos encobrir ou maquiar a natureza incerta e tateante dessas discussões metapsicológicas. Só um aprofundamento posterior poderá levar a um certo grau de probabilidade.

estado de sono. O velho Aristóteles tinha inteira razão, com seu modesto enunciado de que o sonho é a atividade psíquica do dormente. Pudemos precisar que é um resíduo de atividade psíquica, tornado possível pelo fato de que o estado narcísico de sono não se impôs de maneira total. Isso não difere muito daquilo que filósofos e psicólogos afirmaram desde sempre, mas repousa em pontos de vista bem divergentes acerca da construção e do funcionamento do aparelho psíquico, que frente aos anteriores tem a vantagem de também nos permitir uma maior compreensão das particularidades do sonho.

Por fim, lancemos um olhar à importância que uma *topologia** do processo de repressão adquire para entendermos o mecanismo das perturbações psíquicas. No sonho, a retirada de investimento (libido, interesse) atinge todos os sistemas igualmente, nas neuroses de transferência é retirado o investimento *Pcs*, na esquizofrenia o do *Ics*, na *amentia* o do *Cs*.

---

* *Topik*, no original. É frequente encontrarmos esse termo traduzido por "tópica". Mas em português essa palavra designa a "ciência ou tratado dos remédios tópicos". Os substantivos alemães terminados em *ik* podem induzir a erros na tradução; assim, *Pädagogik* significa "pedagogia" em português; e *Romantik*, "romantismo". Freud usa *Topik* por empréstimo da anatomia, em que o termo designa o estudo da posição relativa dos órgãos.

LUTO E MELANCOLIA (1917 [1915])

TÍTULO ORIGINAL: "TRAUER UND MELANCHOLIE". PUBLICADO PRIMEIRAMENTE EM *INTERNATIONALE ZEITSCHRIFT FÜR ÄRZTLICHE PSYCHOANALYSE* [REVISTA INTERNACIONAL DE PSICANÁLISE MÉDICA], V. 4, N. 6, PP. 288-301. TRADUZIDO DE *GESAMMELTE WERKE* X, PP. 428-46; TAMBÉM SE ACHA EM *STUDIENAUSGABE* III, PP. 193-212.

Depois que o sonho nos serviu como modelo normal dos distúrbios psíquicos narcísicos, façamos a tentativa de elucidar a natureza da melancolia, comparando-a com o afeto normal do luto.* Mas desta vez temos que admitir algo de antemão, para evitar uma superestimação de nossos resultados. A melancolia, cuja definição varia mesmo na psiquiatria descritiva, apresenta-se em variadas formas clínicas, cujo agrupamento numa só unidade não parece estabelecido, e das quais algumas lembram antes afecções somáticas** do que psicogênicas. Sem contar as impressões disponíveis a qualquer observador, nosso material se limita a um pequeno número de casos, cuja natureza psicogênica não permitia dúvida. Assim, desde já renunciamos a toda pretensão de validade universal para nossas conclusões, e nos consolamos na reflexão de que, dados os nossos atuais meios de pesquisa, dificilmente poderíamos encontrar algo que não fosse *típico*, se não de toda uma classe de afecções, ao menos de um grupo menor delas.

A associação de luto com melancolia mostra-se justificada pelo quadro geral desses dois estados.[1] Neles também coincidem as causas oriundas das interferências da vida, ao menos onde é possível enxergá-las. Via de regra, luto é a

---

* "Luto": *Trauer*; é pertinente registrar que esse termo alemão significa tanto "luto" como "tristeza"; assim, o equivalente em português do adjetivo *traurig* é "triste".
** No original, *somatisch*; aqui caberia, provavelmente, o termo "orgânicas", pois uma doença somática ainda pode ser psicossomática.
[1] Abraham, a quem devemos o mais relevante dos poucos estudos psicanalíticos sobre o tema, também partiu dessa comparação [em *Zentralblatt für Psychoanalyse*, v. 2, n. 6, 1912].

reação à perda de uma pessoa amada ou de uma abstração que ocupa seu lugar, como pátria, liberdade, um ideal etc. Sob as mesmas influências observamos, em algumas pessoas, melancolia em vez de luto, e por isso suspeitamos que nelas exista uma predisposição patológica. Também é digno de nota que jamais nos ocorre ver o luto como um estado patológico e indicar tratamento médico para ele, embora ocasione um sério afastamento da conduta normal da vida. Confiamos em que será superado após certo tempo, e achamos que perturbá-lo é inapropriado, até mesmo prejudicial.

A melancolia se caracteriza, em termos psíquicos, por um abatimento* doloroso, uma cessação do interesse pelo mundo exterior, perda da capacidade de amar, inibição de toda atividade e diminuição da autoestima,**

---

* "Abatimento": *Verstimmung*, no original. Além das versões indicadas numa nota a "Os instintos e seus destinos" (p. 59), foram consultadas duas outras, ao se traduzir este ensaio: uma em português, assinada por Marilene Carone (*Jornal de Psicanálise*, v. 36, 1985) e mais uma em francês, por J. Laplanche e J.-B. Pontalis, no volume *Métapsychologie* (Paris: Gallimard, 1968). Eis o que todas elas apresentam nesse caso: "desânimo", *estado de animo, desazón, scoramento, dépression, humeur dépressive, dejection*.

** "Autoestima": *Selbstgefühl*, que também pode ser traduzido por "amor-próprio" — nas versões consultadas encontramos: "sentimento de autoestima", *amor propio, sentimiento de si, sentimento di sé, sentiment d'estime de soi, sentiment de soi, self-regarding feelings*; na tradução de Marilene Carone, uma nota chama a atenção para o prefixo *selbst*, para o grande número de palavras em que ele aparece, e afirma que "a profusão de termos *selbst* certamente encontra seu sentido mais profundo na articulação teórica do próprio texto e reflete a importância do movimento de retorno à própria pessoa, descrito em 'Pulsões e seus destinos' [ela prefere 'pulsão' para *Trieb*] como o segundo destino pulsional".

que se expressa em recriminações e ofensas à própria pessoa e pode chegar a uma delirante expectativa de punição. Esse quadro se torna mais compreensível para nós se consideramos que o luto exibe os mesmos traços, com exceção de um: nele a autoestima não é afetada. De resto é o mesmo quadro. O luto profundo, a reação à perda de um ente amado, comporta o mesmo doloroso abatimento, a perda de interesse pelo mundo externo — na medida em que não lembra o falecido —, a perda da capacidade de eleger um novo objeto de amor — o que significaria substituir o pranteado —, o afastamento de toda atividade que não se ligue à memória do falecido. Logo vemos que essa inibição e restrição do Eu exprime uma exclusiva dedicação ao luto, em que nada mais resta para outros intuitos e interesses. Na verdade, esse comportamento só não nos parece patológico porque sabemos explicá-lo bem.

Também admitiremos a comparação que qualifica de "doloroso" o estado de ânimo do luto. A justificativa para isso provavelmente ficará clara quando pudermos caracterizar a dor do ponto de vista econômico.

Em que consiste o trabalho realizado pelo luto? Não me parece descabido expor esse trabalho da forma seguinte. O exame da realidade mostrou que o objeto amado não mais existe, e então exige que toda libido seja retirada de suas conexões com esse objeto. Isso desperta uma compreensível oposição — observa-se geralmente que o ser humano não gosta de abandonar uma posição libidinal, mesmo quando um substituto já se anuncia. Essa oposição pode ser tão intensa que se produz um afastamento da realidade e um apego ao objeto mediante uma psicose de desejo alucinatória (ver o ensaio anterior). O normal é que vença o respeito à realidade. Mas a solicitação desta não pode ser atendida imediatamente. É cumprida aos poucos, com grande aplicação de tempo e energia de investimento, e enquanto isso a existência do objeto perdido se prolonga na psique. Cada uma das lembranças e expectativas em que a libido se achava ligada ao objeto é enfocada e superinvestida, e em cada uma sucede o desligamento da libido. Não é fácil fundamentar economicamente por que é tão dolorosa essa operação de compromisso em que o mandamento da realidade pouco a pouco se efetiva. É curioso que esse doloroso desprazer nos pareça natural. Mas o fato é que, após a consumação do trabalho do luto, o Eu fica novamente livre e desimpedido.*

Apliquemos agora à melancolia o que verificamos sobre o luto. Numa série de casos, é evidente que também ela pode ser reação à perda de um objeto amado; em outras ocasiões, nota-se que a perda é de natureza mais ideal. O objeto não morreu verdadeira-

---

* "Desimpedido": *ungehemmt*, cuja tradução literal, adotada nas outras versões, é "não inibido, desinibido"; mas adotamos aqui essa alternativa, por considerar que em português — no português do Brasil, pelo menos — "desinibido" denota alguém descontraído, extrovertido. O verbo *hemmen* significa "obstruir, impedir, deter, estorvar", mas seu substantivo, *Hemmung*, é normalmente traduzido por "inibição", como no título *Inibição, sintoma e angústia*, o que implica um certo abrandamento do significado original, a nosso ver.

mente, foi perdido como objeto amoroso (o caso de uma noiva abandonada, por exemplo). Em outros casos ainda, achamos que é preciso manter a hipótese de tal perda, mas não podemos discernir claramente o que se perdeu, e é lícito supor que tampouco o doente pode ver conscientemente o que perdeu. Esse caso poderia apresentar-se também quando a perda que ocasionou a melancolia é conhecida do doente, na medida em que ele sabe *quem*, mas não *o que* perdeu nesse alguém. Isso nos inclinaria a relacionar a melancolia, de algum modo, a uma perda de objeto subtraída à consciência; diferentemente do luto, em que nada é inconsciente na perda.

No luto, vimos a inibição e a ausência de interesse explicadas totalmente pelo trabalho do luto que absorve o Eu. Na melancolia, a perda desconhecida terá por consequência um trabalho interior semelhante, e por isso será responsável pela inibição que é própria da melancolia. Mas a inibição melancólica nos parece algo enigmático, pois não conseguimos ver o que tanto absorve o doente. O melancólico ainda nos apresenta uma coisa que falta no luto: um extraordinário rebaixamento da autoestima,* um enorme empobrecimento do Eu. No

---

* O termo aqui usado por Freud é *Ichgefühl*, variante-sinônimo de *Selbstgefühl*, e por isso traduzido pelo equivalente desse (cf. nota à p. 172). Das versões consultadas, quatro mantiveram essa tradução, enquanto a nova espanhola (argentina) e as duas francesas preferiram, mais literalmente, *sentimiento yoico*, *sentiment d'estime du moi* e *sentiment du moi*.

luto, é o mundo que se torna pobre e vazio; na melancolia, é o próprio Eu. O doente nos descreve seu Eu como indigno, incapaz e desprezível; recrimina e insulta a si mesmo, espera rejeição e castigo. Degrada-se diante dos outros; tem pena de seus familiares, por serem ligados a alguém tão indigno. Não julga que lhe sucedeu uma mudança, e estende sua autocrítica ao passado; afirma que jamais foi melhor. O quadro desse delírio de pequenez — predominantemente moral — é completado com insônia, recusa de alimentação e uma psicologicamente notável superação do instinto que faz todo vivente se apegar à vida.

Tanto do ponto de vista científico como do terapêutico seria infecundo contradizer o paciente que faz essas acusações ao próprio Eu. De algum modo ele deve ter razão, deve descrever algo que se passa tal como lhe parece. Algumas de suas afirmações temos de confirmar imediatamente, sem restrições. Ele se acha realmente sem interesse, incapaz para o amor e para realizar coisas, tal como diz. Mas isso é secundário, como sabemos; é consequência do trabalho interno que consome seu Eu, trabalho que desconhecemos, comparável ao luto. Em algumas outras autoincriminações o paciente também nos parece ter razão e apenas apreender a verdade de maneira mais aguda do que outros, que não são melancólicos. Quando, em exacerbada autocrítica, ele pinta a si mesmo como uma pessoa mesquinha, egoísta, insincera, sem autonomia, que sempre buscou apenas ocultar as fraquezas do seu ser, pode ocorrer, pelo que sabemos, que tenha se aproximado bastante do autoconhecimento, e perguntamo-nos apenas por que é necessário adoecer para alcançar uma verdade como essa. Pois não há dúvida de que quem chega a essa avaliação de si mesmo e a expressa diante dos outros — avaliação similar à que o príncipe Hamlet faz de si e de todos os outros[2] — está doente, quer diga a verdade, quer seja mais ou menos injusto consigo. Tampouco é difícil notar que não existe correspondência, a nosso ver, entre a escala do autoenvilecimento e sua real justificação. Uma mulher que sempre foi boa, zelosa e capaz não falará melhor de si mesma, na melancolia, do que uma verdadeiramente imprestável; e talvez ela tenha maior probabilidade de adoecer de melancolia do que a outra, da qual nada saberíamos falar de bom. Deve nos chamar a atenção, por fim, que o melancólico não age exatamente como alguém compungido de remorso e autorrecriminação de maneira normal. Ele carece da vergonha diante dos outros, que seria a principal característica desse estado, ou ao menos não a exibe de forma notável. No melancólico talvez possamos destacar um traço oposto, uma insistente comunicabilidade que acha satisfação no desnudamento de si próprio.

Não é essencial, portanto, saber se o melancólico está correto em sua penosa autodepreciação, até que ponto sua crítica coincide com o julgamento dos ou-

---

[2] *"Use every man after his desert, and who should scape whipping?"* [Trate cada homem conforme seu mérito, e quem escapará do açoite?] (*Hamlet*, ato II, cena 2).

tros. A questão é, isto sim, que ele descreve corretamente sua situação psicológica. Ele perdeu o amor-próprio* e deve ter tido boas razões para isso. Mas assim nós nos vemos ante uma discrepância, que coloca um problema de difícil solução. Fazendo analogia com o luto, concluímos que ele sofreu uma perda relativa ao objeto; suas declarações indicam uma perda no próprio Eu.

Antes de lidarmos com essa discrepância, detenhamo-nos por um momento na visão que a doença do melancólico nos oferece da constituição do Eu humano. Vemos como uma parte do Eu se contrapõe à outra, faz dela uma avaliação crítica, toma-a por objeto, digamos. Nossa suspeita de que a instância crítica aí dissociada do Eu poderia, em outras condições, demonstrar também sua autonomia, será confirmada em toda observação posterior. Realmente encontraremos motivo para separar essa instância do resto do Eu. Aqui travamos conhecimento com a instância habitualmente chamada de *consciência moral*;** nós a incluiremos entre as grandes instituições do Eu, ao lado da censura da consciência e do exame da realidade, e encontraremos provas de

---

* "Amor-próprio": *Selbstachtung*, que nas versões consultadas foi traduzido por: "autorrespeito", *propia estimación*, *respeto por si mismo*, *rispetto di sé*, *respect de soi*, idem, *self-regard*.
** "Consciência moral": *Gewissen*; a língua alemã tem essa palavra para designar a consciência moral e uma outra, *Bewußtsein*, para a consciência psicológica — diferentemente das línguas românicas, em que "consciência" tem os dois sentidos; cf. Nietzsche, *Além do bem e do mal*, op. cit., nota 14.

que é capaz de adoecer por si própria. No quadro clínico da melancolia, a insatisfação moral com o próprio Eu é destacada relativamente a outras coisas: defeitos físicos, feiúra, debilidade, inferioridade social, muito mais raramente são objeto da autoavaliação; só o empobrecimento ocupa lugar privilegiado entre os temores ou dizeres do paciente.

A discrepância mencionada pode ser esclarecida por meio de uma observação que não é difícil de fazer. Ouvindo com paciência as várias autoacusações de um melancólico, não conseguimos, afinal, evitar a impressão de que frequentemente as mais fortes entre elas não se adequam muito a sua própria pessoa, e sim, com pequenas modificações, a uma outra, que o doente ama, amou ou devia amar. Toda vez que examinamos o fato, essa suposição é confirmada. De maneira que temos a chave para o quadro clínico, ao perceber as recriminações a si mesmo como recriminações a um objeto amoroso, que deste se voltaram para o próprio Eu.

A mulher que deplora o fato de seu marido se achar ligado a uma mulher tão incapaz está, na verdade, acusando a incapacidade do marido, em qualquer sentido que esta seja entendida. Não devemos nos admirar muito de que haja algumas autorrecriminações genuínas entre aquelas voltadas contra si mesmo; permite-se que elas apareçam porque ajudam a ocultar as demais e a impossibilitar o conhecimento da situação; elas se originam também dos prós e contras no conflito amoroso que levou à perda amorosa. A conduta dos doentes também fica mais compreensível agora. Para eles, queixar-

-se é dar queixa, no velho sentido do termo.* Não se envergonham nem se escondem, pois tudo de desabonador que falam de si mesmos se refere, no fundo, a outra pessoa. E estão longe de mostrar, para com aqueles a seu redor, a humildade e a sujeição que convêm a pessoas tão indignas; pelo contrário, são extremamente importunos, agindo sempre como que ofendidos, como se lhes tivesse sido feita uma grande injustiça. Isso tudo é possível apenas porque as reações exibidas nesse seu comportamento ainda vêm da constelação psíquica da revolta, que, por um determinado processo, foi transportada para a compunção melancólica.

Não há dificuldade, então, em reconstruir esse processo. Havia uma escolha de objeto, uma ligação da libido a certa pessoa; por influência de uma *real ofensa ou decepção* vinda da pessoa amada, ocorreu um abalo nessa relação de objeto. O resultado não foi o normal — a libido ser retirada desse objeto e deslocada para um novo —, e sim outro, que parece requerer várias condições para se produzir. O investimento objetal demonstrou ser pouco resistente, foi cancelado, mas a libido li-

---

* "Para eles, queixar-se é dar queixa": *Ihre Klagen sind Anklagen*. Foi adotada a solução de Marilene Carone, que conserva o jogo de palavras do original. Das demais versões consultadas, a segunda em espanhol, que utiliza "queixa" e "querela", seria outra opção em português; eis o que elas dizem: *Sus lamentos son quejas, Sus quejas {Klagen}* [sic; entre chaves] *son realmente querellas {Anklagen}, Le loro "lamentele" sono "lagnanze", Leurs plaintes sont des plaintes portées contre, Leurs plaintes sont des plaintes accusatrices, Their complaints are really 'plaints'*. Quase todas incluem nota com os termos originais.

vre não foi deslocada para outro objeto, e sim recuada para o Eu. Mas lá ela não encontrou uma utilização qualquer: serviu para estabelecer uma *identificação* do Eu com o objeto abandonado. Assim, a sombra do objeto caiu sobre o Eu, e a partir de então este pôde ser julgado por uma instância especial como um objeto, o objeto abandonado. Desse modo a perda do objeto se transformou numa perda do Eu, e o conflito entre o Eu e a pessoa amada, numa cisão entre a crítica do Eu e o Eu modificado pela identificação.

Uma ou duas coisas podem ser diretamente inferidas[*] dos pressupostos e resultados de tal processo. Por um lado, deve ter havido uma forte fixação no objeto amoroso; por outro, e contrariando isso, uma pequena resistência do investimento objetal. Essa contradição parece requerer, conforme uma pertinente observação de Otto Rank, que a escolha objetal tenha ocorrido sobre base narcísica, de modo que o investimento objetal possa, ao lhe aparecerem dificuldades, regredir ao narcisismo. A identificação narcísica com o objeto se torna, então, substituto do investimento amoroso, do que resulta que a relação amorosa não precisa ser abandonada, apesar

---

[*] O problemático verbo *erraten* foi traduzido por "inferir" nessa frase; as versões consultadas oferecem: "perceber", *deducir, coligir,* omissão na italiana, *deviner,* idem, *inferred.* Na frase seguinte, "resistência" traduz *Resistenz,* que não deve ser confundido com *Widerstand,* usado por Freud para denotar o conceito psicanalítico de dificultação ou oposição ao conhecimento do inconsciente; esse termo alemão é mais abrangente que aquele, tem mais sentidos figurados.

do conflito com a pessoa amada. Tal substituição do amor objetal pela identificação é um mecanismo importante nas afecções narcísicas; Karl Landauer pôde mostrá-la recentemente no processo de cura de uma esquizofrenia.[3] Corresponde, naturalmente, à *regressão* de um tipo de escolha de objeto ao narcisismo original. Expusemos, em outro lugar, que a identificação é o estágio preliminar da escolha de objeto, e o primeiro modo, ambivalente em sua expressão, como o Eu destaca um objeto. Ele gostaria de incorporar esse objeto, e isso, conforme a fase oral ou canibal do desenvolvimento da libido, por meio da devoração. Abraham relaciona a isso, justificadamente, a recusa de alimentação que se apresenta na forma grave do estado melancólico.

A conclusão que pede nossa teoria, de que a predisposição a adoecer de melancolia, ou parte dela, reside na predominância do tipo narcísico de escolha de objeto, infelizmente ainda carece de confirmação através da pesquisa. Nas frases iniciais deste estudo reconheci que o material empírico em que ele se baseia não satisfaz nossas pretensões. Se nos fosse permitido supor que a observação concorda com nossas inferências, não hesitaríamos em acolher em nossa caracterização da melancolia a regressão do investimento objetal à fase oral da libido, ainda pertencente ao narcisismo. Identificações com o objeto também não são raras nas neuroses de transferência, são mesmo um conhecido mecanismo de formação

---

3 [Spontanheilung einer Katatonie (Cura espontânea de uma catatonia)] *Internationale Zeitschrift für ärztliche Psychoanalyse*, v. 2, 1914.

de sintomas, sobretudo na histeria. Mas podemos enxergar a diferença entre a identificação narcísica e a histérica no fato de naquela o investimento objetal ser abandonado, enquanto nesta ele persiste e mostra influência, que geralmente se limita a determinadas ações e inervações isoladas. De todo modo, também nas neuroses de transferência a identificação é expressão de algo em comum, que pode ser amor. A identificação narcísica é a mais antiga e nos abre o caminho para o entendimento da identificação histérica, menos estudada.

Portanto, a melancolia toma uma parte de suas características do luto e outra parte da regressão, da escolha de objeto narcísica para o narcisismo. Ela é, por um lado, como o luto, reação à perda real do objeto amoroso, mas além disso é marcada por uma condição que se acha ausente no luto normal, ou que, quando aparece, transforma-o em patológico. A perda do objeto amoroso é uma excelente ocasião para que a ambivalência das relações amorosas sobressaia e venha à luz. Quando existe predisposição para a neurose obsessiva, o conflito da ambivalência empresta ao luto uma configuração patológica e o leva a se exprimir em forma de autorrecriminações, nas quais o indivíduo mesmo teria causado — isto é, desejado — a perda do objeto de amor. Essas depressões neurótico-obsessivas que se seguem à morte de pessoas amadas nos mostram o que o conflito da ambivalência realiza por si só, quando não há também uma retração regressiva da libido. As ocasiões para a melancolia geralmente não se limitam ao caso muito claro de perda em virtude da morte, e abrangem todas as situações de ofensa, menosprezo e decepção, em que uma oposição de amor e ódio pode ser introduzida na relação, ou uma ambivalência existente pode ser reforçada. Entre as precondições da melancolia não devemos negligenciar esse conflito da ambivalência, que ora se origina na realidade, ora na constituição do indivíduo. Se o amor ao objeto — a que não se pode renunciar, quando se tem de renunciar ao objeto mesmo — refugia-se na identificação narcísica, o ódio atua em relação a esse objeto substitutivo, insultando-o, rebaixando-o, fazendo-o sofrer e obtendo uma satisfação sádica desse sofrimento. O automartírio claramente prazeroso da melancolia significa, tal como o fenômeno correspondente na neurose obsessiva, a satisfação de tendências sádicas e de ódio[4] relativas a um objeto, que por essa via se voltaram contra a própria pessoa. Nas duas afecções os doentes habitualmente conseguem, através do rodeio da autopunição, vingar-se dos objetos originais e torturar seus amores por intermédio da doença, depois que se entregaram a ela para não ter de lhes mostrar diretamente sua hostilidade. A pessoa que provocou o distúrbio afetivo do doente, e para a qual está orientada sua doença, normalmente se encontra no círculo imediato dele. Assim, o investimento amoroso do melancólico em seu objeto experimentou um duplo destino: parte dele regrediu à identificação, mas outra parte, sob a influência do conflito da ambivalência, foi remetida de volta ao estágio do sadismo, mais próximo desse conflito.

---

[4] Sobre a diferença entre elas, ver o ensaio sobre "Os instintos e seus destinos".

Apenas esse sadismo nos resolve o enigma da inclinação ao suicídio, que torna a melancolia tão interessante — e tão perigosa. Nós percebemos, como o estado primordial de onde parte a vida instintual, um tão formidável amor do Eu a si próprio, vemos liberar-se, na angústia gerada pela ameaça à vida, um tal montante de libido narcísica, que não entendemos como esse Eu pode consentir na sua própria destruição. Há muito sabíamos, é verdade, que um neurótico não abriga ideias de suicídio que não venham de um impulso homicida em relação a outros, voltado contra si; mas era incompreensível o jogo de forças em que tal intenção consegue se tornar ato. Agora a análise da melancolia nos ensina que o Eu pode se matar apenas quando, graças ao retorno do investimento objetal, pode tratar a si mesmo como um objeto, quando é capaz de dirigir contra si a hostilidade que diz respeito a um objeto, e que constitui a reação original do Eu a objetos do mundo externo (ver "Os instintos e seus destinos"). Assim, na regressão da escolha de objeto narcísica o objeto foi eliminado, é verdade, mas demonstrou ser mais poderoso que o próprio Eu. Nas duas situações opostas do total enamoramento e do suicídio, o Eu é subjugado pelo objeto, embora por caminhos inteiramente diversos.

Quanto a uma característica notável da melancolia, a proeminência do medo de empobrecer, é plausível supor que deriva do erotismo anal arrancado de seus vínculos e transformado regressivamente.

A melancolia nos situa perante outras questões ainda, para as quais não temos todas as respostas. O fato de desaparecer após um certo tempo, sem deixar traço de grandes mudanças, é uma característica que partilha com o luto. No caso deste, tivemos a explicação de que é preciso tempo para a detalhada execução do mandamento do exame da realidade, e depois desse trabalho o Eu tem liberada do objeto perdido a sua libido. Podemos imaginar o Eu ocupado em trabalho semelhante na melancolia; nos dois casos, falta-nos a compreensão econômica do processo. A insônia, na melancolia, atesta provavelmente a rigidez do estado, a impossibilidade de cumprir a retirada geral de investimentos que o sono requer. O complexo da melancolia se comporta como uma ferida aberta, de todos os lados atrai energias de investimento (que chamamos de "contrainvestimentos" no caso das neuroses de transferência) e esvazia o Eu até o completo empobrecimento; com facilidade pode se mostrar resistente ao desejo de dormir do Eu. Um fator provavelmente somático, que não se explica de forma psicogênica, apresenta-se na atenuação que costuma ocorrer nesse estado depois que anoitece. Ligada a essas observações está a questão de se não bastaria uma perda no Eu, sem consideração do objeto, para produzir o quadro da melancolia, e se um empobrecimento tóxico direto da libido do Eu não poderia resultar em certas formas da doença.

A peculiaridade mais singular e mais carente de explicação, na melancolia, consiste na tendência a se transformar em mania, um estado com sintomas opostos aos dela. Não é toda melancolia que tem esse destino, como se sabe. Muitos casos evoluem com recidivas periódicas, em cujos intervalos percebemos muito pouca — ou nenhuma — tonalidade de mania. Outros exibem a regular alternância de fases melancólicas e maníacas que levou à proposição de uma loucura cíclica. Seria tentador não apreender esses casos como psicogênicos, se o trabalho psicanalítico não tivesse permitido solucionar e influir terapeuticamente em vários deles. Portanto, é não apenas lícito, mas até mesmo imperioso estender à mania a explicação psicanalítica da melancolia.

Não posso prometer que essa tentativa será completamente satisfatória. Na realidade, ela deve apenas tornar possível uma orientação inicial. Dispomos, aqui, de dois pontos para nos sustentarmos: o primeiro, uma impressão psicanalítica; o outro, o que poderíamos chamar de uma experiência econômica geral. A impressão, já comunicada por diversos pesquisadores psicanalíticos, é que a mania não tem conteúdo diferente da melancolia, que as duas afecções lutam com o mesmo "complexo", ao qual o Eu provavelmente sucumbe na melancolia, enquanto na mania ele o sobrepuja ou põe de lado. O outro ponto de partida nos é dado pela experiência de que em todos os estados de alegria, júbilo, triunfo, que nos fornecem o modelo normal da mania, percebem-se os mesmos determinantes econômicos. Nesses estados, uma interferência torna afinal desnecessário um grande dispêndio de energia psíquica por muito tempo mantido ou feito por hábito, de modo que ela fica disponível para outros usos e possibilidades de descarga. Por exemplo, quando um pobre-diabo é subitamente aliviado da crônica preocupação em obter o pão diário, ao ganhar uma enorme soma de dinheiro; quando uma prolongada e trabalhosa peleja é finalmente coroada de êxito; quando alguém consegue livrar-se de uma só vez de uma opressiva coerção, de uma dissimulação que se arrastou por longo tempo etc. Todas essas situações se distinguem pelo ânimo elevado, pelos sinais de descarga de uma emoção jubilosa e por uma maior propensão a todo tipo de ação, exatamente como a mania e em absoluto contraste com a depressão e a inibição que há na melancolia. Podemos arriscar a afirmação de que a mania não é senão um triunfo desse tipo, com a diferença de que nela permanece oculto ao Eu aquilo que superou e sobre o que está triunfando. A embriaguez alcoólica, que pertence à mesma classe de estados, poderá — na medida em que for alegre — ser explicada da mesma forma; trata-se provavelmente da suspensão, obtida por via tóxica, do dispêndio com a repressão. A opinião leiga tende a imaginar que a pessoa em tal condição maníaca tem muito gosto no movimento e na ação porque está "bem-disposta". Esse falso vínculo deve ser desfeito, naturalmente. Foi cumprida a mencionada condição econômica na psique; por causa disso a pessoa se acha, por um lado, de ânimo tão alegre, e de outro, tão desinibida na ação.

Se reunimos esses dois pontos, temos o seguinte. Na mania, o Eu tem de haver superado a perda do objeto (ou o luto devido à perda, ou talvez o próprio objeto), e fica então disponível todo o montante de contrainvestimento que o doloroso sofrimento da melancolia havia atraído do Eu e vinculado. Ao lançar-se como um faminto em busca de novos investimentos de objeto, o maníaco também mostra inequivocamente sua libertação do objeto com o qual sofreu.

Essa explicação soa plausível, mas é, primeiro, ainda pouco precisa e, segundo, faz surgirem mais questões e dúvidas do que podemos responder. Não nos furtaremos a uma discussão delas, ainda que não possamos esperar, através dessa discussão, encontrar o caminho da clareza.

Em primeiro lugar, o luto normal também supera a perda do objeto e absorve, enquanto dura, todas as energias do Eu. Por que então, uma vez decorrido, não há sequer indícios de se produzir a condição econômica para uma fase de triunfo? Acho impossível responder de imediato a essa objeção. Ela nos lembra que nem mesmo somos capazes de dizer por quais meios econômicos o luto realiza sua tarefa. Mas talvez uma conjectura possa ajudar quanto a isso. A cada uma das recordações e expectativas que mostram a libido ligada ao objeto perdido, a realidade traz o veredicto de que o objeto não mais existe, e o Eu, como que posto diante da questão de partilhar ou não esse destino, é convencido, pela soma das satisfações narcísicas em estar vivo, a romper seu vínculo com o objeto eliminado. Podemos imaginar que esse rompimento ocorra de modo tão lento e gradual que, ao fim do trabalho, também o dispêndio que ele requeria foi dissipado.[5]

---

[5] Até agora o ponto de vista econômico recebeu pouca atenção nos trabalhos psicanalíticos. Uma exceção é o artigo de Victor Tausk, "Entwertung des Verdrängungsmotives durch Rekompense"[Desvalorização por recompensa do motivo da repressão], *Internationale Zeitschrift für ärztliche Psychoanalyse*, v. 1, 1913.

É tentador buscar, a partir dessa conjectura sobre o trabalho do luto, o caminho para uma descrição do trabalho da melancolia. Nisso logo deparamos com uma incerteza. Até o momento quase não consideramos o ponto de vista topológico na melancolia, e não nos perguntamos em quais e entre quais sistemas psíquicos acontece o trabalho da melancolia. Dos processos psíquicos dessa afecção, o que ainda se passa relacionado aos investimentos objetais inconscientes abandonados, e o que relacionado a seu substituto por identificação, dentro do Eu?

A resposta rápida e fácil seria que a "representação inconsciente (da coisa) do objeto* é abandonada pela libido". Mas na realidade essa representação é constituída de inúmeras impressões singulares (traços inconscientes delas) e a execução dessa retirada de libido não pode ser um evento momentâneo, e sim, como no luto, um processo demorado, de lento progresso. É difícil dizer se começa em muitos lugares ao mesmo tempo ou se comporta alguma sequência determinada; nas análises pode-se frequentemente verificar que ora esta, ora aquela recordação é ativada, e que as queixas sempre iguais, fatigantes em sua monotonia, têm origem numa fundamentação inconsciente, diferente a cada vez. Se o objeto não tem para o Eu uma grande significação, re-

---

* "Representação inconsciente (da coisa) do objeto": "*unbewußte (Ding-) Vorstellung des Objekts*". Freud usa o sinônimo *Ding*, em vez de *Sache*; ver nota sobre a versão de *Wortvorstellung* e *Sachvorstellung*, em "O inconsciente", p. 146.

forçada por mil nexos, então sua perda não é capaz de produzir luto ou melancolia. Portanto, a característica de executar passo a passo o desligamento da libido deve ser atribuída igualmente ao luto e à melancolia, baseia-se provavelmente na mesma situação* econômica e serve às mesmas tendências.

Mas a melancolia, como vimos, tem algo mais no conteúdo que o luto normal. Nela a relação com o objeto não é simples, sendo complicada pelo conflito da ambivalência. Essa é ou constitucional, isto é, própria de todo vínculo amoroso desse Eu, ou nasce das vivências ocasionadas pela ameaça da perda do objeto. Por isso a melancolia, no tocante aos motivos, pode ultrapassar bastante o luto, que via de regra é desencadeado somente pela perda real, a morte do objeto. Portanto, na melancolia travam-se inúmeras batalhas em torno do objeto, nas quais ódio e amor lutam entre si, um para desligar a libido do objeto, o outro, para manter essa posição da libido contra o ataque. Não podemos situar essas lutas em outro sistema que não o *Ics*, a região dos traços mnemônicos das coisas (em oposição aos investimentos de palavras). Lá também ocorrem as tentativas de desligamento no luto, mas nesse último nada impede que esses processos continuem pela via normal até a

---

* "Situação": *Verhältnisse* — o termo *Verhältnis* (no singular) significa "relação" (também amorosa); já o plural, aqui usado, tem também os sentidos de "situação, circunstâncias"; por isso as traduções consultadas variam: "relações", *circunstancias*, *proporciones*, *circostanze*, *situation*, *rapports*, *situation*.

consciência, através do *Pcs*. Esse caminho se acha bloqueado para o trabalho da melancolia, talvez devido a muitas causas ou à ação conjunta de causas. A ambivalência constitucional pertence, em si, ao reprimido; as vivências traumáticas com o objeto podem ter ativado outro material reprimido. Assim, tudo que diz respeito a esses conflitos da ambivalência permanece subtraído à consciência, até que sobrevém o desenlace característico da melancolia. Ele consiste, como sabemos, em que o investimento libidinal ameaçado abandona finalmente o objeto, mas apenas a fim de se retirar para o lugar do Eu, de onde havia partido. Refugiando-se no Eu, o amor escapa à eliminação. Após essa regressão da libido, o processo pode se tornar consciente e é representado na consciência como um conflito entre uma parte do Eu e a instância crítica.

Portanto, o que a consciência vem a saber do trabalho da melancolia não é a parte essencial dele, nem aquela a que podemos atribuir influência na resolução da doença. Vemos que o Eu se deprecia e se enraivece consigo, e, assim como o doente, não compreendemos aonde isso pode levar e como pode mudar. É antes à parte inconsciente do trabalho que podemos atribuir aquela função, pois não é difícil enxergar uma analogia essencial entre o trabalho do luto e o da melancolia. Assim como o luto leva o Eu a renunciar ao objeto, declarando-o morto e oferecendo ao Eu o prêmio de continuar vivo, do mesmo modo cada conflito da ambivalência relaxa a fixação da libido no objeto, desvalorizando-o, depreciando-o, até abatendo-o, por assim dizer. Há a possibilidade de que o processo chegue ao fim no sistema *Ics*, seja após a raiva ter se esgotado, seja após o objeto haver sido abandonado por não ter valor. Ignoramos qual dessas duas possibilidades põe fim à melancolia regularmente ou com maior frequência, e como esse término influencia o curso posterior do caso. Nisso o Eu talvez desfrute a satisfação de poder se enxergar como o melhor, como superior ao objeto.

Ainda que aceitemos essa concepção do trabalho da melancolia, ela não pode nos fornecer a explicação que procuramos. Analogias tomadas de outras áreas poderiam apoiar nossa expectativa de derivar a condição econômica para o surgimento da mania, após transcorrida a melancolia, da ambivalência que governa essa afecção; mas há um fato que desmente essa expectativa. Dos três pressupostos da melancolia — perda do objeto, ambivalência e regressão da libido para o Eu —, os dois primeiros são também encontrados em recriminações obsessivas após casos de morte. Nestes é a ambivalência que certamente constitui a mola do conflito, e a observação mostra que, passado ele, nada resta que semelhe o triunfo de uma disposição maníaca. Isso nos leva a considerar o terceiro fator como o único influente. Aquele acúmulo de investimento inicialmente vinculado, que após o término do trabalho da melancolia é liberado e torna possível a mania, deve estar ligado à regressão da libido ao narcisismo. O conflito no Eu, que a melancolia troca pela luta pelo objeto, deve atuar como uma dolorosa ferida que pede um contrainvestimento extraordinariamente elevado. Mas será conveniente nos determos aqui, e deixar um maior esclarecimento da mania para quando tivermos alguma compreensão da natureza econômica da dor física, primeiramente, e depois da dor psíquica que lhe é análoga. Pois bem sabemos que a inter-relação dos complexos problemas psíquicos nos faz interromper cada investigação e deixá-la inconclusa, até que os resultados de uma outra possam vir em auxílio dela.[6]

6 Ver prosseguimento deste exame da mania em *Psicologia das massas e análise do Eu*, 1921 [cap. XI].

COMUNICAÇÃO DE UM CASO DE PARANOIA QUE CONTRADIZ A TEORIA PSICANALÍTICA (1915)

TÍTULO ORIGINAL: "MITTEILUNG EINES DER PSYCHOANALYTISCHEN THEORIE WIDERSPRECHENDEN FALLES VON PARANOIA". PUBLICADO PRIMEIRAMENTE EM *INTERNATIONALE ZEITSCHRIFT FÜR ÄRZTLICHE PSYCHOANALYSE* [REVISTA INTERNACIONAL DE PSICANÁLISE MÉDICA], V. 3, N. 6, PP. 321-9. TRADUZIDO DE *GESAMMELTE WERKE* X, PP. 234-46; TAMBÉM SE ACHA EM *STUDIENAUSGABE* VII, PP. 205-16.

Há alguns anos, um conhecido advogado solicitou minha opinião sobre um caso cuja apreciação lhe parecia problemática. Uma jovem dama se dirigira a ele, em busca de auxílio contra as perseguições de um homem que a induzira a um relacionamento amoroso. Ela afirmou que esse homem abusara de sua docilidade, fazendo espectadores ocultos tirarem fotografias de seus encontros íntimos; e tinha o poder, então, de difamá-la com a exibição dessas imagens e obrigá-la a abandonar o emprego. Seu conselheiro legal era experiente o bastante para perceber o traço doentio dessa acusação, mas achou que, havendo tantas coisas na vida que podemos julgar incríveis, seria útil ouvir a opinião de um psiquiatra sobre a questão. Prometeu visitar-me acompanhado da queixosa, em outra ocasião.

Antes de prosseguir com meu relato, devo confessar que mudei, a ponto de torná-lo irreconhecível, o ambiente do caso a ser investigado, mas nada além disso. Considero um abuso, aliás, distorcer os traços de uma história clínica, ainda que seja pelos melhores motivos, pois é impossível sabermos qual aspecto do caso um leitor de juízo independente ressaltará, havendo o risco de induzi-lo a erros.

A paciente, que logo depois conheci, era uma moça de trinta anos, excepcionalmente bonita e graciosa. Parecia bem mais jovem do que a idade declarada, e tinha uma presença marcadamente feminina. Em relação ao médico sua atitude foi negativa, e não se empenhou em ocultar a desconfiança. Era claro que apenas a insistência do advogado a fez relatar a seguinte história, que me colocou um problema que mais adiante abordarei. Nem as expressões de seu rosto nem as revelações afetivas traíam algum pudor ou embaraço, como seria de esperar ante um desconhecido. Achava-se dominada pela preocupação que sua experiência havia produzido.

Havia anos era funcionária de uma grande firma, na qual possuía um cargo de responsabilidade, com satisfação própria e de seus superiores. Nunca havia procurado relações amorosas com homens; vivia sossegadamente com a mãe idosa, da qual era o único arrimo. Não tinha irmãos, e o pai havia morrido muitos anos antes. Ultimamente, um empregado do mesmo escritório se aproximara dela, um homem cultivado e encantador, ao qual ela também não pôde recusar sua simpatia. Circunstâncias externas tornavam impossível o matrimônio, mas o homem não se dispunha absolutamente a desistir da relação por causa disso. Ele argumentou que era absurdo, devido a convenções sociais, renunciar a tudo o que ambos desejavam, a que tinham pleno direito e que contribuía, mais que qualquer outra coisa, para o enriquecimento da vida. Como ele prometeu não expô-la a nenhum perigo, ela concordou afinal em visitá-lo na sua morada de solteiro, durante o dia. Lá houve beijos e abraços, eles deitaram-se um ao lado do outro, ele admirou-lhe a beleza parcialmente desnudada. No meio desse idílio, ela se assustou repentinamente com um barulho, uma espécie de batida ou clique. Veio do lado da escrivaninha, que ficava perpendicular à janela. O espaço entre a janela e essa mesa era tomado parcialmente por uma pesada cortina. Ela contou que de imediato perguntara ao amigo sobre esse barulho, ouvindo como resposta que provavelmente vinha do pequeno relógio que ficava sobre a mesa; tomarei a liberdade de fazer um comentário, mais adiante, acerca dessa parte do relato.

Quando deixou o prédio, deu com dois homens na escada, que, ao vê-la, sussurraram algo entre si. Um desses dois desconhecidos carregava um objeto embrulhado, algo como uma caixa. Esse episódio ocupou seus pensamentos; no caminho de casa, fez a seguinte concatenação de ideias: a caixa podia muito bem ser um aparelho fotográfico, e o homem que a levava, um fotógrafo, que enquanto ela estava no quarto ficara escondido atrás da cortina, e o ruído que ela escutara, o clique do disparador da máquina, depois que o homem obtivera a situação comprometedora que desejava registrar. A partir desse momento, nada pôde acabar com as suspeitas que nutria em relação ao amado; instava com ele, oralmente e por escrito, para que lhe desse explicações e a tranquilizasse, e recriminava-o; mas era indiferente às asseverações que dele partiam, a respeito da sinceridade dos seus sentimentos e da falta de fundamento daquela desconfiança. Enfim ela procurou o advogado, narrou-lhe o acontecido e passou-lhe as cartas que o suspeito lhe enviara sobre o tema. Pude ver algumas dessas cartas depois; fizeram-me uma ótima impressão. Seu principal teor era o lamento de que uma tão bela e carinhosa relação fosse destruída por tal "ideia infeliz e doentia".

Não requer justificação, creio, o fato de o meu julgamento haver sido o mesmo do acusado. Mas o caso teve, para mim, um interesse diverso daquele puramente diagnóstico. Afirmava-se, na literatura psicanalítica, que o paranoico luta contra uma intensificação de suas tendências homossexuais, algo que remete, no fundo, a uma escolha narcísica de objeto. Sustentava-se também que o perseguidor, no fundo, é alguém que o indivíduo ama ou amou. Da junção dessas duas teses resulta que o perseguidor tem de ser do mesmo sexo que o perseguido. É certo que não vimos como universalmente válida e sem exceções a proposição de que a homossexualidade condiciona a paranoia, mas isso apenas porque nossas observações não eram suficientemente numerosas. Por outro lado, ela era uma dessas proposições que, devido a certas considerações, são significativas apenas quando podem reivindicar universalidade. Na literatura psiquiátrica não faltavam, sem dúvida, casos em que o doente se acreditava perseguido por parentes do outro sexo, mas ler esses casos não produzia a mesma impressão que ter um deles diante de si. O que eu e meus amigos pudéramos observar e analisar havia facilmente confirmado a relação da paranoia com a homossexualidade. E esse caso depunha resolutamente contra isso. A garota parecia rejeitar o amor a um homem, transformando o amado diretamente em perseguidor; não havia traço da influência de uma mulher, de revolta contra um vínculo homossexual.

Ante esse estado de coisas, o mais simples era renunciar à validez geral da teoria de que a mania de perseguição depende da homossexualidade, e a tudo o mais que a ela se relacionava. Era preciso abandonar essa percepção, se não quiséssemos, levados por essa decepção de nossas expectativas, assumir a posição do advogado e, como ele, admitir uma vivência corretamente interpretada, em vez de uma combinação paranoica.* Mas eu divisei uma outra saída, que permitia protelar a decisão. Lembrei-me de que frequentemente nos víramos na situação de julgar erradamente um doente psíquico, porque não nos havíamos ocupado dele o suficiente, chegando a conhecê-lo muito pouco. Declarei então que não podia formular um juízo no momento, e lhe pedi que me visitasse novamente, a fim de me narrar a história de maneira mais circunstanciada, com todos os pormenores secundários talvez omitidos então. Com o auxílio do advogado, obtive a concordância da relutante paciente. Ele também me ajudou de outra forma, ao dizer que sua presença seria desnecessária na segunda entrevista.

O segundo relato da paciente não invalidou o primeiro, mas fez-lhe acréscimos de tal monta que todas as dúvidas e dificuldades desapareceram. Antes de tudo, ela não visitara o jovem homem apenas uma vez, e sim duas. No segundo encontro é que foi incomodada pelo ruído que veio a lhe provocar suspeitas; o primeiro ela havia omitido ou ocultado, em sua primeira comunicação, porque não lhe parecera significativo. Nele não ocorreu nada digno de nota; mas no dia seguinte, sim. O departamento da grande firma onde ela trabalhava era dirigido por uma senhora de idade, que ela descre-

---

* "E, como ele, admitir uma vivência corretamente interpretada, em vez de uma combinação paranoica": "*und wie er ein richtig gedeutetes Erlebnis anstatt einer paranoischen Kombination anzuerkennen*". Essa afirmação não condiz plenamente com a atitude atribuída ao advogado no parágrafo inicial do ensaio.

veu com estas palavras: "Ela tem os cabelos brancos como minha mãe". Essa senhora costumava tratá-la carinhosamente, às vezes até com gracejos, e ela se considerava sua favorita. No dia após a primeira visita ao jovem funcionário, ele apareceu para informar a senhora sobre algo ligado ao serviço, e, enquanto falava com ela em voz baixa, surgiu na garota a certeza de que ele lhe contava sobre a aventura do dia anterior, de que tinha até mesmo um relacionamento antigo com a chefe, que ela não havia percebido até então. A senhora maternal e de cabelos brancos soube de tudo naquele momento, ela acreditou, e no decorrer do dia pôde reforçar a suspeita, com base na conduta e em várias manifestações da senhora. Logo aproveitou uma oportunidade para exigir, do amado, explicações sobre aquela traição. Naturalmente, ele protestou de forma enérgica contra o que chamou de imputação absurda; e conseguiu, de fato, livrá-la da ideia delirante naquela vez, de modo que por algum tempo — algumas semanas, creio — ela recuperou a confiança e tornou a visitá-lo em seu apartamento. O restante já sabemos do primeiro relato.

As novas informações eliminam a dúvida quanto à natureza patológica das suspeitas, em primeiro lugar. Facilmente se nota que a superiora de cabelos brancos é um sucedâneo da mãe, que o amante, apesar de sua juventude, foi posto no lugar do pai, e que é a força do complexo relativo à mãe que leva a paciente a imaginar uma relação amorosa entre dois parceiros tão improváveis. Com isso vai embora também a aparente contradição em relação à expectativa, alimentada pela teoria psicanalítica, de que um vínculo homossexual forte seria a precondição para o desenvolvimento de uma mania de perseguição. O perseguidor original, a instância a cuja influência o indivíduo quer se furtar, não é aqui o homem, mas a mulher. A chefe sabe da ligação amorosa da garota, menospreza essa ligação e a faz perceber isso com alusões misteriosas. O vínculo com o mesmo sexo contraria o esforço em adotar um membro do outro sexo como objeto amoroso. O amor à mãe torna-se o porta-voz de todos os impulsos que, no papel de "consciência", procuram deter a garota em seu primeiro passo no caminho novo, perigoso em muitos sentidos, da satisfação sexual normal — e consegue perturbar a relação com o homem.

Quando a mãe inibe ou detém a atividade sexual da filha, realiza uma função normal, já traçada nas relações da infância, que possui fortes motivações inconscientes e tem a sanção da sociedade. Cabe à filha libertar-se dessa influência e, com base em motivos amplos, racionais, decidir-se por um certo grau de permissão ou negação do prazer sexual. Se nessa tentativa de liberação sucumbe a uma neurose, via de regra existe um forte complexo relativo à mãe, não dominado, cujo conflito com a nova tendência libidinal será resolvido, segundo a predisposição, na forma dessa ou daquela neurose. Em todo caso, os fenômenos da reação neurótica não serão determinados pela relação presente com a mãe real, mas pelas relações infantis com a imagem primeva da mãe.

A paciente nos disse que há muitos anos perdera o pai, e podemos supor que não teria permanecido afastada dos homens até os trinta anos se uma forte ligação afetiva à mãe não lhe tivesse servido de amparo. Esse amparo se torna um pesado grilhão para ela, desde que sua libido, em resposta a uma solicitação insistente, começa a voltar-se para um homem. Ela procura livrar-se dele, desembaraçar-se de seu vínculo homossexual. Sua predisposição — de que não necessitamos falar aqui — permite que isso suceda na forma de um delírio paranoico. A mãe se torna, então, observadora e perseguidora hostil, malévola. Ela poderia ser superada como tal, se o complexo relativo à mãe não mantivesse o poder de impor sua intenção de afastá-la dos homens. No fim dessa primeira fase do conflito, ela se alienou da mãe e não se ligou ao homem. Ambos conspiram contra ela, afinal. Então o vigoroso empenho do homem consegue atraí-la resolutamente para si. Ela supera a objeção da mãe e está disposta a conceder ao amado um novo encontro. A mãe já não aparece nos acontecimentos seguintes; mas podemos insistir em que nessa fase o homem amado não se torna o perseguidor diretamente, e sim através da mãe e graças à sua relação com a mãe, que na primeira formação delirante tem o papel principal.

Agora seria de crer que a resistência foi definitivamente superada e que a garota, até então vinculada à mãe, consegue amar um homem. Mas após o segundo encontro surge um novo delírio, que, mediante hábil utilização de alguns acasos, faz malograr esse amor e, assim, realiza o propósito do complexo relativo à mãe. Ainda nos parece estranho que uma mulher se defenda do amor de um homem com ajuda de um delírio paranoico. Mas antes de examinar mais de perto esse fato, vamos ver os acasos em que se fundamenta a segunda formação delirante, voltada apenas para o homem.

Semidesnuda no divã, estendida junto ao amante, ela ouve um barulho como um clique ou uma batida, cuja causa não conhece, mas que depois interpreta, após deparar com dois homens na escada, um deles carregando algo como uma caixa embrulhada. Ela adquire a convicção de que eles a espreitaram e fotografaram durante o encontro íntimo, a mando de seu amante. Estamos longe de pensar, naturalmente, que se não fosse o infeliz ruído a formação delirante não se produziria. Reconhecemos por trás desses acasos, isto sim, algo necessário, que teria de se impor obsessivamente, tal como a hipótese de uma relação amorosa entre o amante e a mulher idosa, eleita para sucedâneo da mãe. A observação do ato sexual dos pais é um elemento que falta raramente no repertório das fantasias inconscientes que, mediante a análise, podem ser encontradas em todos os neuróticos, provavelmente em todas as pessoas. Chamo essas fantasias, as da observação do comércio amoroso dos pais, da sedução, da castração e outros, de *fantasias primárias*, e em outro lugar investigarei sua origem e sua relação com a experiência individual. De modo que o ruído casual funciona apenas como provocação que desencadeia a fantasia típica de espreitar a intimidade dos pais, parte do complexo a eles relativo. Sim, é discutível que possamos denominá-lo "casual". Segundo a observação que me fez Otto Rank, é antes parte necessária da fantasia de espreitar, e reproduz ou o ruído que denuncia a relação dos genitores ou também aquele pelo qual a criança que escuta receia denunciar-se. Mas logo vemos em que terreno nos achamos. O amante é ainda o pai, e o lugar da mãe é tomado por ela mesma. Então a escuta deve ser atribuída a uma pessoa desconhecida. Torna-se claro, para nós, de que maneira ela se libertou da dependência homossexual da mãe. Com uma pequena regressão; em vez de tomar a mãe como objeto amoroso, identificou-se com ela, tornou-se ela própria a mãe. A possibilidade dessa regressão aponta para a origem narcísica de sua escolha homossexual de objeto e, assim, para a predisposição ao adoecimento paranoico nela existente. É possível esboçar um raciocínio que leva ao mesmo resultado que essa identificação: "Se minha mãe faz isso, também posso; tenho o mesmo direito que minha mãe".

Pode-se dar um passo adiante na eliminação das casualidades, sem exigir que o leitor nisso nos acompanhe, pois a ausência de uma investigação analítica aprofundada torna impossível, neste caso, ir além de uma certa probabilidade. A doente afirmou, em nossa primeira conversa, que ela havia perguntado imediatamente sobre a causa do ruído, obtendo a resposta de que provavelmente vinha do pequeno relógio sobre a mesa. Tomarei a liberdade de explicar essa comunicação como um equívoco da memória. Parece-me bem mais plausível que primeiramente ela não tivesse qualquer reação ao ruído, e que apenas depois do encontro com os dois homens na escada ele lhe parecesse significativo. O amante talvez não tenha ouvido o barulho, e fez a tentativa de explicação envolvendo o relógio depois, quando assediado pela suspeita da garota. "Não sei o que você pode ter ouvido; talvez o relógio, que às vezes faz um ruído." Essa utilização a posteriori de impressões e esse deslocamento das recordações são frequentes na paranoia e dela característicos. Mas, como nunca falei com o jovem nem pude prosseguir a análise da moça, não há como provar minha suposição.

Eu poderia ousar ir mais adiante na análise das supostas "casualidades". Não creio que o relógio tenha batido, ou que tenha havido algum ruído. A situação em que ela estava justificava uma sensação de batimento ou palpitação no clitóris. Foi isso, então, que ela projetou para fora, a posteriori, como percepção de um outro objeto. Algo bastante similar é possível no sonho. Uma de minhas pacientes histéricas relatou, certa vez, um breve sonho que a fazia despertar, com o qual nenhuma associação se produzia. Ele era o seguinte. Houve uma batida na porta, e ela acordou. Ninguém havia batido na porta, mas nas noites anteriores ela havia despertado com penosas sensações de polução, e então quis acordar tão logo sentiu os primeiros sinais de excitação genital. Havia "batido"* no clitóris. Eu gostaria de colocar, em nossa paranoica, essa mesma projeção no lugar do ruído ocasional. Certamente não posso garantir que em nosso breve conhecimento, com todos os sinais de uma desagradável imposição, a doente me fornecesse um relato fiel do acontecido nos dois encontros amorosos; mas

---

* O verbo alemão utilizado (*klopfen*) pode significar também "pulsar", como em "o sangue pulsou-lhe nas veias", além de "bater", como em "bateram na porta".

uma contração isolada do clitóris combinaria com sua afirmação de que não houve união dos genitais. Na subsequente rejeição do homem, a insatisfação certamente desempenhou um papel, ao lado da "consciência".

Voltemos agora ao fato singular de a paciente se defender do amor ao homem com a ajuda de um delírio paranoico. A história do desenvolvimento desse delírio fornece a chave para a sua compreensão. Originalmente, como podíamos esperar, ele era dirigido à mulher, mas *então se realizou, no terreno da paranoia, o avanço da mulher para o homem como objeto*. Um tal avanço não é comum na paranoia; via de regra vemos que o perseguido permanece fixado nas mesmas pessoas, ou seja, no mesmo sexo sobre o qual recaía sua escolha amorosa antes da transformação paranoica. Mas a enfermidade neurótica não o exclui; nossa observação pode ser exemplar para muitas outras. Existem, fora da paranoia, muitos processos semelhantes que até hoje não foram considerados sob essa perspectiva, entre eles alguns bastante conhecidos. Por exemplo, os assim chamados neurastênicos são impedidos, por sua ligação inconsciente a objetos amorosos incestuosos, de tomar outra mulher como objeto, e sua atividade sexual é limitada à fantasia. Mas no terreno da fantasia ele realiza o avanço que lhe foi negado e pode substituir mãe e irmã por outros objetos. Como nestes está ausente a objeção da censura, a escolha dessas pessoas substitutas torna-se consciente para ele em suas fantasias.

Os fenômenos de um avanço tentado a partir de novo terreno, em geral conquistado regressivamente, colocam-se ao lado dos esforços, empreendidos em várias neuroses, de readquirir uma posição da libido que já se teve, mas foi perdida. É difícil separar conceitualmente essas duas séries de fenômenos. Inclinamo-nos demais a pensar que o conflito subjacente à neurose termina com a formação do sintoma. Na verdade, a luta prossegue variadamente após a formação do sintoma. De ambos os lados surgem novos componentes instintuais que a continuam. O próprio sintoma torna-se objeto dessa luta; impulsos que buscam afirmá-lo medem-se com outros, empenhados em removê-lo e restabelecer o estado anterior. Com frequência buscam-se meios de tirar o valor do sintoma, tratando de reconquistar por outros acessos o que foi perdido e que o sintoma recusa. Tal situação lança alguma luz sobre uma colocação de C. G. Jung, segundo a qual uma peculiar inércia psíquica, que se opõe à mudança e ao avanço, é a precondição básica da neurose. De fato, essa inércia é muito peculiar; não é geral, mas altamente especializada, mesmo em seu âmbito não governa sozinha, mas luta com tendências ao avanço e à restauração, que ainda após a formação de sintomas da neurose não descansam. Investigando-se o ponto de partida dessa inércia especial, ela se revela como a manifestação de laços, há muito ocorridos e dificilmente desatáveis, de instintos com impressões e os objetos nelas presentes, laços que detiveram a evolução desses componentes instintuais. Ou, dito de outro modo, essa "inércia psíquica" especializada é apenas uma expressão diferente, dificilmente melhor, para aquilo que na psicanálise estamos habituados a chamar de *fixação*.

CONSIDERAÇÕES ATUAIS SOBRE A GUERRA E A MORTE (1915)

TÍTULO ORIGINAL: "ZEITGEMÄßES ÜBER KRIEG UND TOD";
OS DOIS SUBTÍTULOS ORIGINAIS SÃO:
"DIE ENTTÄUSCHUNG DES KRIEGES"
E "UNSER VERHÄLTNIS ZUM TODE".
PUBLICADO PRIMEIRAMENTE
EM *IMAGO*, V. 4, N. 1, PP. 1-21.
TRADUZIDO DE *GESAMMELTE WERKE* X,
PP. 324-55; TAMBÉM SE ACHA
EM *STUDIENAUSGABE* IX, PP. 33-60.

I. A DESILUSÃO CAUSADA PELA GUERRA

Apanhados no torvelinho desse tempo de guerra, informados de maneira unilateral, sem distanciamento das grandes mudanças que já ocorreram ou estão para ocorrer e sem noção do futuro que se configura, ficamos nós mesmos perdidos quanto ao significado das impressões que se abalam sobre nós e quanto ao valor dos julgamentos que formamos. Quer nos parecer que jamais um acontecimento destruiu tantos bens preciosos da humanidade, jamais confundiu tantas inteligências das mais lúcidas e degradou tão radicalmente o que era elevado. Até mesmo a ciência perdeu sua desapaixonada imparcialidade; profundamente exasperados, seus servidores buscam extrair-lhe armas, para dar contribuição à luta contra os inimigos. O antropólogo tem que declarar o adversário um ser inferior e degenerado, o psiquiatra tem que diagnosticar nele uma perturbação espiritual ou psíquica. Mas provavelmente sentimos o mal desse tempo com intensidade desmedida, não tendo o direito de compará-lo com aquele de tempos que não vivenciamos.

O indivíduo que não se tornou um combatente e, portanto, uma partícula da enorme máquina da guerra, sente-se perplexo quanto à sua orientação e inibido em sua capacidade de realização. Penso que acolherá de bom grado qualquer pequena indicação que o ajude a situar--se pelo menos no seu próprio íntimo. Entre os fatores responsáveis pela miséria psíquica dos não combatentes, contra os quais é tão difícil eles lutarem, gostaria de des-

I. A DESILUSÃO CAUSADA PELA GUERRA

tacar dois e de abordá-los aqui. Eles são: a desilusão provocada pela guerra e a diferente atitude ante a morte, à qual ela — como todas as guerras — nos obrigou.

Quando falo de desilusão, cada um sabe de imediato o que isso significa. Não é preciso ser um entusiasta da compaixão, pode-se reconhecer a necessidade biológica e psicológica do sofrimento para a economia da vida humana e no entanto condenar a guerra nos seus meios e nos seus fins, ansiando pelo término de todas as guerras. Dizíamos, é verdade, que as guerras não podem acabar enquanto os povos viverem em condições tão diferentes, enquanto divergirem de tal modo no valor que atribuem à vida individual, e enquanto os ódios que os dividem representarem forças psíquicas* tão intensas. Estávamos então preparados para ver que ainda por longo tempo a humanidade estaria às voltas com guerras entre os povos primitivos e os civilizados, entre as raças que estão separadas pela cor da pele, e mesmo guerras contra ou em meio a nacionalidades europeias que pouco se desenvolveram ou que retrocederam culturalmente. Mas nós nos

---

* "Forças psíquicas": *seelische Triebkräfte;* nas versões estrangeiras consultadas: *fuerzas* [...] *en lo anímico, forze motrici psichiche, forces de pulsion animiques, motive forces in the mind.* O termo *Triebkraft* sempre significou, tradicionalmente, "força motriz" (de uma máquina, por exemplo). Sabemos que o primeiro substantivo que o compõe, *Trieb*, tem sentidos e conotações mais complexos e abrangentes; este é um exemplo de como vocabulário técnico e linguagem comum se juntam inextricavelmente na psicanálise. Por isso os tradutores diferem nesse ponto: o francês dá valor à ressonância técnica do termo, os demais preferem reconhecer o sentido tradicional.

permitíamos outras esperanças. Esperávamos, das nações de raça branca que dominam o mundo, às quais coube a condução do gênero humano, sabidamente empenhadas no cultivo de interesses mundiais, e cujas criações incluem tanto os progressos técnicos no domínio da natureza como os valores culturais artísticos e científicos, desses povos esperávamos que soubessem resolver por outras vias as desinteligências e os conflitos de interesses. No interior de cada uma dessas nações haviam se estabelecido elevadas normas morais para o indivíduo, segundo as quais ele devia conformar sua vida, se quisesse fazer parte da comunidade civilizada. Tais prescrições, frequentemente severas demais, exigiam muito dele, uma enorme restrição de si mesmo, uma larga renúncia da satisfação instintual. Sobretudo lhe era negado servir-se das extraordinárias vantagens proporcionadas pelo uso da mentira e da fraude, na competição com seus semelhantes. O Estado civilizado tinha essas regras morais como base de sua existência, intervindo seriamente quando se ousava atacá-las, e declarando amiúde ser impróprio até mesmo sujeitá-las ao exame da inteligência crítica. Era de supor, então, que ele mesmo quisesse respeitá-las e não pensasse em empreender algo contra elas, pois desse modo estaria contrariando o fundamento de sua própria existência. Por fim se podia também perceber, é verdade, que no interior dessas nações civilizadas se achavam resíduos dispersos de alguns povos, que em geral não eram queridos, e portanto somente a contragosto, e nunca inteiramente, eram admitidos no trabalho comum de civilização, para o qual haviam

I. A DESILUSÃO CAUSADA PELA GUERRA

demonstrado ser suficientemente aptos. Mas mesmo os grandes povos, podia-se pensar, haviam adquirido tamanha compreensão pelo que tinham em comum, e tanta tolerância por suas diferenças, que "estrangeiro" e "inimigo" não mais se fundiam numa única noção, como ainda ocorria na Antiguidade clássica.

Confiados nessa união dos povos civilizados, inúmeros indivíduos trocaram sua moradia na terra natal pela permanência no estrangeiro, ligando sua existência às relações de intercâmbio dos povos amigos. E aquele que não se achava, pelas necessidades da vida, limitado a um só lugar, podia compor para si, a partir de todas as vantagens e atrações dos países civilizados, uma pátria nova e maior, onde circulava insuspeito e desimpedido. Assim desfrutava do mar azul e do mar cinza, da beleza das montanhas de neve e dos prados verdes, da magia da floresta nórdica e do esplendor da vegetação meridional, da atmosfera das paisagens ligadas a grandes recordações históricas e do silêncio da natureza intocada. Essa nova pátria era para ele também um museu, repleto dos tesouros que os artistas da humanidade culta haviam criado e legado desde muitos séculos. Andando de uma sala a outra desse museu, podia verificar imparcialmente os diversos tipos de perfeição que a história, a miscigenação e as peculiaridades da mãe Terra haviam produzido com seus novos compatriotas. Aqui se desenvolvera ao máximo a fria, inflexível energia; ali, a arte graciosa de embelezar a vida; acolá, o sentido da ordem e da lei, ou alguma outra das características que fizeram do homem o senhor da Terra.

Não nos esqueçamos também que todo cidadão civilizado do mundo havia criado para si um "Parnaso" e uma "Escola de Atenas" especiais. Entre os grandes pensadores, poetas e artistas de todas as nações ele havia escolhido aqueles aos quais acreditava dever o melhor que obtivera em termos de fruição e compreensão da vida, e em sua veneração os havia posto junto aos antigos imortais e aos familiares mestres de sua própria língua. Nenhum desses grandes lhe era estrangeiro por se expressar em outra língua, nem o inigualável perscrutador das paixões humanas nem o adorador inebriado da beleza, ou o profeta veemente e ameaçador, ou o satírico sutil, e jamais ele se recriminou por haver desertado a própria nação e a língua-mãe que amava.

A fruição da comunidade civilizada era ocasionalmente perturbada por vozes que advertiam que graças a antigas, tradicionais diferenças eram inevitáveis as guerras também entre os membros de tal comunidade. Não queríamos crer nisso, mas como imaginar uma guerra assim, caso ela viesse a ocorrer? Como uma oportunidade para mostrar o progresso no sentimento comunitário dos homens desde a época em que as anfictionias gregas proibiram que qualquer dos Estados pertencentes à liga fosse destruído, que suas oliveiras fossem abatidas e seu suprimento de água cortado. Como um prélio de cavaleiros, que se limitaria a estabelecer a superioridade de uma das partes, evitando ao máximo os sofrimentos maiores, que em nada contribuiriam para a decisão, poupando inteiramente os feridos, que deveriam deixar a luta, e os médicos e enfermeiros dedi-

I. A DESILUSÃO CAUSADA PELA GUERRA

cados à recuperação daqueles. Naturalmente haveria todo respeito com a parcela não combatente da população, com as mulheres, que permanecem afastadas das ações de guerra, e com as crianças, que quando crescidas devem tornar-se amigos e colaboradores de ambos os lados. E também se manteriam todos os empreendimentos e instituições internacionais em que a comunidade civilizada do tempo de paz se havia encarnado.

Uma tal guerra ainda comportaria bastantes horrores e coisas difíceis de suportar, mas não perturbaria o desenvolvimento das relações éticas entre esses grandes indivíduos da humanidade, os povos e Estados.

A guerra na qual não queríamos acreditar irrompeu, e trouxe a... desilusão. Não é apenas mais sangrenta e devastadora do que guerras anteriores, devido ao poderoso aperfeiçoamento das armas de ataque e de defesa, mas pelo menos tão cruel, amargurada e impiedosa quanto qualquer uma que a precedeu. Ela transgride todos os limites que nos impusemos em tempos de paz, que havíamos chamado de Direito Internacional, não reconhece as prerrogativas dos feridos e dos médicos, a distinção entre a parte pacífica e a parte lutadora da população, nem os direitos de propriedade. Ela derruba o que se interpõe no seu caminho, em fúria enceguecida, como se depois dela não devesse existir nem futuro nem paz entre os homens. Ela destrói todos os laços comunitários entre os povos que combatem uns aos outros, e ameaça deixar um legado de amargura que por longo tempo tornará impossível o restabelecimento dos mesmos.

Ela trouxe também à luz o fenômeno quase inconcebível de que os povos civilizados se conhecem e se entendem tão pouco, que um deles pode voltar-se com ódio e repulsa contra o outro. E até mesmo uma das grandes nações cultas é universalmente tão pouco estimada que se pode tentar excluí-la da comunidade civilizada por ser "bárbara", embora há muito tenha demonstrado sua valia, por contribuições das mais formidáveis. Vivemos na esperança de que uma historiografia imparcial venha trazer a prova de que justamente essa nação, em cuja língua escrevemos, e para cuja vitória combatem os seres que amamos, tenha sido aquela que menos infringiu as leis da moralidade humana; mas quem pode, em tempos como esses, arvorar-se em juiz da própria causa?

Os povos são mais ou menos representados pelos Estados que formam; esses Estados, pelos governos que os conduzem. O cidadão individual pode verificar com horror, nessa guerra, o que eventualmente já lhe ocorria em tempo de paz: que o Estado proíbe ao indivíduo a prática da injustiça, não porque deseje acabar com ela, mas sim monopolizá-la, como fez com o sal e o tabaco. O Estado beligerante se permite qualquer injustiça, qualquer violência que traria desonra ao indivíduo. Ele se serve, contra o inimigo, não apenas da astúcia autorizada, mas também da mentira consciente e do engano intencional, e isso numa medida que parece ultrapassar o costumeiro em guerras anteriores. O Estado requer extremos de obediência e sacrifício de seus cidadãos, privando-os ao mesmo tempo de sua maioridade por um excesso de sigilo e uma censura da comunicação e

I. A DESILUSÃO CAUSADA PELA GUERRA

da expressão, que deixa o ânimo daqueles assim oprimidos intelectualmente indefeso ante qualquer situação desfavorável e todo rumor sinistro. Ele se desliga dos tratados e garantias mediante os quais se comprometera com os outros Estados, admitindo desavergonhadamente sua cobiça e seu afã de poder, que o indivíduo deve então aprovar por patriotismo.

E não se objete que o Estado não pode renunciar ao uso da injustiça porque desse modo estaria em desvantagem. Também para o indivíduo a observância das normas morais, a renúncia ao exercício brutal do poder é algo geralmente bem desvantajoso, e raras vezes o Estado se mostra capaz de compensar o cidadão pelo sacrifício que dele exigiu. Tampouco é de surpreender que o afrouxamento das relações morais entre os "grandes indivíduos" da humanidade tenha tido repercussão na moralidade do indivíduo, pois nossa consciência não é o juiz inflexível pelo qual a têm os mestres da ética, é em sua origem "medo social" e nada mais. Quando a comunidade suspende a recriminação, também cessa a repressão dos apetites maus, e as pessoas cometem atos de crueldade, perfídia, traição e rudeza que pareceriam impossíveis, devido à incompatibilidade com seu grau de civilização.

Assim, o cidadão do mundo que mencionei pode estar perplexo num mundo que para ele se tornou estrangeiro, sua grande pátria tendo desmoronado, o patrimônio comum tendo sido devastado, os concidadãos divididos e envilecidos!

Algumas observações críticas podem ser feitas quanto a essa decepção. A rigor ela não se justifica, pois con-

siste na destruição de uma ilusão. As ilusões são bem-
-vindas porque nos poupam sensações de desprazer, e
no lugar dessas nos permitem gozar satisfações. Não
podemos nos queixar, então, se um dia elas colidem com
alguma parte da realidade e nela se despedaçam.

Duas coisas, nessa guerra, provocaram nossa decepção: a pouca moralidade mostrada exteriormente por Estados que nas relações internas posam de guardiães das
normas éticas, e a brutalidade do comportamento de indivíduos que, como membros da mais elevada cultura humana, não acreditaríamos capazes de atos semelhantes.

Comecemos com o segundo ponto, e tentemos formular de maneira breve a concepção que desejamos cri-
ticar. Como se imagina realmente o processo mediante
o qual um indivíduo alcança um mais elevado estágio
de moralidade? A primeira resposta será talvez: ele é
bom e nobre desde o início, de nascimento. Ela não será
considerada aqui. Uma segunda resposta partirá da sugestão de que se está diante de um processo de desenvolvimento, e provavelmente vai supor que esse processo consiste em que as más inclinações do ser humano
são nele extirpadas e, sob influência da educação e do
ambiente cultural, substituídas por inclinações para o
bem. Mas então é lícito admirar-se de que no indivíduo
assim educado o mal reapareça tão vigorosamente.

No entanto, essa resposta contém igualmente a proposição que queremos refutar. Na realidade não existe nenhuma "extirpação" do mal. A investigação psicológica
— em sentido mais rigoroso, a psicanalítica — mostra,
isto sim, que a essência mais profunda do homem consiste

I. A DESILUSÃO CAUSADA PELA GUERRA

em impulsos instintuais* de natureza elementar, que são iguais em todos os indivíduos e que objetivam a satisfação de certas necessidades originais. Esses impulsos instintuais não são bons nem maus em si. Nós os classificamos dessa forma, a eles e a suas manifestações, conforme sua relação com as necessidades e exigências da sociedade humana. Há que admitir que todos os impulsos que a comunidade proíbe como sendo maus — tomemos como representativos os egoístas e os cruéis — estão entre os primitivos.

Esses impulsos primitivos percorrem um longo caminho de desenvolvimento até chegarem a se tornar ativos no adulto. São inibidos, desviados para outras metas e outros âmbitos, fundem-se uns com os outros, trocam seus objetos, dirigem-se em parte para a própria pessoa. Formações reativas contra certos instintos criam a ilusão de uma mudança em seu conteúdo, como se o egoísmo se tornasse altruísmo e a crueldade, compaixão. Tais formações reativas são favorecidas pelo fato de que alguns impulsos instintuais aparecem em pares de opostos quase que desde o início, algo digno de nota e estranho para o conhecimento popular, denominado de "ambivalência afetiva". O mais fácil de observar e de apreender com a inteligência é o fato de o amor intenso e o ódio intenso surgirem com muita frequência unidos na mesma pessoa. A isso a psicanálise acrescenta que não é raro os dois impulsos afetivos tomarem a mesma pessoa por objeto.

Somente depois da superação de todas essas "vicissi-

---

* "Impulsos instintuais": *Triebregungen*; ver nota sobre esse termo na p. 25. No parágrafo seguinte se acha "impulsos afetivos", versão de *Gefühlsregungen*.

tudes instintuais" se forma o que chamamos de caráter de uma pessoa, e que sabidamente é classificado de "bom" ou "mau" de maneira muito precária. Um ser humano é raramente bom ou mau por inteiro, em geral é "bom" nesse aspecto, "mau" naquele outro, ou "bom" em determinadas circunstâncias e decididamente "mau" em outras. Interessante é descobrir que a preexistência infantil de fortes impulsos "maus" torna-se frequentemente a condição para um claríssimo pendor do adulto para o "bem". As crianças mais fortemente egoístas podem vir a ser os mais prestativos e abnegados cidadãos; os entusiastas da compaixão, filantropos e protetores de animais resultaram, em sua maioria, de pequenos sádicos e torturadores de bichos.

A transformação dos instintos "maus" é obra de dois fatores que atuam no mesmo sentido, um interno e outro externo. O fator interno consiste na influência exercida nos instintos maus — egoístas, digamos — pelo erotismo, pela necessidade humana de amor no sentido mais amplo. Pela intromissão dos componentes *eróticos* os instintos egoístas são transformados em *sociais*. Aprende-se a estimar, como uma vantagem, ser amado, vantagem pela qual se pode renunciar a outras. O fator externo é a coação exercida pela educação, que representa as demandas do ambiente civilizado, e que depois prossegue no influxo direto do meio cultural. A civilização foi adquirida pela renúncia à satisfação instintual, e exige de cada "recém-chegado" essa mesma renúncia. Durante a vida individual há uma contínua transformação de coação externa em coação interna. As influências culturais levam a

I. A DESILUSÃO CAUSADA PELA GUERRA

que tendências egoístas cada vez mais se convertam em altruístas, sociais, pela adjunção de elementos eróticos. Enfim, é lícito supor que toda coação interna que se faz notar no desenvolvimento do ser humano era originalmente, ou seja, na *história da humanidade*, apenas coação externa. As pessoas que hoje vêm ao mundo trazem consigo, como organização herdada, alguma tendência (predisposição) para transformar os instintos egoístas em sociais, à qual bastam leves incitamentos para realizar essa transformação. Outra parcela dessa transformação instintual tem que ser efetuada na vida mesma. Desse modo, o ser individual se encontra não apenas sob o influxo do seu meio cultural presente, mas está sujeito também à influência da história cultural de seus antepassados.

Se chamarmos de *aptidão para a cultura* a capacidade de um homem mudar os instintos egoístas por influência do erotismo, poderemos dizer que ela consiste de duas partes, uma inata e outra adquirida na vida, e que a relação das duas entre si e com a parte não transformada da vida instintual é bastante variável.

Em geral tendemos a atribuir demasiada importância à parte inata, e além disso corremos o perigo de superestimar a aptidão total para a cultura, em sua relação com a vida instintual que permaneceu primitiva; isto é, somos levados a julgar os homens "melhores" do que são na realidade. Pois há ainda um outro fator que turva nosso julgamento e falseia o resultado num sentido favorável.

Naturalmente os impulsos instintuais de outro ser humano escapam à nossa percepção. Nós os inferimos de seus atos e sua conduta, que remontamos a *motivos* oriundos de sua vida instintual. Tal inferência falha necessariamente em certo número de casos. As mesmas ações culturalmente "boas" podem num caso proceder de motivos "nobres", e em outro, não. Os teóricos da ética denominam "bons" apenas os atos que são expressão de impulsos instintuais bons, e negam aos demais esse reconhecimento. A sociedade, conduzida por intenções práticas, em geral não se preocupa com essa distinção; contenta-se em que um homem regule seu comportamento e seus atos pelos preceitos da cultura, e pouco interroga por seus motivos.

Vimos que a *coação externa*, que a educação e o meio exercem, contribui ainda para mudar a vida instintual da pessoa em direção ao bem, para transformar seu egoísmo em altruísmo. Mas esse não é o efeito necessário ou regular da coação externa. A educação e o meio não têm apenas brindes de amor a oferecer, mas trabalham também com prêmios de outro tipo, com recompensa e castigo. Então podem manifestar o efeito de que o indivíduo sujeito à sua influência decida-se pela boa conduta no sentido cultural, sem que nele tenha ocorrido um enobrecimento instintual, uma transformação de pendores egoístas em sociais. O resultado será, *grosso modo*, o mesmo; apenas em circunstâncias especiais se notará que uma pessoa sempre age bem porque suas inclinações instintuais a obrigam a fazê-lo, e uma outra é boa apenas enquanto e na medida em que esse comportamento cultural traz vantagens para suas intenções egoístas. Mas num conhecimento superficial do indivíduo não teremos como distinguir entre os dois

I. A DESILUSÃO CAUSADA PELA GUERRA

casos, e certamente nosso otimismo nos levará a superestimar bastante o número das pessoas culturalmente mudadas.

A sociedade civilizada, que promove a boa ação e não se preocupa com a fundamentação instintual da mesma, conquistou então para a obediência cultural um bom número de indivíduos que nisso não acompanham sua natureza. Encorajada por este sucesso, ela se viu levada a aumentar ao máximo a tensão das exigências morais, obrigando os seus membros a um distanciamento ainda maior de sua disposição instintual. A eles é imposta então uma contínua repressão instintual,* cuja tensão vem a se manifestar nos mais singulares fenômenos reativos e compensatórios. No âmbito da sexualidade, em que é mais difícil efetuar essa repressão, ocorrem os fenômenos reativos das afecções neuróticas. De resto é verdade que a pressão da cultura não traz consequências patológicas, mas se exprime em malformações de caráter e na permanente propensão de os instintos inibidos irromperem em busca de satisfação, quando a oportunidade se apresenta. Quem é assim obrigado a reagir continuamente segundo preceitos que não são expressão de seus pendores instintuais vive acima de seus meios, psicologicamente falando, e pode objetivamente ser designado como um hipócrita, esteja ele consciente ou não dessa

---

* "Repressão instintual": *Triebunterdrückung*; as versões estrangeiras consultadas oferecem: *yugulación*, *sofocación*, *répression* (que o tradutor distingue de *refoulement*, reservando este para *Verdrängung*), *suppression*; cf. nota ao ensaio "A repressão", acima, p. 83.

discrepância. É inegável que nossa atual civilização favorece de maneira extraordinária a produção de tal espécie de hipocrisia. Podemos ousar afirmar que ela está edificada sobre essa hipocrisia, e que teria que admitir profundas mudanças, caso as pessoas se propusessem viver conforme a verdade psicológica. Portanto, existem muito mais hipócritas culturais do que homens realmente civilizados, podendo-se mesmo considerar o ponto de vista de que um certo grau de hipocrisia cultural seja indispensável para a manutenção da cultura, porque a aptidão cultural já estabelecida nos homens de hoje talvez não bastasse para essa realização. Por outro lado, a manutenção da cultura, ainda que sobre uma base tão duvidosa, oferece a perspectiva de preparar o caminho, em cada nova geração, para uma transformação instintual mais ampla, portadora de uma cultura melhor.

Das discussões precedentes retiramos o consolo de que era injustificada nossa amargura e dolorosa desilusão pela conduta incivilizada de nossos concidadãos do mundo nesta guerra. Fundava-se numa ilusão a que nos havíamos entregado. Na realidade eles não desceram tão baixo como receávamos, porque não tinham se elevado tanto como acreditávamos. O fato de os "grandes indivíduos" humanos, os povos e Estados, terem abandonado entre si as limitações morais, tornou-se para eles uma compreensível instigação a subtrair-se por um momento à duradoura pressão da cultura e permitir temporariamente satisfação a seus instintos refreados. É provável que nisso a relativa moralidade no interior de cada povo não tenha sofrido qualquer ruptura.

I. A DESILUSÃO CAUSADA PELA GUERRA

Podemos aumentar a compreensão da mudança operada pela guerra em nossos ex-compatriotas, porém, e tirar daí uma advertência para não cometer injustiça para com eles. Pois os desenvolvimentos psíquicos têm uma peculiaridade que não se acha em nenhum outro processo de desenvolvimento. Quando uma aldeia cresce e se torna uma cidade, ou um menino se torna um homem, a aldeia e o menino desaparecem na cidade e no homem. Somente a lembrança pode inscrever os antigos traços na nova imagem; na realidade, os antigos materiais ou formas foram eliminados e substituídos por novos. Sucede de outro modo num desenvolvimento psíquico. Não podemos descrever o estado de coisas, que a nada pode ser comparado, senão afirmando que todo estágio de desenvolvimento anterior permanece conservado junto àquele posterior, que se fez a partir dele; a sucessão também envolve uma coexistência, embora se trate dos mesmos materiais em que transcorreu toda a série de mudanças. O estado anímico anterior pode não ter se manifestado durante anos, mas continua tão presente que um dia pode novamente se tornar a forma de expressão das forças anímicas, a única mesmo, como se todos os desenvolvimentos posteriores tivessem sido anulados, desfeitos. Essa extraordinária plasticidade dos desenvolvimentos anímicos não é irrestrita quanto à sua direção; podemos descrevê-la como uma capacidade especial para a involução — regressão —, pois bem pode ocorrer que um estágio de desenvolvimento ulterior e mais elevado, que foi abandonado, não possa mais ser atingido. Mas os estados primitivos sempre podem ser restabelecidos; o que é primitivo na alma é imperecível no mais pleno sentido.

As chamadas doenças mentais produzem inevitavelmente, no leigo, a impressão de que a vida intelectual e psíquica foi destruída. Na realidade a destruição toca apenas a conquistas e desenvolvimentos posteriores. A essência da doença mental reside na volta a estados anteriores da vida afetiva e do funcionamento. Um ótimo exemplo da plasticidade da vida anímica nos é dado pelo estado do sono, que buscamos a cada noite. Desde que aprendemos a traduzir também sonhos loucos e confusos, sabemos que toda vez que dormimos nos livramos de nossa moralidade penosamente conquistada, como fazemos com uma roupa — para novamente vesti-la na manhã seguinte. Esse desnudamento é sem dúvida inócuo, pois devido ao sono estamos paralisados, condenados à inação. Apenas o sonho pode informar sobre a regressão de nossa vida afetiva a um dos mais antigos estágios de desenvolvimento. É digno de nota, por exemplo, que todos os nossos sonhos sejam dominados por motivos puramente egoístas.* Um de meus amigos ingleses defendeu essa tese num encontro científico na América, ao que uma senhora presente fez a observação de que isso talvez fosse correto quanto à Áustria, mas ela podia asseverar, de si mesma e de seus amigos, que também nos sonhos eles tinham sentimentos altruístas.

---

* Freud viria a matizar ou reconsiderar essa afirmação numa nota acrescentada à *Interpretação dos sonhos* em 1925, como indica Strachey (cap. v, seção D, final da subseção ß).

I. A DESILUSÃO CAUSADA PELA GUERRA

Meu amigo, embora também da raça inglesa, teve de contradizer energicamente a senhora, com base em suas próprias experiências na análise de sonhos: afirmou que no sonho uma nobre americana é tão egoísta quanto uma austríaca.

Portanto, também a transformação instintual em que se baseia nossa aptidão para a cultura pode ser desfeita — duradoura ou temporariamente — por interferências da vida. Não há dúvida de que a influência da guerra está entre os poderes capazes de produzir tal involução, e por isso não precisamos negar aptidão para a cultura a todos aqueles que atualmente se conduzem de modo incivilizado, e podemos esperar que em tempos mais tranquilos se restabeleça o enobrecimento de seus instintos.

Mas há um outro sintoma de nossos concidadãos do mundo que talvez nos tenha surpreendido e horrorizado não menos que a queda, tão dolorosamente sentida, de seu nível ético. Refiro-me à ausência de discernimento mostrada pelos melhores intelectos, sua incorrigibilidade, inacessibilidade aos mais forçosos argumentos, sua credulidade acrítica ante as mais discutíveis afirmações. Isso ocasiona um quadro bem triste, e quero sublinhar expressamente que de modo algum vejo, como um partidário enceguecido, todos os desacertos intelectuais apenas num dos dois lados. Esse fenômeno, porém, ainda é mais fácil de explicar e bem menos preocupante que aquele tratado antes. Filósofos e estudiosos do ser humano já nos ensinaram há muito que nos equivocamos em tomar nossa inteligência como um poder autônomo e ignorar sua dependência da vida afetiva. Nosso intelecto, segundo eles, só pode trabalhar confiavelmente se estiver a salvo das ingerências de poderosos impulsos afetivos; caso contrário ele se comporta como um simples instrumento nas mãos de uma vontade, fornecendo o resultado que esta o incumbiu de obter. Portanto, argumentos lógicos são impotentes em face de interesses afetivos, e por isso a disputa com argumentos, que na frase de Falstaff são abundantes como as amoras, é tão infrutífera no mundo dos interesses. A experiência psicanalítica enfatizou ainda mais, se é possível, tal afirmação. Ela pode demonstrar diariamente que as pessoas mais argutas subitamente se comportam como imbecis, tão logo o discernimento buscado se defronta com uma resistência emocional, mas também voltam a compreender tudo quando essa resistência é superada. A cegueira lógica que essa guerra, como que por magia, produziu justamente em muitos de nossos melhores cidadãos, é portanto um fenômeno secundário, uma consequência da excitação de afetos, destinada, assim esperamos, a desaparecer com ela.

Se desse modo voltarmos a compreender os concidadãos que haviam se tornado estranhos para nós, suportaremos com maior facilidade a decepção que nos prepararam os "grandes indivíduos" da humanidade, os povos, pois as exigências que lhes poderemos colocar serão muito mais modestas. Eles talvez repitam o desenvolvimento dos indivíduos, e nos apareçam ainda hoje em estágios bem primitivos de organização, de formação de unidades superiores. Correspondendo a isso, o fator educativo da coação externa para a moralidade, que achamos tão eficaz no indivíduo, dificilmente se encontra neles. Tínhamos esperança, é verdade, de que a grande comunidade de interesses gerada pelo comércio e a produção representasse o início de uma tal coação, mas no momento os povos parecem obedecer muito mais a suas paixões do que a seus interesses. No máximo, utilizam-se dos interesses para *racionalizar* as paixões; colocam à frente os interesses para justificar a satisfação das paixões. Por que os povos-indivíduos de fato se menosprezam, se odeiam, se execram, e isso também em períodos de paz, cada nação fazendo o mesmo, é algo certamente enigmático. Eu não sei o que dizer sobre isso. É como se todas as conquistas morais do indivíduo se apagassem quando se junta um bom número ou mesmo milhões de pessoas, e restassem apenas as atitudes mais primitivas, mais antigas e cruas. Talvez apenas desenvolvimentos por vir possam mudar algo nesse lamentável estado de coisas. No entanto, um pouco mais de franqueza e veracidade em todos os lados, nas relações das pessoas entre si e entre elas e aqueles que as governam, poderia também aplanar o terreno para essa mudança.

II. NOSSA ATITUDE PERANTE A MORTE

O segundo fator que me leva a concluir que nos sentimos estrangeiros neste mundo outrora belo e familiar é a perturbação ocorrida na atitude que até agora mantínhamos em face da morte.

Essa atitude não era franca. Para quem nos ouvisse, naturalmente nos dispúnhamos a sustentar que a morte é o desfecho necessário de toda vida, que cada um de nós deve à natureza uma morte e tem de estar preparado para saldar a dívida, em suma, que a morte é natural, incontestável e inevitável. Mas na realidade nós agíamos como se as coisas fossem diferentes. Manifestávamos a inconfundível tendência de pôr a morte de lado, de eliminá-la da vida. Procurávamos reduzi-la ao silêncio; temos um provérbio que diz: "Pensar em algo como na morte".* Como na sua própria, naturalmente. Pois a própria morte é também inconcebível, e, por mais que tentemos imaginá-la, notaremos que continuamos a existir como observadores. De modo que na escola psicanalítica pudemos arriscar a afirmação de que no fundo ninguém acredita na própria morte; ou, o que vem a significar o mesmo, que no inconsciente cada um de nós está convencido de sua imortalidade.

No tocante à morte de outra pessoa, o homem civilizado evita cuidadosamente falar dessa possibilidade quando aquele destinado a morrer pode escutá-lo. Apenas as crianças ignoram tal restrição; elas ameaçam despreocupadamente umas às outras com a ideia da morte, e chegam a dizer, na cara de alguém que amam, coisas desse tipo: "Querida mamãe, quando você morrer, vou fazer isso e aquilo". O adulto cultivado não pode admitir nem em pensamento a morte de

---

* Isto é, como algo incrível, improvável.

II. NOSSA ATITUDE PERANTE A MORTE

outrem, sem considerar-se duro e malvado; a menos que lide profissionalmente com a morte, como advogado, médico etc. E não se permitirá fazê-lo, principalmente se tal evento estiver relacionado a algum ganho em matéria de liberdade, propriedade, posição. Sem dúvida, as mortes não deixam de ocorrer por causa desse nosso sentimento terno. Quando acontecem, a cada vez somos atingidos profundamente e como que abalados em nossa expectativa. Via de regra enfatizamos a natureza casual da morte, um acidente, uma doença, infecção ou idade avançada, e desse modo traímos o nosso empenho em vê-la como algo fortuito, em vez de necessário. Um grande número de mortes nos parece terrível ao extremo. Diante do morto assumimos uma atitude particular, quase que uma admiração por alguém que realizou algo muito difícil. Nós nos abstemos de toda crítica a ele, relevamos qualquer erro de sua parte, sentenciamos que *"de mortuis nil nisi bene"* [não se fale mal dos mortos], e achamos natural que na oração fúnebre e no epitáfio fale-se apenas o que lhe for lisonjeiro. A consideração pelo morto, que afinal já não necessita dela, é por nós colocada acima da verdade, e pela maioria de nós também acima da consideração pelos vivos.

Essa postura cultural-convencional diante da morte é complementada pelo total colapso que sofremos quando morre alguém que nos é próximo, um genitor ou cônjuge, um irmão, filho ou amigo precioso. Enterramos com ele todas as nossas esperanças, ambições, alegrias, ficamos inconsoláveis e nos recusamos a substituir aquele que perdemos. Nós nos comportamos como os asra, que *morrem, quando morrem aqueles que amam.**

Mas essa nossa atitude para com a morte tem um poderoso efeito em nossa vida. A vida empobrece, perde algo do interesse, quando a mais elevada aposta no jogo da vida, isto é, ela mesma, não pode ser arriscada. Ela fica insossa, insubstancial como um flerte americano, digamos, no qual se sabe desde o início que nada ocorrerá, à diferença de uma relação amorosa no Continente, na qual ambas as partes devem a cada instante ter em mente as sérias consequências possíveis. Os nossos vínculos afetivos, a insuportável intensidade de nosso luto, nos tornam pouco inclinados a buscar perigos para nós mesmos e os nossos. Não ousamos considerar muitas empresas que são perigosas mas necessárias, como as tentativas de voar, as expedições em terras distantes, os experimentos com substâncias explosivas. Paralisa-nos o pensamento de quem haverá de substituir o filho para a mãe, o marido para a mulher, o pai para os filhos, caso aconteça um desastre. A tendência a excluir a morte dos cálculos da vida traz consigo muitas outras renúncias e exclusões. No entanto, o lema da Liga Hanseática dizia: *"Navigare necesse est, vivere non necesse!"*. (Navegar é preciso, viver não é preciso.)

Então é inevitável que busquemos no mundo da ficção, na literatura, no teatro, substituto para as perdas da vida. Lá encontramos ainda pessoas que sabem

---

* Alusão ao poema "Der Asra", de Heinrich Heine, do volume *Romanzero* (1851).

II. NOSSA ATITUDE PERANTE A MORTE

morrer, e que conseguem até mesmo matar uma outra. E apenas lá se verifica a condição sob a qual poderíamos nos reconciliar com a morte: de que por trás de todas as vicissitudes da vida nos restasse ainda uma vida intacta. Pois é muito triste que na vida suceda como num jogo de xadrez, em que um movimento errado pode nos levar a perder a partida, com a diferença de não podermos iniciar uma nova partida, uma revanche. No reino da ficção encontramos a pluralidade de vidas de que temos necessidade. Morremos na identificação com um herói, mas sobrevivemos a ele e já estamos prontos a morrer uma segunda vez com outro, igualmente incólumes.

É evidente que a guerra afastará esse tratamento convencional da morte. Não é mais possível negar a morte; temos de crer nela. As pessoas morrem de fato, e não mais isoladamente, mas em grande número, às vezes dezenas de milhares num só dia. Isso já não é acaso. Certamente ainda parece casual que uma bala atinja este ou aquele outro, mas uma segunda bala pode atingir mais outro, e o acúmulo põe fim à impressão de acaso. A vida se tornou novamente interessante, recuperou seu pleno conteúdo.

Aqui se deveria fazer uma distinção entre dois grupos, os que arriscam a vida na batalha e os que permanecem em casa, à espera somente de perderem um dos seus entes queridos por ferimento, doença ou infecção. Claro que seria muito interessante estudar as modificações na psicologia dos combatentes, mas não sei o bastante a respeito disso. Devemos nos ater ao segundo grupo, ao qual pertencemos. Já expressei minha opinião de que o desnorteio e a paralisia da capacidade, dos quais sofremos, seriam determinados essencialmente, entre outras coisas, pelo fato de não podermos conservar nossa atitude anterior frente à morte e não termos ainda encontrado uma nova. Nisso talvez ajude apontarmos nossa investigação psicológica para duas outras relações com a morte: aquela que podemos atribuir ao homem da pré-história e aquela que ainda se mantém em cada um de nós, mas se esconde, invisível para a nossa consciência, em camadas profundas de nossa vida psíquica.

Quanto à atitude do homem pré-histórico diante da morte, naturalmente só podemos conhecê-la mediante inferências e construções, mas acho que esses meios nos deram informações razoavelmente confiáveis.

O homem primevo comportou-se de modo bem peculiar frente à morte. De maneira nada coerente, antes contraditória. Por um lado levou a morte a sério, reconheceu-a como abolição da vida e serviu-se dela nesse sentido; mas, por outro lado, também negou a morte, rebaixando-a a nada. O que tornava possível tal contradição era o fato de ele assumir, ante a morte do outro, do desconhecido, do inimigo, uma postura radicalmente diferente da que assumia ante a sua própria. A morte do outro lhe era justa, significava a eliminação do que era odiado, e o homem primevo não tinha escrúpulo em executá-la. Ele era sem dúvida um ser muito passional, mais cruel e mais malvado que outros bichos. Assassinava com gosto, e como se fosse algo óbvio. Não preci-

II. NOSSA ATITUDE PERANTE A MORTE

samos atribuir-lhe o instinto* que impediria outros animais de matar e devorar seres da mesma espécie.

A história primeva da humanidade é plena de assassinatos, portanto. Ainda hoje, aquilo que nossos filhos aprendem na escola sob o nome de História Universal é, na essência, uma longa série de matanças de povos. O obscuro sentimento de culpa a que está sujeita a humanidade desde os tempos pré-históricos, que em muitas religiões condensou-se na ideia de uma *culpa primordial*, de um pecado original, é provavelmente expressão de uma dívida de sangue** em que a humanidade primeva incorreu. No livro *Totem e tabu* (1913) procurei, seguindo indicações de Robertson Smith, Atkinson e Darwin, descobrir a natureza dessa antiga culpa, e creio que ainda hoje a doutrina cristã nos permite inferi-la retrospectivamente. Se o filho de Deus teve que sacrificar a vida

---

* *Instinkt* no original.
** "Dívida de sangue": *Blutschuld*. Oferecemos uma versão literal, embora os dicionários digam que se trata de um termo poético para "homicídio" ou "responsabilidade por um homicídio". As versões estrangeiras consultadas são igualmente literais: *culpa de sangre*, idem, *delitto di sangue*, *coulpe de sang*, *blood-guilt*; mas é importante lembrar que *Schuld* significa, ao mesmo tempo, "culpa" e "dívida". Essa identificação é explorada por Friedrich Nietzsche na segunda das três dissertações do seu livro *Genealogia da moral*, de 1887. Esse termo — *Schuld* — já apareceu no segundo parágrafo do presente ensaio, onde também foi vertido por "dívida", numa frase em que há alusão a um verso de Shakespeare: "Ora, deves uma morte a Deus". ("*Why, thou owest God a death*", de *Henrique IV*, 1, ato 5, cena 1.) E uma palavra afim, *Verschulden*, surge poucas linhas adiante, no parágrafo atual, quando é traduzida por "ofensa".

para redimir a humanidade do pecado original, então, segundo a regra de talião, de pagamento com igual moeda, esse pecado deve ter sido uma morte, um assassinato. Apenas isso poderia requerer o sacrifício de uma vida para a sua expiação. E se o pecado original foi uma ofensa contra Deus-Pai, o crime mais antigo da humanidade deve ter sido um parricídio, o assassínio do pai primevo da horda humana primitiva, cuja imagem ou lembrança foi depois transfigurada em divindade.[1]

Para o homem primevo, sua própria morte era certamente tão irreal e inimaginável quanto ainda hoje é para cada um de nós. Mas havia um caso em que as duas atitudes opostas perante a morte se chocavam e entravam em conflito, e esse caso tornou-se muito significativo e rico em consequências de vasto alcance. Sucedia quando o homem primevo via morrer um dos seus, sua mulher, seu filho, seu amigo, que ele sem dúvida amava como nós aos nossos, pois o amor não pode ser muito mais novo que o prazer em matar. Então, na sua dor, ele teve que aprender que também ele podia morrer, e todo o seu ser revoltou-se contra tal admissão; pois cada um desses amores era um pedaço de seu próprio amado Eu. Por outro lado, essa morte também era justa para ele, pois em cada um desses amores havia também um quê de estrangeiro. A lei da ambivalência dos sentimentos, que ainda hoje domina as relações afetivas com as pessoas que mais amamos, certamente vigorava com amplitude ainda

---

[1] Cf. "O retorno infantil do totemismo", último ensaio de *Totem e tabu* (1913).

II. NOSSA ATITUDE PERANTE A MORTE

maior na pré-história. Assim, esses amados falecidos tinham sido também estranhos e inimigos, que haviam despertado nele uma parcela de sentimentos hostis.[2]

Os filósofos afirmaram que o enigma intelectual posto ao homem primitivo pela imagem da morte o obrigou a refletir e veio a ser o ponto de partida de toda especulação. Acho que aí os filósofos pensam muito... filosoficamente, não cuidando dos motivos primariamente operantes. Por isso eu gostaria de limitar e corrigir a afirmação. O homem primevo teria triunfado junto ao corpo do inimigo abatido, mas sem ver razão para quebrar a cabeça com os enigmas da vida e da morte. Não seria o enigma intelectual, nem qualquer morte, que teria liberado a pesquisa humana, mas sim o conflito de sentimentos por ocasião da morte de pessoas amadas e ao mesmo tempo estranhas e odiadas. Desse conflito de sentimentos nasceu em primeiro lugar a psicologia. O homem não podia mais manter a morte a distância, já que a havia provado na dor pelos falecidos, mas não queria admiti-la, por não poder imaginar-se morto. Então incorreu em compromissos: admitiu a morte também para si, mas contestou-lhe o significado de aniquilamento da vida, algo que não tivera motivos para fazer, quando da morte de um inimigo. Junto ao cadáver de alguém que amara ele inventou espíritos, e a consciência de culpa pela satisfação que se mesclava ao luto fez com que tais espíritos recém-criados se tornassem maus demônios que inspiravam medo. As modificações trazi-

---

[2] Ver "Tabu e ambivalência", segundo ensaio de *Totem e tabu*.

das pela morte o levaram a decompor o indivíduo em um corpo e uma alma — originalmente várias almas. De tal maneira o seu curso de pensamento seguia paralelo ao processo de desintegração que a morte introduz. A contínua lembrança dos falecidos tornou-se a base para supor outras formas de existência, deu-lhe a ideia de uma sobrevida após a morte aparente.

No início, essas existências posteriores eram somente apêndices àquela arrematada pela morte, espectrais, vazias de substância e menosprezadas até uma época tardia; ainda possuíam o caráter de mísero expediente. Recordemos o que a alma de Aquiles responde a Ulisses:

"Pois antes, quando eras vivo, nós Argivos te dávamos
honras
iguais às dos deuses; e agora reinas poderosamente
sobre os mortos,
tendo vindo para aqui: não te lamentes por teres
morrido, ó Aquiles."
Assim falei; e ele, tomando a palavra, respondeu-me
deste modo:
"Não tentes reconciliar-me com a morte, ó glorioso
Ulisses.
Eu preferiria estar na terra, como servo de outro,
até de homem sem terra e sem grande sustento,
do que reinar aqui sobre todos os mortos."
(*Odisseia*, canto XI, versos 484-91)[*]

---

[*] Citado na tradução de Frederico Lourenço, Lisboa: Biblioteca Editores Independentes, 2008.

II. NOSSA ATITUDE PERANTE A MORTE

Ou, na vigorosa e amarga paródia de Heine:

O menor vivente filisteu
Numa aldeia à beira do Neckar, é mais feliz
do que eu, o Pélida, o herói defunto,
*O príncipe-espectro do ínfero mundo.**

Apenas mais tarde as religiões vieram a proclamar essa outra existência mais preciosa e plenamente válida, reduzindo a uma mera preparação a vida que termina com a morte. Depois disso foi algo apenas consequente prolongar a vida no passado, inventar existências anteriores, a transmigração das almas e a reencarnação, tudo com o propósito de roubar à morte seu significado de abolição da vida. Foi assim cedo que teve início a negação da morte que designamos como cultural-convencional.

Junto ao corpo da pessoa amada surgiram não só a doutrina da alma, a crença na imortalidade e uma poderosa fonte da consciência de culpa humana, mas também os primeiros mandamentos éticos. A primeira e mais significativa proibição feita pela consciência que despertava foi: "Não matarás". Foi adquirida ante o morto amado, como reação frente à satisfação do ódio que se escondia por trás do luto, e gradualmente estendeu-se ao estranho não amado e por fim também ao inimigo.

---

* No original: "*Der kleinste lebendige Philister/ Zu Stuckert am Neckar, viel glücklicher ist er/ Als ich, der Pelide, der tote Held, / Der Schattenfürst in der Unterwelt*"; de acordo com Strachey, são as linhas finais do poema "Der Scheidende" ("Aquele que parte"), de Heinrich Heine.

Neste último caso não é mais sentida pelo homem civilizado. Quando a selvagem luta dessa guerra estiver decidida, cada um dos combatentes vitoriosos retornará feliz para o lar, para sua mulher e seus filhos, desimpedido e sem perturbar-se com a lembrança dos inimigos que matou em corpo a corpo ou por armas de longo alcance. É digno de nota que os povos primitivos que ainda se acham na terra, e que certamente estão mais próximos do homem primevo do que nós, conduzem-se de maneira diferente nesse ponto — ou conduziam-se, na medida em que não tenham ainda experimentado a influência de nossa cultura. O selvagem — australiano, bosquímano, fueguino — não é absolutamente um matador sem remorso; ao retornar vitorioso de uma expedição guerreira, ele não pode pisar o chão de sua aldeia nem tocar em sua mulher sem antes expiar, por meio de penitências às vezes prolongadas e trabalhosas, os atos assassinos que cometeu na guerra. É fácil, naturalmente, atribuir isso à superstição: o selvagem ainda teme a vingança dos espíritos dos que abateu. Mas os espíritos dos inimigos abatidos não são outra coisa que a expressão de sua má consciência devido à "dívida de sangue"; por trás dessa superstição está um quê de sensibilidade ética que nós, homens civilizados, já perdemos.*

Almas piedosas, que bem gostariam de ver nossa natureza longe do contato com o que for mau e vulgar, certamente não perderão a oportunidade de fazer, a par-

---

* Ver *Totem e tabu*.

II. NOSSA ATITUDE PERANTE A MORTE

tir da precocidade e do caráter imperioso da proibição de matar, inferências confortantes a respeito da força dos impulsos éticos que estariam arraigados em nós. Mas infelizmente esse argumento prova antes o contrário. Uma proibição tão forte pode se dirigir apenas a um impulso igualmente forte. O que nenhuma alma humana cobiça não é necessário proibir, exclui-se por si mesmo. A própria ênfase da proibição, "Não matarás", dá-nos a certeza de vir de uma interminável série de gerações de assassinos, nos quais o prazer em matar, como talvez em nós mesmos ainda, estava no sangue. As aspirações éticas da humanidade, cujo vigor e importância não carece discutir, são uma conquista da história humana; em medida infelizmente muito instável, tornaram-se patrimônio herdado dos homens de hoje.

Deixemos agora o homem primevo, voltando-nos para o inconsciente em nossa própria vida psíquica. Aqui nos apoiamos inteiramente no método de investigação da psicanálise, o único que atinge essas profundezas. Qual é, perguntamos, a atitude de nosso inconsciente ante o problema da morte? A resposta tem de ser: quase a mesma daquela do homem primevo. Neste, como em muitos outros aspectos, o homem da pré-história continua a viver inalterado em nosso inconsciente. Portanto, nosso inconsciente não crê na própria morte, faz como se fosse imortal. O que chamamos de nosso "inconsciente", as camadas mais profundas de nossa alma, constituídas de impulsos instintuais, não conhece em absoluto nada negativo, nenhuma negação — nele os opostos coincidem —, e por isso não conhece tampouco a própria morte, a qual só podemos dotar de um conteúdo negativo. Logo, não existe em nós nada instintual que favoreça a crença na morte. Talvez esteja aí o segredo do heroísmo. A fundamentação racional do heroísmo repousa no julgamento de que a própria vida da pessoa não pode ser tão valiosa quanto certos bens abstratos e universais. Mas acho que bem mais frequente deve ser o heroísmo instintivo e impulsivo,* que não considera tal motivação e enfrenta os perigos simplesmente conforme a certeza do João Bate-Pedra, de Anzengruber: "Nada te pode acontecer!".** Ou tal motivação serve apenas para afastar os escrúpulos que poderiam deter a reação heroica que corresponde ao inconsciente. Já o medo da morte, que com frequência nos domina mais do que pensamos, é algo secundário, e em geral proveniente da consciência de culpa.

Por outro lado, admitimos a morte para estranhos e inimigos e os condenamos a ela com a mesma disposição e leveza que o homem primitivo. Mas aqui há uma diferença que na realidade consideraremos decisiva. Nosso inconsciente não executa o assassínio, apenas o imagina e deseja. Não seria justo, porém, subestimar tão completamente essa realidade *psíquica*, em comparação à *fática*. Ela é significativa e prenhe de consequências. Em nossos impulsos inconscientes eliminamos, a todo dia e momento, todos os que nos estorvam o caminho, que nos

---

* No original: *"instinktiv und impulsiv"*.
** No original: *"Es kann dir nix g'scheh'n"*; frase do personagem Steinklopferhanns (João Bate-Pedras), de uma comédia de Ludwig Anzengruber (1839-1889), dramaturgo vienense.

ofenderam e prejudicaram. O "Vá para o inferno!", que não raro nos vem aos lábios com mau humor brincalhão, e que na verdade quer dizer "Que a morte o leve!", é em nosso inconsciente um desejo sério e vigoroso de morte. Sim, o nosso inconsciente mata inclusive por ninharias; como a antiga legislação ateniense de Draco, não conhece outro castigo senão a morte, e isso com uma certa coerência, pois cada ofensa ao nosso todo-poderoso e soberano Eu é no fundo um *crimen laesae majestatis*.

De modo que também nós, se formos julgados por nossos desejos inconscientes, somos um bando de assassinos, tal como os homens primitivos. É uma sorte que todos esses desejos não tenham a força que ainda lhes atribuíam os homens da pré-história; no fogo cruzado das maldições recíprocas a humanidade já teria há muito perecido, não excluindo os melhores e mais sábios dos homens e as mais belas e amáveis entre as mulheres.

Com afirmações desse tipo a psicanálise não acha crédito junto à maioria dos leigos. São rejeitadas como calúnias que não merecem crédito perante as asseverações da consciência, e habilmente se ignoram os pequenos indícios mediante os quais o inconsciente costuma se revelar à consciência. Por isso é oportuno registrar que muitos pensadores que não podem ter sido influenciados pela psicanálise denunciaram bem claramente a disposição que nossos pensamentos secretos têm para eliminar o que nos estorva o caminho, não fazendo caso da proibição de matar. Entre muitos exemplos, recordarei aqui apenas um que se tornou famoso.

Em *O pai Goriot*, Balzac alude a uma passagem das

obras de J. J. Rousseau, na qual esse autor pergunta ao leitor o que este faria se — sem deixar Paris, e naturalmente sem ser descoberto — pudesse matar, por um simples ato de vontade, um velho mandarim em Pequim, cujo passamento lhe traria enorme vantagem. Ele dá a entender que a vida desse dignatário não lhe parece muito garantida. *"Tuer son mandarin"* [matar seu mandarim] tornou-se uma expressão proverbial para essa disposição oculta, que é também dos homens de hoje.

Há igualmente um bom número de piadas e anedotas cínicas que depõem no mesmo sentido, como, por exemplo, a frase atribuída a um homem casado, que diz: "Quando um de nós dois morrer, eu me mudo para Paris". Tais piadas cínicas não existiriam se não transmitissem uma verdade negada, que não nos permitimos reconhecer quando é expressa de modo sério e franco. Sabe-se que brincando podemos dizer até mesmo a verdade.

Assim como para o homem primevo, também para o nosso inconsciente há um caso em que as duas atitudes opostas em relação à morte, uma que a admite como aniquilação da vida, outra que a nega como sendo irreal, se chocam e entram em conflito. E esse caso é, como na pré-história, a morte ou o risco de morte de um dos nossos amores, de um genitor ou cônjuge, um irmão, filho ou amigo dileto. Esses amores são para nós uma propriedade interior, componentes de nosso próprio Eu, mas também estranhos em parte, e mesmo inimigos. O mais terno e mais íntimo de nossos laços amorosos tem, com ressalva de bem poucas situações, um quê de hostilidade que pode incitar o desejo inconsciente de morte.

II. NOSSA ATITUDE PERANTE A MORTE

Mas o que resulta desse conflito ligado à ambivalência não é, como outrora, a doutrina da alma e a ética, e sim a neurose, que nos permite profundos relances também da vida psíquica normal. Com que frequência os médicos praticantes da psicanálise não lidaram com o sintoma da exagerada preocupação pelo bem-estar dos próximos, ou com autorrecriminações totalmente infundadas após a morte de uma pessoa amada. O estudo desses casos não lhes deixou dúvidas a respeito da difusão e importância dos desejos de morte inconscientes.

O leigo sente um horror enorme ante a possibilidade de tais sentimentos, e vê nessa aversão um fundamento legítimo para descrer das afirmações da psicanálise. Erradamente, me parece. Não se pretende fazer nenhuma degradação da nossa vida amorosa, e de fato não se achará isso aqui. Sem dúvida é algo distante de nosso entendimento e nossa sensibilidade juntar de tal maneira o amor e o ódio, mas a natureza, trabalhando com esse par de opostos, logra manter o amor sempre alerta e fresco, para garanti-lo contra o ódio que por trás o espreita. É lícito dizer que os mais belos desdobramentos de nossa vida amorosa se devem à *reação* contra o impulso hostil que sentimos em nosso peito.

Façamos agora um resumo. Nosso inconsciente é tão inacessível à ideia da própria morte, tão ávido por matar estranhos, tão dividido (ambivalente) em relação à pessoa amada como o homem das primeiras eras. Mas como nos afastamos desse estado primevo em nossa atitude cultural-convencional diante da morte!

É fácil ver como a guerra interfere nessa dicotomia.

Ela nos despe das camadas de cultura posteriormente acrescidas e faz de novo aparecer o homem primitivo em nós. Ela nos força novamente a ser heróis, que não conseguem crer na própria morte; ela nos assinala os estranhos como inimigos cuja morte se deve causar ou desejar; ela nos recomenda não considerar a morte de pessoas amadas. Mas a guerra não pode ser eliminada; enquanto as condições de existência dos povos forem tão diferentes, e tão fortes as aversões entre eles, há de haver guerras. Então se apresenta a pergunta: não deveríamos ceder e nos adaptar a ela? Não deveríamos admitir que com nossa atitude cultural diante da morte vivemos psicologicamente acima de nossos meios, mais uma vez, e voltar atrás e reconhecer a verdade? Não seria melhor dar à morte o lugar que lhe cabe, na realidade e em nossos pensamentos, e pôr um pouco mais à mostra nossa atitude inconsciente ante a morte, que até agora reprimimos cuidadosamente? Isso não parece uma realização maior, seria antes um passo atrás em vários aspectos, uma regressão, mas tem a vantagem de levar mais em conta a verdade e nos tornar a vida novamente suportável. Suportar a vida continua a ser o primeiro dever dos vivos. A ilusão perde o valor se nos atrapalha nisso.

Recordemo-nos do velho ditado: *Si vis pacem, para bellum*. Se queres conservar a paz, prepara-te para a guerra.

No momento atual caberia mudá-lo: *Si vis vitam, para mortem*. Se queres aguentar a vida, prepara-te para a morte.

A TRANSITORIEDADE (1916)

TÍTULO ORIGINAL: "VERGÄNGLICHKEIT".
PUBLICADO PRIMEIRAMENTE NO VOLUME
COMEMORATIVO *DAS LAND GOETHES*
[O PAÍS DE GOETHE], STUTTGART,
DEUTSCHE VERLAGSANSTALT, 1916,
PP. 37-8, AO LADO DE CONTRIBUIÇÕES
DE VÁRIOS OUTROS AUTORES DE LÍNGUA
ALEMÃ. TRADUZIDO DE *GESAMMELTE
WERKE* X, PP. 358-61; TAMBÉM SE
ACHA EM *STUDIENAUSGABE* X, PP. 223-7.
ESTA TRADUÇÃO FOI PUBLICADA
ORIGINALMENTE NO JORNAL *FOLHA DE
S. PAULO*, EM 23 DE SETEMBRO DE 1989.

A TRANSITORIEDADE

Algum tempo atrás, fiz um passeio por uma rica paisagem num dia de verão, em companhia de um amigo taciturno e de um poeta jovem, mas já famoso. O poeta admirava a beleza do cenário que nos rodeava, porém não se alegrava com ela. Era incomodado pelo pensamento de que toda aquela beleza estava condenada à extinção, pois desapareceria no inverno, e assim também toda a beleza humana e tudo de belo e nobre que os homens criaram ou poderiam criar. Tudo o mais que, de outro modo, ele teria amado e admirado, lhe parecia despojado de valor pela transitoriedade que era o destino de tudo.

Sabemos que tal preocupação com a fragilidade do que é belo e perfeito pode dar origem a duas diferentes tendências na psique. Uma conduz ao doloroso cansaço do mundo mostrado pelo jovem poeta; a outra, à rebelião contra o fato constatado. Não, não é possível que todas essas maravilhas da natureza e da arte, do nosso mundo de sentimentos e do mundo lá fora, venham realmente a se desfazer em nada. Seria uma insensatez e uma blasfêmia acreditar nisso. Essas coisas têm de poder subsistir de alguma forma, subtraídas às influências destruidoras.

Ocorre que essa exigência de imortalidade é tão claramente um produto de nossos desejos que não pode reivindicar valor de realidade. Também o que é doloroso pode ser verdadeiro. Eu não pude me decidir a refutar a transitoriedade universal, nem obter uma exceção para o belo e o perfeito. Mas contestei a visão do poeta pessimista, de que a transitoriedade do belo implica sua desvalorização.

A TRANSITORIEDADE

Pelo contrário, significa maior valorização! Valor de transitoriedade é valor de raridade no tempo. A limitação da possibilidade da fruição aumenta a sua preciosidade. É incompreensível, afirmei, que a ideia da transitoriedade do belo deva perturbar a alegria que ele nos proporciona. Quanto à beleza da natureza, ela sempre volta depois que é destruída pelo inverno, e esse retorno bem pode ser considerado eterno, em relação ao nosso tempo de vida. Vemos desaparecer a beleza do rosto e do corpo humanos no curso de nossa vida, mas essa brevidade lhes acrescenta mais um encanto. Se existir uma flor que floresça apenas uma noite, ela não nos parecerá menos formosa por isso. Tampouco posso compreender por que a beleza e a perfeição de uma obra de arte ou de uma realização intelectual deveriam ser depreciadas por sua limitação no tempo. Talvez chegue o dia em que os quadros e estátuas que hoje admiramos se reduzam a pó, ou que nos suceda uma raça de homens que não mais entenda as obras de nossos poetas e pensadores, ou que sobrevenha uma era geológica em que os seres vivos deixem de existir sobre a Terra; mas se o valor de tudo quanto é belo e perfeito é determinado somente por seu significado para a nossa vida emocional, não precisa sobreviver a ela, e portanto independe da duração absoluta.

Essas considerações me pareceram incontestáveis, mas notei que não produziam impressão no poeta e no amigo. O fracasso me levou a concluir que um poderoso fator emocional estava em ação, perturbando o julgamento deles, e depois acreditei que o havia encontrado.

A TRANSITORIEDADE

Deve ter sido uma revolta psíquica contra o luto, o que depreciava para eles a fruição do belo. Imaginar que essa beleza é transitória deu àqueles seres sensíveis um gosto antecipado do luto pela sua ruína, e como a psique recua instintivamente diante de tudo que é doloroso, eles sentiram o seu gozo da beleza prejudicado pelo pensamento de sua transitoriedade.

Para o leigo, o luto pela perda de algo que amamos ou admiramos parece tão natural, que ele o considera evidente por si mesmo. Para o psicólogo, porém, o luto é um grande enigma, um desses fenômenos que em si não são explicados, mas a que se relacionam outras coisas obscuras. Nós possuímos — assim imaginamos — uma certa medida de capacidade amorosa, chamada libido, que no começo do desenvolvimento se dirigia para o próprio Eu. Depois, mas ainda bastante cedo, ela se dirige para os objetos, os quais, por assim dizer, incorporamos em nosso Eu. Se os objetos são destruídos, ou se os perdemos, nossa capacidade amorosa (libido) é novamente liberada; pode então recorrer a outros objetos em substituição, ou regressar temporariamente ao Eu. Mas por que esse desprendimento da libido de seus objetos deve ser um processo tão doloroso, isso não compreendemos, e não conseguimos explicar por nenhuma hipótese até o momento. Só percebemos que a libido se apega a seus objetos e, mesmo quando dispõe de substitutos, não renuncia àqueles perdidos. Isso, portanto, é o luto.

A conversa com o poeta aconteceu no verão antes da guerra. Um ano depois rompeu a guerra e despojou o mundo de suas belezas. Destruiu não só a beleza das paisagens por onde passou e as obras de arte que deparou no caminho, mas destroçou também nosso orgulho pelas realizações da cultura, nosso respeito por tantos pensadores e artistas, nossa esperança de uma superação final das diferenças entre povos e raças. Maculou a altiva imparcialidade de nossa ciência, mostrou nossos instintos em toda a sua nudez, libertou os maus espíritos que existem em nós, os que julgávamos domados para sempre, por séculos de educação através das mentes mais nobres. Tornou nosso país novamente pequeno e o resto do mundo novamente distante. Despojou-nos de muitas coisas que amávamos, e revelou a fragilidade de tantas outras que acreditávamos sólidas.

Não é de estranhar que a nossa libido, tão empobrecida de objetos, tenha se ligado com intensidade tanto maior àquilo que nos restou, que o amor à pátria, a ternura pelos mais próximos e o orgulho pelo que temos em comum tenham se fortalecido subitamente. E aqueles outros bens agora perdidos tornaram-se realmente sem valor para nós, por terem se revelado tão frágeis e sem resistência? Muitos entre nós pensam assim; mas injustamente, afirmo outra vez. Creio que os que têm essa opinião e parecem dispostos a uma renúncia permanente, já que o precioso não demonstrou ser durável, acham-se apenas em estado de luto pela perda. Sabemos que o luto, por mais doloroso que seja, acaba naturalmente. Tendo renunciado a tudo que perdeu, ele terá consumido também a si mesmo, e nossa libido estará novamente livre — se ainda somos jovens e vigorosos — para substituir os objetos perdidos por outros novos, possivelmente tão ou mais preciosos que aqueles. Cabe esperar que não seja diferente com as perdas dessa guerra. Superado o luto, perceberemos que a nossa elevada estima dos bens culturais não sofreu com a descoberta da sua precariedade. Reconstruiremos tudo o que a guerra destruiu, e talvez em terreno mais firme e de modo mais duradouro do que antes.

ALGUNS TIPOS DE CARÁTER ENCONTRADOS NA PRÁTICA PSICANALÍTICA (1916)

TÍTULO ORIGINAL: "EINIGE CHARAKTERTYPEN AUS DER PSYCHOANALYTISCHEN ARBEIT". PUBLICADO PRIMEIRAMENTE EM *IMAGO*, V. 4, N. 6, PP. 317-36. TRADUZIDO DE *GESAMMELTE WERKE* X, PP. 364-91; TAMBÉM SE ACHA EM *STUDIENAUSGABE* X, PP. 229-53.

Quando o médico realiza o tratamento psicanalítico de um neurótico, de modo algum dirige o interesse apenas ao caráter dele. Quer saber, antes de mais nada, o que significam seus sintomas, que impulsos instintuais se escondem por trás deles e mediante eles se satisfazem, e que etapas foram percorridas no misterioso caminho entre os desejos instintuais e os sintomas. Mas a técnica que tem de seguir obriga o médico a voltar sua curiosidade imediata para outros objetos. Ele nota que sua investigação é ameaçada por resistências que o enfermo lhe opõe, e que tais resistências podem ser atribuídas ao caráter do enfermo. Então é esse caráter que reclama primeiramente o seu interesse.

O que contraria os esforços do médico nem sempre são os traços de caráter que o paciente admite como seus e que lhe são atribuídos pelos que o cercam. Frequentemente, particularidades que ele parecia ter apenas em grau modesto surgem com insuspeitado vigor, ou nele se manifestam atitudes que não haviam sido reveladas em outras circunstâncias da vida. Nas páginas que seguem nos ocuparemos da descrição e derivação de alguns desses surpreendentes traços de caráter.

I. AS EXCEÇÕES

O trabalho psicanalítico sempre se vê defrontado com a tarefa de fazer o doente renunciar à obtenção imediata e fácil de prazer. Não se pede que ele renuncie ao prazer em geral; isso não se pode esperar de nenhum ser hu-

I. AS EXCEÇÕES

mano, e mesmo a religião tem que fundamentar sua exigência de abandono do prazer terreno com a promessa de um montante incomparavelmente maior de um prazer mais valioso. Não, pede-se ao doente que renuncie apenas às satisfações que inevitavelmente terão consequências nocivas; ele deve apenas experimentar uma privação temporária, aprender a trocar a imediata obtenção de prazer por uma mais segura, ainda que adiada. Em outras palavras, espera-se que, sob a direção do médico, ele realize *o avanço do princípio do prazer ao princípio da realidade*, que diferencia o homem maduro da criança. Nessa obra educativa, dificilmente a melhor compreensão do médico tem papel decisivo; pois via de regra ele não sabe dizer ao doente senão o que o próprio entendimento deste lhe dirá. Mas não é a mesma coisa saber algo por si mesmo e ouvi-lo de outrem; o médico assume o papel desse outro eficaz; ele se utiliza da influência que uma pessoa exerce sobre a outra. Ou, lembrando que é costume da psicanálise pôr o que é original e radical no lugar do que é derivado e atenuado, digamos que o médico se serve de algum componente do amor em sua obra educativa. Provavelmente ele apenas repete, numa tal educação posterior, o processo que tornara possível a primeira educação. Ao lado da necessidade, o amor é o grande educador, e o ser humano incompleto é levado, pelo amor dos que lhe são próximos, a respeitar os mandamentos da necessidade, poupando-se os castigos por sua infração.

Quando assim requeremos do doente uma momentânea renúncia a uma satisfação de prazer, um sacrifício, a disposição de temporariamente aceitar o sofrer em vista de um final melhor, ou apenas a decisão de submeter-se a uma necessidade que vale para todos, deparamos com certos indivíduos que se opõem a tal exigência por um motivo especial. Dizem que já sofreram e renunciaram o bastante, que têm direito a serem poupados de outras requisições, que não se sujeitam mais a qualquer necessidade desagradável, pois são *exceções* e pretendem continuar a sê-lo. Num doente desse tipo, essa reivindicação foi exacerbada na convicção de que uma providência especial zelava por ele e o protegeria de tais sacrifícios dolorosos. Os argumentos do médico nada valem contra certezas interiores que se exteriorizam com tal força; também sua influência fracassa de início, e ele se volta para a pesquisa das fontes que alimentam esse danoso preconceito.

Não há dúvida de que cada qual gostaria de ver-se como "exceção" e reivindicar prerrogativas ante os demais. Mas justamente por isso deve haver uma razão especial, em geral não encontrada aqui, para que a pessoa se proclame uma exceção e se comporte como tal. Pode haver mais de uma razão assim; nos casos que investiguei, pude apontar uma peculiaridade comum aos doentes nas suas *primeiras vicissitudes de vida*: sua neurose ligava-se a uma vivência ou um sofrimento que haviam tido nos primeiros anos da infância, do qual sabiam serem inocentes e que podiam considerar uma injusta desvantagem para a sua pessoa. Os privilégios que eles faziam derivar dessa injustiça e a rebeldia que dela resultou contribuíram em não pouca medida para intensificar os

I. AS EXCEÇÕES

conflitos que depois levaram à irrupção da neurose. Um desses pacientes, uma mulher, assumiu essa atitude de vida ao descobrir que um doloroso sofrimento orgânico, que a impedia de alcançar seus objetivos na vida, era de natureza congênita. Enquanto acreditou que adquirira essa doença depois, de forma casual, suportou-a com paciência; quando lhe ficou claro que era parte do seu patrimônio hereditário, tornou-se rebelde. O jovem que pensava ser guardado por uma providência especial fora vítima, quando bebê, de uma infecção transmitida casualmente por sua ama de leite, e toda a sua vida posterior nutriu-se das suas exigências de reparação, como de uma aposentadoria por acidente, sem ter ideia daquilo em que baseava suas reivindicações. No seu caso, informações dadas pela família confirmaram objetivamente a análise, que construiu tal resultado a partir de obscuros vestígios de lembranças e interpretações de sintomas.

Por razões facilmente compreensíveis, não posso comunicar mais a respeito desses e de outros casos clínicos. Tampouco me estenderei sobre a evidente analogia entre a deformação do caráter após longa enfermidade infantil e a conduta de povos inteiros cujo passado foi pleno de sofrimentos. Mas não deixarei de mencionar uma figura criada pelo maior dos poetas, em cujo caráter a reivindicação de excepcionalidade acha-se muito intimamente ligada ao fator da desvantagem congênita e é por ele motivada.

No monólogo inicial de *Ricardo III*, de Shakespeare, eis o que diz Gloucester, o futuro rei:

Mas eu, que não fui talhado para habilidades esportivas, nem para cortejar um espelho amoroso; que, grosseiramente feito e sem a majestade do amor para pavonear-me diante de uma ninfa de lascivos meneios; eu, privado dessa bela proporção, desprovido de todo encanto pela pérfida natureza; disforme, inacabado, enviado por ela antes do tempo para este mundo dos vivos; terminado pela metade e isso tão imperfeitamente e fora de moda que os cães ladram para mim quando paro perto deles;

[...]

E assim, já que não posso mostrar-me como amante, para entreter estes belos dias de galanteria, resolvi portar-me como vilão e odiar os frívolos prazeres deste tempo.*

À primeira vista, essa declaração de intenções talvez não se ligue ao nosso tema. Ricardo parece dizer apenas o seguinte: "Eu me entedio nesta época ociosa e pretendo me divertir. Mas como, sendo disforme, não posso me entreter como amante, farei papel de malvado, cuidarei de intrigas, assassinatos e o que mais me aprouver". Uma motivação tão frívola sufocaria qualquer traço de interesse do espectador, se não ocultasse algo bem mais sério. A peça também seria psicologicamente impossível, já que o poeta precisa saber criar em nós um

---

* Freud cita Shakespeare em alemão, sem indicar a tradução que utilizou (provavelmente a de Schlegel e Tieck). Citamos aqui a tradução que obtivemos em português, de Carlos de Almeida Cunha Medeiros e Oscar Mendes, na edição da obra completa da Companhia José Aguilar (1969).

I. AS EXCEÇÕES

secreto pano de fundo de simpatia pelo seu herói, se devemos poder admirar sua ousadia e habilidade sem objeção interior, e tal simpatia pode se basear apenas na compreensão, no sentimento de uma possível afinidade interior com ele.

Creio, por isso, que o monólogo de Ricardo não diz tudo; apenas insinua e nos permite desenvolver o que foi insinuado. Quando fazemos isso, porém, acaba a aparência de frivolidade, e a amargura e a minúcia com que Ricardo pintou sua deformidade cobram seu pleno efeito, e para nós se torna claro o senso de comunhão que induz nossa simpatia também por um malvado como ele. Então o significado seria: "A natureza cometeu uma grave injustiça comigo, ao me negar as belas proporções que conquistam o amor humano. A vida me deve por isso uma reparação, que eu tratarei de conseguir. Eu tenho o direito de ser uma exceção, de não me importar com os escrúpulos que detêm os outros. Posso ser injusto, pois houve injustiça comigo". Agora sentimos que nós mesmos poderíamos ser como Ricardo, e até que já o somos, em pequena escala. Ele é uma gigantesca ampliação de um aspecto que achamos também em nós. Todos nós cremos ter motivo para nos irritar com a natureza e o destino por desvantagens congênitas e infantis; todos exigimos reparação por antigos agravos ao nosso narcisismo, ao nosso amor-próprio. Por que a natureza não nos deu os dourados cachos de cabelo de Balder ou a força de Siegfried, ou a excelsa fronte do gênio, ou os nobres traços de um aristocrata? Por que nascemos numa casa simples e não no palácio real? Ser belo e nobre seria tão bom, para nós, quanto é para todos os que agora temos de invejar por isso.

Mas é uma sutil economia da arte do poeta o fato de ele não deixar que seu herói exprima de forma aberta e integral todos os segredos de sua motivação. Assim ele nos obriga a completá-los, solicita a nossa atividade intelectual, afasta-a do pensamento crítico e nos mantêm presos à identificação com o herói. Em seu lugar, um ignorante daria expressão consciente a tudo o que ele pretende nos comunicar, e se defrontaria com a nossa inteligência fria e desembaraçada, que torna impossível o aprofundamento da ilusão.

Antes de abandonarmos as "exceções", porém, observemos que tem o mesmo fundamento a reivindicação das mulheres por privilégios e dispensa de muitas restrições da vida. Conforme aprendemos no trabalho psicanalítico, as mulheres se veem como prejudicadas na infância, imerecidamente privadas de um pedaço e relegadas a segundo plano, e o amargor de muitas filhas para com suas mães tem raiz, afinal, na objeção de que as trouxeram ao mundo como mulheres, em vez de homens.

II. OS QUE FRACASSAM NO TRIUNFO

O trabalho psicanalítico nos legou a tese de que as pessoas adoecem neuroticamente devido à *frustração*. Referimo-nos à frustração da satisfação dos desejos libidinais, e um longo rodeio se faz preciso para compreender

II. OS QUE FRACASSAM NO TRIUNFO

essa tese. Pois o surgimento da neurose requer um conflito entre os desejos libidinais de uma pessoa e a parte do seu ser que denominamos seu Eu, que é expressão de seus instintos de autoconservação e que inclui os ideais que tem de seu próprio ser. Um tal conflito patológico surge apenas quando a libido quer se lançar por vias e metas há muito superadas e condenadas por seu Eu, que então as proibiu para sempre, e isso a libido faz somente quando lhe é tirada a possibilidade de uma satisfação ideal, adequada ao Eu. Assim a privação, a frustração de uma real satisfação, torna-se a primeira condição para o surgimento da neurose, embora não seja absolutamente a única.

Tanto maior será a surpresa, mesmo a confusão, quando o médico descobre que às vezes as pessoas adoecem justamente quando veio a se realizar um desejo profundamente arraigado e há muito tempo nutrido. É como se elas não aguentassem a sua felicidade, pois não há como questionar a relação causal entre o sucesso e a doença. No tocante a isso, tive oportunidade de examinar o caso de uma mulher, que agora descreverei, como sendo típico dessas trágicas vicissitudes.

De boa família e bem educada, quando jovem não pôde refrear sua vontade de viver, deixando a casa paterna e aventurando-se pelo mundo, até conhecer um artista que soube apreciar seu encanto feminino e também vislumbrar a fina natureza daquela moça rebaixada. Acolheu-a em sua casa e nela teve uma fiel companheira, para cuja felicidade completa parecia faltar apenas a reabilitação na sociedade. Após anos de vida em comum, ele conseguiu que a sua família fizesse amizade com ela, e pretendia torná-la sua esposa diante da lei. Foi então que ela começou a malograr. Negligenciou a casa de que se tornaria a senhora legal, acreditou-se perseguida pelos parentes que desejavam aceitá-la na família, obstruiu as relações sociais do companheiro mediante um absurdo ciúme, impediu o seu trabalho artístico e depois sucumbiu a uma incurável doença psíquica.

Uma outra observação me revelou um homem bastante respeitável, que, professor universitário, por muitos anos alimentara o compreensível desejo de suceder na cátedra o seu mestre, que o havia introduzido na ciência. Quando, após o afastamento desse senhor, os colegas lhe participaram que somente ele poderia sucedê-lo, começou a hesitar, diminuiu seus méritos, declarou-se indigno de assumir a posição que lhe destinavam e caiu numa melancolia que nos anos seguintes o deixou incapaz de qualquer atividade.

Embora diferentes em vários aspectos, esses dois casos coincidem em que a enfermidade aparece quando da realização do desejo e põe fim à fruição desta.

Não é insolúvel a contradição entre essas observações e a tese de que as pessoas adoecem devido à frustração. Ela vem a ser abolida pela distinção entre uma frustração *externa* e uma *interna*. Se o objeto no qual a libido pode se satisfazer falta na realidade, eis uma frustração externa. Por si ela não tem efeito, não é patogênica, enquanto não se junta a ela uma frustração interna. Esta precisa originar-se do Eu e contrariar o acesso da libido a outros objetos, de que ela agora quer se apoderar. Só então surge o conflito e a possibilidade de um adoecimento neurótico, isto é, de uma satisfação substituta pela via indireta do inconsciente reprimido. Portanto, a frustração interna deve ser considerada em todos os casos, mas não produz efeito até que a real frustração externa tenha preparado o terreno para ela. Nos casos excepcionais em que as pessoas adoecem com o êxito, a frustração interna atuou por si só, e realmente só apareceu depois que a frustração externa deu lugar à realização do desejo. À primeira vista há algo surpreendente nisso, mas uma reflexão mais detida nos lembra que não é incomum o Eu tolerar um desejo como sendo inócuo, quando ele existe somente na fantasia e parece distante de se realizar, e opor-se fortemente a ele, quando está próximo de se concretizar e ameaça tornar-se realidade. Ante situações conhecidas de formação da neurose, a diferença está em que geralmente são intensificações interiores do investimento libidinal que transformam a fantasia até então menosprezada e tolerada num adversário temido, enquanto nos nossos casos o sinal para a irrupção do conflito é dado por uma real mudança exterior.

O trabalho analítico nos mostra, com facilidade, que são *forças da consciência* que impedem o indivíduo de retirar, da feliz modificação real, o proveito longamente ansiado. Mas é tarefa difícil averiguar a natureza e a origem dessas tendências julgadoras e punitivas, que nos espantam com sua existência, ali onde não esperávamos encontrá-las. Por razões já conhecidas, não pretendo discutir o que sabemos ou conjecturamos a respeito disso mediante casos da observação médica, mas com personagens inventados por grandes escritores a partir da abundância de seu conhecimento da alma.

Uma pessoa que entra em colapso ao alcançar o êxito, depois de tê-lo buscado com imperturbável energia, é *lady* Macbeth, de Shakespeare. Nela não se vê, antes, nenhuma hesitação ou sinal de luta interior, nenhum empenho senão o de vencer os escrúpulos de um marido ambicioso, mas de sentimentos brandos. Até sua feminilidade ela se dispõe a sacrificar ao desígnio de assassinato, sem refletir no papel decisivo que deverá ter essa feminilidade, quando chegar o momento de preservar o objetivo de sua ambição, alcançado mediante um crime.

>   (Ato I, cena 5):
>   *Vinde, espíritos sinistros*
>   *Que servis aos desígnios assassinos!*
>   *Dessexuai-me* [...]
>   [...] [*Vinde a meus seios de mulher*
>   *E tornai o meu leite em fel*], *ó ministros do assassínio*
>
>   (Ato I, cena 7):
>   *Bem conheço*
>   *As delícias de amar um tenro filho*
>   *Que se amamenta: embora! eu lhe arrancara*
>   *Às gengivas sem dente, ainda quando*
>   *Vendo-o sorrir para mim, o bico*
>   *De meu seio, e faria sem piedade*
>   *Saltarem-lhe os miolos, se tivesse*

II. OS QUE FRACASSAM NO TRIUNFO

Jurado assim fazer, como juraste
*Cumprir esta empreitada.**

Antes do ato ela é assaltada por um único, ligeiro movimento de relutância:

(Ato II, cena 2):
Se no seu sono não lembrasse tanto
Meu pai, tê-lo-ia eu mesma apunhalado!

Tendo se tornado rainha com o assassínio de Duncan, por um instante há como que um desapontamento, um enfado. Não sabemos por quê.

(Ato III, cena 2):
Tudo perdemos quando o que queríamos,
Obtemos sem nenhum contentamento:
Mais vale ser a vítima destruída
Do que, por a destruir, destruir com ela
O gosto de viver.

---

* Citado por Freud em alemão apenas, sem indicação da tradução utilizada (que provavelmente foi a de Schlegel e Tieck, clássica e famosa). Recorremos, aqui, à versão de *Macbeth* por Manuel Bandeira, citada conforme a edição da Brasiliense (São Paulo, 1989). No trecho inicial há uma discrepância entre o original inglês consultado (Oxford, 1988) e a versão de Bandeira, onde não se acham as linhas correspondentes a *"Come to my woman's breasts / And take my milk for gall"*, cuja tradução foi aqui livremente acrescentada.

Mas ela persiste. Na cena do banquete, após essas palavras, apenas ela se mantém controlada, esconde o desvario de seu esposo e acha um pretexto para despedir os hóspedes. Então desaparece de nossa vista. Tornamos a vê-la (na primeira cena do quinto ato) sonâmbula, apegada firmemente às impressões da noite do crime. Ela encoraja novamente seu marido, como naquela noite:

[Ato v, cena 1]
Por quem sois, meu senhor, que vergonha! Um soldado com medo? — Por que havemos de recear que alguém o saiba, se ninguém nos pode pedir contas?

Ouve batidas na porta, as mesmas que aterrorizaram seu marido após o crime. Ao mesmo tempo se esforça por "desfazer o ato que não pode ser desfeito". Lava as mãos, que estão sujas de sangue e que cheiram a sangue, e torna-se cônscia da inutilidade desse esforço. O arrependimento parece havê-la prostrado, a ela, que parecia não tê-lo. Quando ela morre, Macbeth, que nesse ínterim se tornou implacável como ela fora no início, tem apenas este breve epitáfio para ela:

(Ato v, cena 5):
É morta... Não devia ser agora.
Sempre seria tempo para ouvir-se
Essas palavras.

Agora nos perguntamos o que quebrantou esse caráter, que parecia feito do mais duro metal. Seria apenas

II. OS QUE FRACASSAM NO TRIUNFO

a decepção, a outra face que mostra o ato consumado?*
Devemos inferir que também em *lady* Macbeth uma psique originalmente branda e feminina se exercitara até atingir uma concentração e elevada tensão que não podia durar? Ou podemos pesquisar indícios de uma motivação mais profunda, que nos torne humanamente mais inteligível esse colapso?

Considero impossível chegar aqui a uma decisão. O *Macbeth* de Shakespeare é uma peça de ocasião, escrita quando subiu ao trono James, até então rei da Escócia. O material já existia e foi tratado por outros autores, que Shakespeare provavelmente utilizou, como costumava fazer. Ele ofereceu notáveis referências à situação contemporânea. A "virginal" Elizabeth, da qual se dizia que nunca fora capaz de ter filhos e que, ao saber do nascimento de James, definira a si mesma, num doloroso grito, como "um tronco seco",[1] foi obrigada justamente por essa esterilidade a tornar o rei escocês seu sucessor. Mas ele era o filho daquela Maria cuja execução ela ordenara, mesmo a contragosto, e que, embora suas relações estivessem toldadas por considerações políticas, não deixava de ser sua parenta e sua hóspede.

---

* Alusão a versos de *A noiva de Messina*, de Schiller (ato IV, cena 5).
[1] Cf. *Macbeth*, ato III, cena 1 (trad. cit.):
 "Puseram sobre a minha testa
 Uma coroa estéril, colocaram-me
 Nas mãos um cetro que outras mãos de estranha
 Estirpe hão de arrancar-me, nenhum filho
 Meu sucedendo-me!".

A subida ao trono de James I foi como que uma mostra da maldição da esterilidade e das bênçãos da contínua geração. E o desenvolvimento da ação, em *Macbeth*, regula-se por esse mesmo contraste. As bruxas predisseram que ele seria rei, mas que os filhos de Banquo herdariam o trono. Macbeth se irrita com esse decreto do destino, não se contenta com a satisfação da própria ambição, quer ser fundador de uma dinastia, e não haver cometido um assassinato em benefício de outros. Essa questão é ignorada, quando se vê na peça de Shakespeare somente a tragédia da ambição. É claro que, se Macbeth não pode viver eternamente, resta-lhe apenas uma maneira de invalidar a parte da profecia que lhe é desfavorável: tendo ele próprio filhos que o possam suceder. Ele parece esperá-los de sua vigorosa mulher:

(Ato I, cena 7):
Não concebas nunca
Senão filhos varões; tua alma indomável
O pede assim.

É também claro que, se for enganado nessa expectativa, ele deverá submeter-se ao destino, ou seus atos perderão toda finalidade e se transformarão na cega fúria de alguém condenado à destruição, que resolve antes destruir tudo o que esteja a seu alcance. Vemos que Macbeth perfaz esse desenvolvimento, e no ápice da tragédia ouvimos a assustadora exclamação de Macduff, já frequentemente percebida como ambígua, e que pode conter a chave para a mudança de Macbeth:

II. OS QUE FRACASSAM NO TRIUNFO

(Ato IV, cena 3):
Ele não tem filhos!

O que certamente quer dizer: "Apenas por causa disso ele pôde assassinar meus filhos"; mas também pode significar mais coisas, e sobretudo poderia revelar o motivo mais profundo que impele Macbeth muito além de sua natureza e que toca o duro caráter da esposa em seu único ponto fraco. Se abarcamos toda a peça a partir do cume que essas palavras de Macduff assinalam, vemo-la permeada de referências à relação entre pai e filhos. O assassinato do bondoso Duncan é pouco menos que um parricídio; no caso de Banquo, Macbeth matou o pai, enquanto o filho conseguiu escapar; quanto a Macduff, mata os filhos porque o pai fugiu. Na cena da aparição, as bruxas lhe fazem ver uma criança ensanguentada e uma criança coroada; a cabeça armada que surgiu antes é provavelmente a do próprio Macbeth. Mas ao fundo se ergue a sombria figura do vingador Macduff, que é ele mesmo uma exceção às leis da geração, pois não nasceu de sua mãe, foi arrancado de seu ventre.

Estaria conforme o sentido de uma justiça poética baseada na lei de talião, se a falta de filhos de Macbeth e a esterilidade de sua *lady* fossem o castigo por seus crimes contra a santidade da geração, se Macbeth não pudesse tornar-se pai por haver tirado os filhos ao pai e o pai aos filhos, e se *lady* Macbeth sofresse a desfeminização que ela havia demandado aos espíritos do assassínio. Creio que não é difícil ver o adoecimento da *lady*, a transformação de sua temeridade em arrependimento, como reação à sua falta de filhos, mediante a qual ela é convencida de sua impotência ante as normas da natureza e lembrada, ao mesmo tempo, que por sua própria culpa ela foi privada dos melhores frutos de seu crime.

Na crônica de Holinshed (1577), da qual Shakespeare retirou o material de *Macbeth*, a *lady* é mencionada apenas uma vez como mulher ambiciosa, que incita o marido ao crime para tornar-se ela mesma rainha. Não se fala de seu destino posterior e da evolução de seu caráter. No entanto, ali a transformação de Macbeth em tirano sanguinário parece ter motivos semelhantes aos que sugerimos. Pois em Holinshed se passam, entre o assassinato de Duncan, pelo qual Macbeth se torna rei, e seus malfeitos posteriores, *dez anos*, durante os quais ele se mostra um governante severo, porém justo. Apenas depois desse tempo surge nele a transformação, por influência do martirizante temor de que a profecia feita a Banquo se cumpra, como vem se realizando aquela do seu próprio destino. Só então ele mata Banquo e, como em Shakespeare, é arrastado de um crime a outro. Tampouco em Holinshed se diz expressamente que o fato de ele não ter filhos o impele por esse caminho, mas há tempo e espaço bastantes para essa motivação plausível. Sucede de outro modo em Shakespeare. Os eventos se precipitam com uma rapidez de tirar o fôlego, de sorte que, por meio de indicações dos personagens, calcula-se em *uma semana* a duração do enredo.[2] Essa aceleração retira a base de todas as nossas

---

2 J. Darmesteter, *Macbeth*, Édition classique. Paris, 1887, p. LXXV.

II. OS QUE FRACASSAM NO TRIUNFO

construções sobre os motivos da reviravolta no caráter de Macbeth e de sua esposa. Não há tempo para que a contínua desilusão da expectativa de filhos possa abater a mulher e arrastar o homem a uma fúria incontida, e permanece a contradição de que tantos nexos sutis no interior da peça, e entre ela e o ensejo que lhe deu origem, tendem a convergir no tema da infecundidade, enquanto a economia temporal da tragédia afasta expressamente uma evolução dos caracteres por motivos outros que não os mais íntimos.

Mas quais seriam esses motivos, que em tão breve tempo tornam o vacilante ambicioso em um desenfreado tirano e a sua instigadora de nervos de aço em uma doente contrita e arrependida, não me parece possível descobrir. É minha opinião que devemos desistir de penetrar a tripla camada obscura em que resultaram a má conservação do texto, a desconhecida intenção do poeta e o oculto sentido da lenda. Tampouco seria válido, creio, objetar que tais pesquisas são ociosas, em vista do extraordinário efeito que a tragédia exerce no espectador. O poeta bem pode nos dominar com sua arte no decorrer da representação e nos embotar o pensamento, mas não pode nos impedir de posteriormente nos esforçarmos em compreender tal efeito a partir de seu mecanismo psicológico. Tampouco me parece pertinente a observação de que o poeta é livre para encurtar à vontade a sucessão natural dos acontecimentos que nos apresenta, quando pode realçar o efeito dramático por meio do sacrifício da verossimilhança comum. Pois tal sacrifício é justificado apenas quando simplesmente incomoda a verossimilhança,[3] não quando suprime a ligação causal, e não haveria ruptura do efeito dramático se o transcorrer do tempo fosse indeterminado, em vez de expressamente limitado a uns poucos dias.

É uma pena abandonar um problema como o de *Macbeth* como se fosse insolúvel, de modo que acrescentarei uma observação que talvez aponte uma nova saída. Num recente estudo sobre Shakespeare, Ludwig Jekels* acreditou perceber algo da técnica do poeta que poderia se aplicar também a *Macbeth*. Ele diz que é frequente Shakespeare decompor um caráter em dois personagens, e cada um dos quais não é inteiramente compreensível até que os juntamos de novo num só. Assim poderia ser o caso com Macbeth e a esposa, e não levaria a nada considerá-la uma pessoa autônoma e investigar os motivos de sua transformação sem atentar para Macbeth, que a completa. Não prosseguirei nessa trilha, mas desejo mencionar algo que apoia notavelmente essa concepção: os germes de medo que aparecem em Macbeth na noite do crime não se desenvolverão nele, mas em sua *lady*.[4] É ele que, antes do ato, teve a alucinação do punhal, mas ela que depois sucumbe a uma enfermidade psíquica; após o crime ele escutou estes gritos na casa: "Despertai do vosso sono! Macbeth trucida o sono!", e "Macbeth não dormirá nunca mais!" [ato II, cena 2], enquanto é a rainha, como ve-

---

3 Como quando Ricardo III solicita Ana, junto ao esquife do rei que assassinou.
* "Shakespeares Macbeth", *Imago*, v. 5, 1917.
4 Cf. J. Darmesteter, op. cit.

II. OS QUE FRACASSAM NO TRIUNFO

mos, que se ergue do leito e, em estado de sonambulismo, trai sua culpa; ele ficou sem ação, as mãos ensanguentadas, lamentando que "todo o oceano de Netuno não lavaria sua mão", e ela o consolou: "Um pouco d'água limpa-nos deste ato", mas depois é ela que durante um quarto de hora lava as mãos e não consegue tirar a mancha de sangue: "Todos os perfumes da Arábia não bastarão para adocicar esta pequenina mão" (ato v, cena 1). Desse modo, realiza-se nela o que ele havia receado na angústia de sua consciência; ela vem a ser o arrependimento após o crime, e ele, o consolo; juntos eles esgotam as possibilidades de reação ao ato, como duas partes desunidas de uma só individualidade psíquica e talvez cópias de um só modelo.

Se não pudemos, no caso de *lady* Macbeth, responder à questão de por que ela entra em colapso após o sucesso, caindo doente, talvez tenhamos maiores possibilidades com a obra de um outro famoso dramaturgo, que examina problemas de responsabilidade psicológica com inexorável rigor.

Rebecca Gamvik, filha de uma parteira, foi educada por seu pai adotivo, o dr. West, tornando-se uma livre-pensadora que despreza as cadeias impostas aos desejos vitais por uma moralidade fundamentada na fé religiosa. Depois que morre o doutor, ela é acolhida em Rosmersholm, propriedade de uma antiga família, cujos membros desconhecem o riso, tendo sacrificado a alegria a um rígido cumprimento do dever. Em Rosmersholm vivem o pastor Johannes Rosmer e sua esposa

Beate, que é doente e não tem filhos. Tomada de "selvagem, incontrolável anseio" pelo amor do homem de alta linhagem, Rebecca decide afastar a mulher que está no seu caminho, recorrendo para isso à sua vontade "ousada e livre", não inibida por escrúpulos. Faz que lhe caia nas mãos um livro médico, em que a procriação é tida como a finalidade do casamento, de modo que a coitada passa a crer, confusa, que o seu casamento não se justifica; deixa-a pensar que Rosmer, cujas leituras e ideias ela partilha, está a ponto de se afastar da velha crença e tomar o partido das Luzes, e, depois de assim abalar a confiança da mulher na solidez moral do marido, dá-lhe a entender que ela própria, Rebecca, brevemente irá embora, a fim de ocultar as consequências de uma ilícita relação com Rosmer. O plano criminoso funciona. A pobre mulher, tida como deprimida e não responsável por seus atos, atira-se da ponte do moinho e se afoga, com o sentimento de que é inútil e a fim de não atrapalhar a felicidade do seu amado.

Há alguns anos Rebecca e Rosmer vivem sós em Rosmersholm, num relacionamento que ele pretende considerar uma amizade puramente espiritual e ideal. Mas, quando as primeiras sombras dos boatos começam a obscurecer tal relação, e, ao mesmo tempo, dúvidas atormentadoras se agitam em Rosmer, quanto aos motivos que levaram à morte sua mulher, ele pede a Rebecca que se torne sua segunda esposa, para opor ao triste passado uma realidade nova e plena de vida (ato II). Por um instante ela se alegra com tal proposta, mas logo afirma que é impossível a união e que, caso ele insista, ela "tomará o mesmo caminho de Beate". Rosmer não compreende a rejeição; ainda mais incompreensível é ela para nós, que sabemos mais acerca dos atos e das intenções de Rebecca. Apenas não cabe duvidar que o seu "não" é dito seriamente.

Como pôde acontecer que a aventureira de vontade livre e ousada, que sem escrúpulos pavimentou o caminho para a realização de seus desejos, agora se recuse a colher, quando lhe é oferecido, o fruto do sucesso? Ela mesma nos dá a explicação no quarto ato: "É justamente isso o mais terrível, que agora — quando toda a felicidade do mundo me é entregue nas mãos —, eu me tenha tornado uma pessoa cujo caminho para a felicidade é obstruído pelo próprio passado". Então ela se tornou outra nesse meio tempo, sua consciência despertou, ela passou a ter um sentimento de culpa que lhe impede a fruição.

E como foi despertada sua consciência? Escutemos ela mesma e reflitamos depois se é possível lhe dar crédito: "Foi a concepção de vida da casa Rosmer — ou, pelo menos, a tua concepção da vida — que contagiou minha vontade. [...] E a deixou doente. Subjugou-a com leis que antes não valiam para mim. A convivência contigo — isso enobreceu meu espírito".

Esta influência, podemos admitir, deu-se apenas quando Rebecca pôde conviver sozinha com Rosmer: "...na quietude, ...na solidão, ...quando você me confiava sem reservas os seus pensamentos, ...cada estado de ânimo, sutil e delicado como você o sentia, ...então houve a minha grande mudança".

Pouco antes, ela havia lamentado o outro lado dessa mudança: "Porque Rosmersholm me tirou a força, minha vontade e ousadia foi paralisada. Estropiada! Para mim passou o tempo em que eu me atrevia a tudo. Perdi a força para agir, Rosmer".

Ela dá essa explicação após haver se revelado uma criminosa, numa confissão espontânea a Rosmer e ao reitor Kroll, irmão da mulher que eliminou. Com breves toques de magistral sutileza, Ibsen deixa claro que Rebecca não mente, mas tampouco é inteiramente sincera. Assim como, apesar de toda a ausência de preconceitos, ela diminuiu em um ano a sua idade, também a sua confissão aos dois senhores é incompleta, e graças à insistência de Kroll vem a ser completada em alguns pontos essenciais. Também nós nos sentimos livres para supor que a explicação da sua renúncia apenas entrega uma coisa para esconder outra.

É certo que não temos motivo para desconfiar da sua declaração de que o ar de Rosmersholm, o trato com aquele homem nobre, produziu efeito enobrecedor — e paralisador — sobre ela. Com isso está dizendo o que sabe e o que sentiu. Mas isto não é, necessariamente, tudo o que se passou dentro dela; também não é preciso que ela possa dar contas de tudo a si mesma. A influência de Rosmer pode ser apenas um manto sob o qual se oculta uma outra impressão, e algo notável aponta nessa outra direção.

Mesmo após a confissão, no último diálogo entre eles, com o qual termina a peça, Rosmer lhe pede ainda uma vez que seja sua mulher. Ele lhe perdoa tudo o que come-

II. OS QUE FRACASSAM NO TRIUNFO

teu por amor a ele. Ela não responde então o que deveria, que nenhum perdão pode livrá-la do sentimento de culpa que adquiriu por haver perfidamente enganado a pobre Beate. Em vez disso, chama para si uma outra recriminação, que nos parece estranha numa livre-pensadora, e que não merece de modo algum a importância que ela lhe dá: "Ah, meu amigo, ...não torne a falar nisso! É algo impossível! Você precisa saber, Rosmer, que eu tenho um passado". Naturalmente ela insinua que teve relações sexuais com outro homem, e observemos que para ela tais relações, num tempo em que era livre e não respondia a ninguém, afiguram-se um obstáculo mais forte à união com Rosmer do que a conduta realmente criminosa que teve para com sua mulher.

Rosmer não quer ouvir falar desse passado. Podemos imaginá-lo, embora tudo o que aponta para ele permaneça como que no subterrâneo da peça e tenha de ser inferido a partir de alusões. De alusões inseridas com tamanha arte, é verdade, que uma má compreensão delas vem a ser impossível.

Entre a primeira recusa de Rebecca e a sua confissão ocorre algo muito importante para a sua sorte futura. O reitor Kroll lhe faz uma visita, para humilhá-la com a informação de que sabe que ela é filha ilegítima, filha justamente daquele dr. West que a adotou após a morte de sua mãe. O ódio lhe aguçou a perspicácia, mas ele não acredita estar dizendo algo novo para Rebecca.

"Na verdade, achei que você tinha pleno conhecimento disso. Pois seria muito estranho que se deixasse adotar pelo dr. West [...]. E ele a acolheu... logo depois da morte de sua mãe. Ele a trata duramente. Mas você continua em sua casa. Sabe que ele não lhe deixará um tostão. Você recebeu apenas um baú de livros, realmente. No entanto, aguenta ficar com ele. Suporta seus humores. Cuida dele até o último instante. [...] O que fez por ele eu relaciono ao instinto natural de uma filha. Todo o seu comportamento restante eu vejo como o resultado natural de sua origem."*

Mas Kroll se enganava. Rebecca não sabia que era filha do dr. West. Quando ele principiou com obscuras alusões ao seu passado, ela certamente supôs que ele se referia a outra coisa. Ao perceber o que ele quer dizer, ainda consegue manter o controle por um momento, pois acredita que seu inimigo baseou seus cálculos na idade que ela lhe fornecera erradamente, numa sua visita anterior. Mas depois Kroll rebate vitoriosamente essa objeção: "Talvez. Mas meu cálculo ainda pode ser correto, pois um ano antes de assumir o cargo West esteve lá numa visita breve". Após essa nova informação ela perde a calma: "Não é verdade". Ela vagueia no aposento e torce as mãos: "Não é possível. Você quer me fazer acreditar nisso. Isso não pode jamais ser verdade. Não pode ser! Nunca!". Sua agitação é tamanha, que Kroll não consegue atribuí-la à sua informação.

> Kroll: "Mas, minha cara... Deus do céu, por que ficou assim perturbada? Você me assusta! O que devo pensar... acreditar...?"

---

* Henrik Ibsen, *Rosmersholm*, tradução da citação de Freud.

II. OS QUE FRACASSAM NO TRIUNFO

Rebecca: "Nada. O senhor não deve crer nem pensar nada."

Kroll: "Mas então você deve realmente me explicar porque isto... esta possibilidade... a incomoda tanto."

Rebecca (controlando-se): "É muito simples, sr. reitor. De forma alguma quero passar por filha ilegítima."

O enigma do comportamento de Rebecca admite apenas uma solução. A notícia de que o dr. West pode ser seu pai é o mais pesado golpe que poderia atingi-la, pois ela era não só a filha adotiva, mas também a amante daquele homem. Quando Kroll começou a falar, ela pensou que ele aludia a essa relação e provavelmente a teria admitido, invocando a sua liberdade. Mas o reitor estava longe disso; ele nada sabia da ligação amorosa com o dr. West, assim como ela ignorava que este era seu pai. Apenas essa ligação pode estar em sua mente, quando ela pretexta, na derradeira recusa a Rosmer, ter um passado que a torna indigna de ser sua mulher. Provavelmente ela informaria a Rosmer, se ele quisesse, apenas metade do seu segredo, calando sobre a parte mais difícil dele.

Mas agora compreendemos que esse passado lhe surge como o maior impedimento ao matrimônio, como o maior... crime.

Após tomar conhecimento de haver sido a amante do próprio pai, ela se entrega ao sentimento de culpa, que agora irrompe avassalador. Faz a Rosmer e Kroll a confissão que lhe deixa o estigma de assassina, renuncia definitivamente à felicidade para a qual abrira caminho através de um crime, e prepara-se para partir. Mas o verdadeiro motivo de sua consciência de culpa, que a leva a fracassar com o êxito, permanece oculto. Como vimos, é algo bem diverso da atmosfera de Rosmersholm e da influência moralizadora de Rosmer.

Quem nos acompanhou até aqui não deixará de fazer uma objeção que talvez justifique alguma dúvida. A primeira rejeição de Rosmer por Rebecca se dá antes da segunda visita de Kroll, antes que se revele o seu nascimento ilegítimo, portanto, e quando ela ainda não sabe do incesto — se entendemos corretamente o autor. Essa rejeição, porém, é séria e enérgica. A consciência de culpa, que a manda renunciar ao ganho proveniente de seus atos, já produz efeito antes que ela saiba do seu crime principal, e, se concedemos isto, talvez o incesto deva ser excluído, como fonte da consciência de culpa.

Até agora tratamos Rebecca West como uma pessoa viva, e não um produto da imaginação do escritor Ibsen, guiada por uma inteligência bastante crítica. É lícito mantermos a mesma perspectiva, ao lidar com tal objeção. Esta é válida, um quê de consciência já havia despertado em Rebecca antes de ela inteirar-se do incesto. Nada impede que tornemos responsável por essa mudança a influência reconhecida e acusada pela própria Rebecca. Mas isso não nos livra de reconhecermos o segundo motivo. A conduta de Rebecca ao ouvir a informação do reitor, sua imediata reação a ela, confessando, não deixa dúvida de que só então produz efeito o motivo mais forte e decisivo para a renúncia. É justa-

II. OS QUE FRACASSAM NO TRIUNFO

mente um caso de motivação múltipla, em que, por trás de um motivo superficial, vem à luz um outro mais profundo. As regras da economia poética impunham configurar desse modo o caso, pois o motivo mais profundo não devia ser enunciado abertamente, tinha de permanecer coberto, subtraído à cômoda percepção do espectador teatral ou do leitor; de outra forma teriam surgido sérias resistências neste, baseadas em sentimentos muito penosos, que poderiam colocar em perigo o efeito do drama.

Mas bem podemos exigir que o motivo explicitado não seja desprovido de relação interior com aquele por ele ocultado, mas demonstre ser abrandamento e derivação dele. E, sendo lícito crer que a combinação criadora consciente do artista resulta coerentemente de premissas inconscientes, podemos fazer a tentativa de mostrar que ele satisfez tal exigência. A consciência de culpa de Rebecca tem sua fonte na recriminação do incesto, já antes de o reitor, com agudeza analítica, torná-la consciente desta. Se reconstruímos o seu passado, desenvolvendo e completando as insinuações do autor, diremos que ela não podia não fazer ideia alguma da relação íntima entre sua mãe e o dr. West. Tornar-se a sucessora da mãe junto a esse homem deve ter lhe produzido uma enorme impressão; ela estava sob o domínio do complexo de Édipo, ainda que não soubesse que no seu caso essa fantasia geral se convertera em realidade. Quando foi para Rosmersholm, a força interna da primeira vivência a impeliu a provocar, mediante uma ação vigorosa, a mesma situação que já ocorrera sem a sua interferência: eliminar a esposa e mãe, a fim de tomar o lugar dela junto ao marido e pai. Com convincente energia ela descreve como se viu obrigada, passo a passo, contra a sua vontade, a tomar medidas para a eliminação de Beate:

"Mas vocês pensam que meus atos eram frios e calculados? Naquele tempo eu não era o que sou agora, quando estou à sua frente e conto o que houve. E além disso creio que há duas espécies de vontade numa pessoa. Eu queria afastar Beate, de alguma forma! Mas não acreditava que isso chegaria a acontecer. A cada passo que me estimulava a ir adiante, era também como se algo em mim dissesse: Não vá adiante! Nem um passo mais! — Mas eu não conseguia deixar de fazê-lo. Tinha que ir um pouco adiante, e depois ainda um pouco mais. E mais... e mais... Até que sucedeu. É assim que acontecem tais coisas."

Isso não é dissimulação, mas autêntica descrição. Tudo o que a ela sucedeu em Rosmersholm, a paixão por Rosmer e a hostilidade a sua mulher, era já consequência do complexo de Édipo, obrigatória reprodução de seus laços com a mãe e com o dr. West.

Assim, o sentimento de culpa que primeiro a fez rechaçar o pedido de Rosmer não difere essencialmente daquele maior, que a impele à confissão após o comunicado de Kroll. Mas tal como, sob a influência do dr. West, ela se tornara uma livre-pensadora que desprezava a moral religiosa, converteu-se em alma nobre e conscienciosa devido ao amor por Rosmer. Era o que entendia

II. OS QUE FRACASSAM NO TRIUNFO

ela mesma de seus processos interiores, e por isso estava certa ao designar a influência de Rosmer como o motivo de sua transformação, o motivo que lhe era acessível.

O médico que pratica a psicanálise sabe com que frequência, ou com que regularidade, uma garota que chega a uma casa como empregada, moça de companhia, governanta, consciente ou inconscientemente nutre o sonho, cujo teor vem do complexo de Édipo, de que a senhora da casa desapareça de alguma forma e o senhor a tome por esposa, no lugar daquela. *Rosmersholm* é a maior das obras de arte que tratam dessa cotidiana fantasia das garotas. Vem a ser um drama trágico pelo dado extra de que o sonho da heroína foi precedido, na sua infância, por uma realidade que a ele correspondeu inteiramente.[5]

Após essa longa visita à criação literária, voltemos agora à experiência médica. Mas apenas para assinalar, em poucas palavras, a inteira concordância entre as duas. O trabalho psicanalítico propõe que as forças da consciência que levam a adoecer com o sucesso em vez da frustração, como em geral acontece, acham-se intimamente ligadas ao complexo de Édipo, à relação com o pai e à mãe, como talvez a nossa própria consciência de culpa.

---

[5] A presença do tema do incesto em *Rosmersholm* já foi demonstrada, de forma semelhante a esta, na substancial obra de Otto Rank, *Das Inzestmotiv in Dichtung und Sage* [O tema do incesto na literatura e nas lendas], 1912.

III. OS CRIMINOSOS POR SENTIMENTO DE CULPA

Falando de sua juventude, em especial dos anos da pré-puberdade, pessoas que vieram a ser muito respeitáveis me informaram de ações ilícitas, como furtos, fraudes e até mesmo incêndios, que haviam cometido naquele tempo. Eu não fazia caso dessas informações, comunicando-lhes que é notória a fraqueza das inibições morais nessa fase da vida, e não procurava inseri-las num contexto mais significativo. Afinal, porém, vi-me solicitado a um estudo mais completo desses incidentes, devido a alguns casos chocantes e mais acessíveis, nos quais esses delitos foram cometidos enquanto os doentes se achavam em tratamento comigo e já não eram pessoas jovens. O trabalho analítico trouxe então o resultado surpreendente de que tais ações foram realizadas sobretudo porque eram proibidas e porque sua execução se ligava a um aliviamento psíquico para o malfeitor. Ele sofria de uma opressiva consciência de culpa, de origem desconhecida, e após cometer um delito essa pressão diminuía. Ao menos a consciência de culpa achava alguma guarida.

Por paradoxal que isso talvez pareça, devo afirmar que a consciência de culpa estava presente antes do delito, que não se originou deste, pelo contrário, foi o delito que procedeu da consciência de culpa. Tais pessoas podem ser justificadamente chamadas de criminosos por consciência de culpa. A preexistência do sentimento de

III. OS CRIMINOSOS POR SENTIMENTO DE CULPA

culpa fora naturalmente demonstrada por toda uma série de outros efeitos e manifestações.

Mas a constatação de um fato curioso não é a finalidade do trabalho científico. Há mais duas questões a responder: de onde vem o obscuro sentimento de culpa anterior ao ato e se é provável que tal espécie de causa tenha maior participação nos crimes humanos.

O estudo da primeira questão prometia nos informar sobre a fonte do sentimento de culpa humano em geral. O constante resultado do labor psicanalítico foi de que esse obscuro sentimento de culpa vem do complexo de Édipo, é uma reação aos dois grandes intentos criminosos, matar o pai e ter relações sexuais com a mãe. Comparados a esses dois, os crimes perpetrados para fixar o sentimento de culpa constituíam, certamente, um alívio para os atormentados. É preciso lembrarmos, neste ponto, que o parricídio e o incesto com a mãe são os dois maiores crimes humanos, os únicos perseguidos e abominados como tais nas sociedades primitivas. E também como outras investigações nos aproximaram da hipótese de que a humanidade adquiriu sua consciência, que agora surge como inata força psíquica, através do complexo de Édipo.

A resposta à segunda questão ultrapassa o âmbito do trabalho psicanalítico. Nas crianças observamos facilmente que se tornam "levadas" a fim de provocar o castigo, ficando mais tranquilas e satisfeitas depois dele. Uma posterior investigação psicanalítica nos coloca frequentemente na pista do sentimento de culpa, que fez procurar o castigo. Entre os criminosos adultos devemos excetuar aqueles que cometem crimes sem experimentar culpa, que não desenvolveram inibições morais ou creem que sua luta com a sociedade justifica seus atos. Quanto à maioria dos outros criminosos, porém, aqueles para os quais realmente foram feitos os códigos penais, uma tal motivação do crime bem poderia ser considerada, poderia iluminar pontos obscuros da psicologia do criminoso e fornecer um novo fundamento psicológico para o castigo.

Um amigo chamou-me a atenção para o fato de que o "criminoso por sentimento de culpa" era conhecido também por Nietzsche. No discurso de Zaratustra "Sobre o pálido criminoso" vislumbramos a preexistência do sentimento de culpa e o recurso ao ato para a sua racionalização. Deixemos que investigações futuras decidam quantos dos criminosos se incluem entre os "pálidos".

TEXTOS BREVES (1915-1916)

TEXTOS BREVES

PARALELO MITOLÓGICO DE UMA IMAGEM OBSESSIVA*

Num paciente de cerca de 21 anos de idade, os produtos do trabalho mental inconsciente se tornavam conscientes não só como pensamentos obsessivos, mas também como *imagens obsessivas*. Os dois podiam aparecer juntos ou separadamente. Em determinada época, ao ver seu pai entrar no aposento, uma palavra obsessiva e uma imagem obsessiva lhe surgiam intimamente ligadas. A palavra era *"Vaterarsch"* ["bunda do pai"], e a imagem trazia o pai como a parte inferior de um corpo nu, dotado de braços e pernas, faltando a cabeça e a parte superior. Os genitais não eram mostrados, e os traços do rosto estavam desenhados no abdome.

Para explicação desse sintoma, mais absurdo que o habitual, deve-se notar que esse indivíduo, de pleno desenvolvimento intelectual e elevados padrões éticos, manifestara um vivo erotismo anal, em variadas formas, até depois dos dez anos de idade. Superado este, sua vida sexual foi empurrada de volta ao estágio anal prévio, devido à luta contra o erotismo genital. Amava e respeitava bastante o pai, e também o temia em não

---

* Título original: "Mythologische Parallele zu einer plastischen Zwangsvorstellung". Publicado primeiramente na *Internationale Zeitschrift für ärztliche Psychoanalyse* [Revista Internacional de Psicanálise Médica], v. 4, n. 2, 1916, pp. 110-1. Traduzido de *Gesammelte Werke* x, pp. 398-400; também se acha em *Studienausgabe* VII, pp. 119-22.

pouca medida. Do ponto de vista de suas elevadas exigências quanto à repressão instintual e ao ascetismo, porém, o pai lhe parecia um defensor da intemperança, da busca de fruição nas coisas materiais.

"*Vaterarsch*" logo se revelou uma germanização maliciosa do honroso título "*Patriarch*" [patriarca]. A imagem obsessiva é uma evidente caricatura. Lembra outras figuras, que depreciativamente substituem a pessoa inteira por um único órgão, os genitais, por exemplo; lembra fantasias inconscientes que levam à identificação dos genitais com todo o indivíduo, e também locuções jocosas como "Sou todo ouvidos".

A colocação de traços do rosto na barriga da figura me pareceu algo estranho, inicialmente. Mas logo me lembrei de ter visto algo semelhante em caricaturas francesas.[1] Depois o acaso me fez tomar conhecimento de uma figura antiga que corresponde inteiramente à imagem obsessiva de meu paciente.

De acordo com uma lenda grega, Deméter chegou a Elêusis, em busca de sua filha sequestrada, e foi acolhida por Disaules e sua mulher, Baubo. Tomada de profunda tristeza, porém, recusou comida e bebida. Então Baubo a fez rir, ao levantar subitamente a roupa e lhe mostrar o ventre. Uma discussão dessa anedota, que provavelmente explicaria uma cerimônia mágica não mais compreendida, acha-se no quarto volume da obra *Cultes, mythes et*

---

[1] Cf. "Das unanständige Albion" [A impudica Albion], caricatura da Inglaterra feita em 1901 por Jean Veber, em Eduard Fuchs, *Das erotische Element in der Karikatur*, [Berlim,] 1904.

religions, de Salomon Reinach (1912). Ali também é mencionado que nas escavações de Priene, na Ásia Menor, encontraram-se terracotas que representam Baubo.

Elas mostram um corpo de mulher sem cabeça e sem peito, em cujo abdome está desenhado um rosto; a saia levantada emoldura esse rosto como uma coroa de cabelos (S. Reinach, op. cit., [Paris,] p. 117).

UMA RELAÇÃO ENTRE UM SÍMBOLO E UM SINTOMA*

A experiência com a análise de sonhos já estabeleceu satisfatoriamente que o chapéu é um símbolo dos genitais, sobretudo dos masculinos. Mas não se pode afirmar que seja um símbolo claramente inteligível. Em fantasias e em numerosos sintomas, também a cabeça aparece como símbolo dos genitais masculinos, ou, se se preferir, como algo que os representa. Mais de um analista terá observado que os seus pacientes que sofrem de obsessões manifestam, ante o castigo da decapitação, horror e indignação bem maiores do que ante qualquer outra espécie de morte, e terá tido ocasião de lhes explicar que lidam com a ideia de ser decapitado como um sucedâneo de ser castrado. Várias vezes já foram analisados — e comunicados — sonhos de pessoas jovens, ou acontecidos na juventude, que tinham por tema a castração, e em que se mencionava uma bola que apenas podia ser interpretada como a cabeça do pai. Recentemente pude explicar um cerimonial que uma paciente executava antes de dormir, que consistia em pôr um pequeno travesseiro de maneira enviesada sobre outros, lembrando um losango, e deitar a cabeça acima da

---

* Título original: "Eine Beziehung zwischen einem Symbol und einem Symptom". Publicado primeiramente em *Internationale Zeitschrift für ärztliche Psychoanalyse*, v. 4, n. 2, 1916, pp. 111-2. Traduzido de *Gesammelte Werke*, v x, pp. 394-5.

linha diagonal do losango. Esse tinha o significado conhecido de desenhos em muros, a cabeça representaria o membro masculino.*

Pode ser que o significado simbólico do chapéu derive do da cabeça, na medida em que seja considerado um prolongamento destacável dela. Com relação a isso, lembro-me de um sintoma dos neuróticos obsessivos, com o qual esses doentes se proporcionam contínuos tormentos. Estando na rua, espreitam incessantemente para ver se algum conhecido os saúda primeiro, tirando o chapéu, ou se parece aguardar seu cumprimento, e desistem de um bom número de relações ao descobrir que a pessoa não mais os cumprimenta ou não retribui devidamente a sua saudação. Não têm fim essas dificuldades ligadas à saudação, que eles criam conforme seu humor e as circunstâncias. E nada muda em sua conduta se lhes dizemos — o que eles bem sabem — que tirar o chapéu ao cumprimentar significa rebaixar-se ante a pessoa que se cumprimenta, que um *grande* da Espanha, por exemplo, tinha o privilégio de permanecer de cabeça coberta diante do rei, e que a sensibilidade deles em relação ao cumprimento tem o sentido, portanto, de não se mostrar menor do que a outra pessoa julga ser. O fato de sua sensibilidade resistir a um esclarecimento desses autoriza a suposição de que um motivo não tão conheci-

---

* Uma descrição mais completa do ritual obsessivo desta paciente se acha nas *Conferências introdutórias à psicanálise*, cap. XVII (1915-17), onde, porém, fala-se apenas de dois travesseiros, um pequeno colocado sobre um maior, e não há menção do "conhecido significado de desenhos em muros" — referência pouco clara, de resto.

do da consciência está operando, e a origem dessa intensificação poderia muito bem ser encontrada na relação com o complexo da castração.

CARTA À DRA. HERMINE VON HUG-HELLMUTH*

O diário é uma pequena joia. Realmente, creio que até hoje ninguém pôde enxergar com tamanha clareza e veracidade os impulsos psíquicos próprios do desenvolvimento de uma garota de nosso nível social e cultural nos anos que precedem a puberdade. Como os sentimentos nascem do egoísmo infantil até alcançarem a maturidade social, como se apresentam inicialmente as relações com os pais e irmãos e depois adquirem aos poucos seriedade e intensidade afetiva, como as amizades são tecidas e abandonadas, a afeição tateando em busca dos primeiros objetos, e, sobretudo, como o segredo do sexo começa a surgir difusamente, para depois tomar plena posse da alma infantil, como essa garota é afetada pela consciência do seu secreto saber, mas gradualmente supera isso, tudo é expresso de forma tão encantadora, tão séria e natural, nessas anotações despre-

---

* São trechos de uma carta de 27 de abril de 1915, incluídos no prefácio que Hermine von Hug-Hellmuth escreveu para a sua edição do diário mencionado na carta, *Tagebuch eines halbwüchsigen Mädchens* [Diário de uma menina], Leipzig, Viena e Zurique: Internationaler Psychoanalytischer Verlag, 1919. Texto traduzido de *Gesammelte Werke* x, p. 456. Houve pelo menos duas edições estrangeiras desse livro: uma inglesa e uma italiana. Segundo James Strachey, a edição alemã foi retirada de circulação alguns anos depois, ao se divulgar que o manuscrito teria sido modificado pela pessoa que o entregou a H. v. Hug-Hellmuth; mas quanto à autenticidade desta carta não há dúvidas.

tensiosas, que certamente despertará enorme interesse em educadores e psicólogos.

[...] Acho que é seu dever entregar esse diário ao conhecimento público. Meus leitores lhe serão gratos por isso. [...]

ÍNDICE REMISSIVO

AS INDICAÇÕES *NA* E *NT* DESIGNAM AS NOTAS DO AUTOR E DO TRADUTOR, RESPECTIVAMENTE.

ÍNDICE REMISSIVO

abolição da vida *ver* aniquilação da vida
Abraham, 16*na*, 138, 171*na*, 182
ações falhas, 101
Adler, 38, 46, 59*nt*
adolescente, 31
adulto(s), 39, 130, 219-20, 230, 285
afecção, afecções, 22, 30, 61, 63, 96, 138-9, 149, 152, 162, 167-8, 171, 182, 184, 187, 190, 193, 223
afetividade, afeto(s), afetivo(s), afetiva(s), 31, 36, 72, 91-3, 95-8, 115-8, 122, 128, 152, 156, 171, 184, 197, 203, 219, 226-8, 232, 236, 294
"Agressionstrieb im Leben und in der Neurose, Der" (Adler), 59*nt*
álcool, 167*na*, 188
alegria(s), 187, 231, 249, 273
Além do bem e do mal (Nietzsche), 64*nt*, 145*nt*, 178*nt*
alimentação, nutrição, 32, 176, 182
alma(s), 26, 57, 226, 238-9, 241, 245, 264, 268, 282, 294; *ver também* espíritos
altruísmo, altruístas, 219, 221-2, 226
alucinação, alucinatório(s), alucinatória, 153, 159, 161-5, 168, 174, 272
ambiguidades, 161
ambivalência, 70, 72, 97, 183, 191-3, 219, 236, 245
amentia, 162, 164, 167, 169
amizades, 294
amor(es), amoroso(s), amorosa(s), 20, 32-5, 37, 40, 45-50, 65, 72, 76-80, 95, 115, 121-2, 173, 176, 178-9, 181-5, 191-2, 196-7, 199, 201-4, 206-7, 219-20, 222, 232, 236, 244-5, 250-1, 255, 258-9, 274, 277, 279, 282
anal, 79, 185, 288; *ver também* fase anal
anatomia, 111
anedota(s), 244, 289; *ver também* piadas
angústia, 27-8, 30, 38, 50, 92-7, 115-6, 118, 121, 123, 125-6, 139, 185, 273; *ver também* medo
animal, animais, 24, 34, 95, 105, 122, 130, 138, 220, 234, 235
anímico(s), anímica(s), 62, 74, 104, 106-7, 110-2, 149, 158, 225-6
animismo, 107
aniquilação da vida, 234, 239, 244; *ver também* morte
Antiguidade, 213
Anuário da Psicanálise ver *Jahrbuch der Psychoanalyse*
Anzengruber, 242
aparelho psíquico, 30-1, 61, 111, 113, 166, 169; *ver também* psique
apatia, 140
Aristóteles, 169
arte, artista(s), 26, 213-4, 248-9, 251, 260-1, 271, 277, 281, 283
Ásia Menor, 290
"Asra, Der" (Heine), 232*nt*
assassinato(s), assassinos, 235, 236, 240, 241, 243, 258, 264, 268-70; *ver também* morte
atividade, 64-5, 67, 69, 71-3, 80; *ver também* passividade
Atkinson, 235
atos inconscientes *ver* inconsciência/atos e processos inconscientes
atos psíquicos, 17, 101, 107-8
Áustria, 226

ÍNDICE REMISSIVO

autoconservação, 14, 32,
    61, 75, 261
autocrítica, 43-4, 176
autodepreciação, 177
autoerotismo, autoerótico(s),
    autoerótica(s), 18-9, 31, 68-71,
    74; *ver também* erotismo,
    erótico(s), erótica(s);
    masturbação, masturbatório
autoestima, 172-3, 175
auto-observação, 43-4
autopercepção, 18, 44
autorrecriminação, 177
autossuficiência, 34
aversão, aversões, 47, 76, 245-6

Balzac, 243
Baubo, 289-90
bebê, 34
"Beitrag zum Narzissismus,
    Ein" (Rank), 14*na*
beleza, belo(s), bela(s), 34,
    197-8, 213-4, 243, 248-50,
    258-9
bichos *ver* animal, animais
biologia, biológico(s),
    biológica(s), 20-2, 35, 55, 57,
    61-2, 73, 81, 211
bioquímica *ver* substâncias
    químicas, processo(s)
    químico(s)
Bleuler, 15, 70, 139, 142
"bom" *versus* "mau", 220, 222
Boom, 25*nt*
Boringhieri, 25*nt*
brancos, homens, 132
Breuer, 110, 127*nt*, 129
Busch, 26

"Canções da Criação" *ver*
    Schöpfungslieder (Heine)
caráter, 220, 223, 254, 257, 266, 270,
    272
caricaturas, 289
casamento *ver* matrimônio
castigo(s), 50, 66, 125, 176, 222, 243,
    255, 269, 285, 286, 291
castração, 144, 204, 291; *ver também*
    complexo de castração
células nervosas, 112
censura(s), 44, 88, 109-10, 113, 127,
    130, 133, 135-6, 155, 157-8, 167, 178,
    207, 216
cérebro, 112
Charcot, 95
ciência, científico(s), científica,
    19, 22, 52, 176, 210, 212, 226, 251,
    262, 285
civilização, civilizado(s),
    civilizada(s), 211-7, 220, 223-4,
    230, 240
clitóris, 206; *ver também* vagina
coação, 220, 222, 228
códigos penais, 286; *ver também*
    lei(s)
coerção, 188
compaixão, 67, 211, 219-20
complexo de castração, 37-8, 143,
    293; *ver também* castração
complexo de Édipo, 281-3, 285; *ver*
    também incesto, incestuosos
condenação, 83
condensação, 96, 127, 129, 159
Conferências introdutórias à
    psicanálise (Freud), 292*nt*
conflito(s), 39, 61, 80, 91, 179, 181-4,
    191-3, 202-3, 208, 212, 236-7,
    244-5, 257, 261, 263
consciência, 42-4, 50, 62, 85, 88, 90,

92, 95-7, 100-2, 104, 106-7,
109-10, 114-7, 128-9, 132-5,
140, 148, 155, 158, 162, 165,
175, 178, 192, 202, 207, 217,
234, 237, 239-40, 242-3, 263,
273, 275, 280-1, 283-5, 293-4;
ver também Cs, sistema
consciente, 85-8, 90-2, 94, 98, 103,
109, 114, 134-5, 158
contrainvestimento, 120, 122-3,
125-6, 133, 156, 188, 193
"Contribuição sobre o narcisismo,
Uma" *ver* "Beitrag zum
Narzissismus, Ein" (Rank)
corpo humano, 14, 17, 27-8, 35, 54,
57-60, 65, 68, 70-1, 112, 117na, 140,
166, 237-9, 249, 288, 290
criação literária *ver* literatura
criança(s), 16-7, 31-3, 36-8, 66,
69, 122, 204, 215, 220, 230, 255,
269, 285; *ver também* infância,
infantil, infantis
crime(s), criminoso(s), 34, 236,
264, 266, 269-70, 272-4, 279-80,
284-6
cristianismo *ver* doutrina cristã
Crônica (Holinshed), 270
crueldade, cruel, cruéis, 215, 217,
219, 234
Cs, sistema, 109-13, 117-9, 122-6,
128, 130, 132-3, 135-7, 148-9,
164-9; *ver também* consciência
culpa, 50, 115, 144, 235, 237, 239, 242,
270, 273, 275, 277, 279-86
Cultes, mythes et religions
(Reinach), 289
cultura, cultural, culturais, 36, 39,
212, 218, 220-4, 227, 231, 239-40,
245-6, 251-2, 294
cura, 16, 30, 39, 49, 149, 182

Cura espontânea de uma catatonia
ver Spontanheilung einer
Katatonie (Landauer)

Darmesteter, 270na, 272na
Darwin, 235
decepção, 180, 184, 199, 217-8, 228,
267
delírio, delirante, 42, 44, 158, 162,
167na, 173, 176, 201, 203-4, 207
dementia praecox, 15, 24-5, 31, 139,
149, 156, 168
Deméter, 289
demônios, 237
depressão, depressões, 183,
188; *ver também* melancolia,
melancólico(s), melancólica(s)
descarga motora, 117na, 158
desejo(s), 17, 24, 26, 39, 125, 127,
153, 156-9, 161-4, 167-8, 174, 186,
243-5, 248, 254, 260-3, 272-3, 275
deslocamento, 48, 58, 95, 98, 122,
124, 127, 129, 143, 159, 206
desprazer, desprazeroso(s), 27, 29,
56-7, 67, 73-6, 78, 79, 81, 83-5, 89,
93, 95, 128, 174, 218
"Desvalorização por recompensa
do motivo da repressão"
ver "Entwertung des
Verdrängungsmotives durch
Rekompense" (Tausk)
Deus-Pai, 236; *ver também*
"filho de Deus"
devaneio, 162
Direito Internacional, 215
Disaules, 289
dissimulação, 188, 282
doença(s) *ver* patologia,
patológico(s), patológica(s)

ÍNDICE REMISSIVO

dor(es), doloroso(s),
   dolorosa(s), doloroso(s),
   25-6, 66-7, 84, 96, 172-4, 188,
   193, 194, 224, 236-7, 248, 250-1,
   256-7, 267
"*double conscience*", 107
doutrina cristã, 235
Draco, 243

educação, educadores, 42, 218,
   220, 222, 251, 255, 295
egoísmo, egoísta(s), 14, 26,
   29, 153, 176, 219-22, 226-7,
   294; *ver também* narcisismo,
   narcísico(s), narcísica(s)
Ehrlich, 62
ejaculação, 145
elaboração, 20, 30, 52, 101, 161
Elêusis, 289
embriaguez, 188
emoção, emocional, 116, 188,
   228, 249
enamoramento, 17, 33, 49, 152, 185
energia nervosa, 129
energia(s) psíquica(s), 18, 20,
   90-2, 187
"Entwertung des
   Verdrängungsmotives durch
   Rekompense" (Tausk), 189*na*
"Entwicklungstufen des
   Wirklichkeitssinnes"
   (Ferenczi), 17*na*
*Erotische Element in der Karikatur,
   Das* (Fuchs), 289*na*
erotismo, erótico(s), erótica(s),
   15, 24, 47, 80, 185, 220-1, 288;
   ver também autoerotismo,
   autoerótico(s), autoerótica(s);
   zonas erógenas

Esboço de uma psicologia (Freud),
   165*nt*
escola suíça, 24
escolha de objeto, 31-3, 35-6, 45,
   180, 182-3, 185
Espanha, 292
esperança(s), 231, 251
esperma *ver* sêmen
espíritos, 237, 240, 251, 269; *ver
   também* alma(s); imortal,
   imortalidade
esquizofrenia, esquizofrênico(s),
   15-6, 22, 61, 139-42, 143*na*, 145,
   147-50, 161-2, 169, 182
Estado(s), 212, 214-8, 224
"Estágios de desenvolvimento
   do sentido da realidade"
   ver "Entwicklungstufen
   des Wirklichkeitssinnes"
   (Ferenczi)
estímulo instintual, estímulos
   instintuais, 53-4, 56, 73-4, 84;
   ver também instinto(s)
estímulo(s) externo(s), 56, 73,
   83-4, 154
Estudos sobre a histeria (Breuer),
   127*na*
Etcheverry, 25*nt*, 59*nt*
ética(s), ético(s), 215, 217-8, 222,
   227, 240-1, 245, 288; *ver também*
   mandamentos éticos
Eu, 16-7, 18*na*, 19-22, 24-6, 28-34,
   37-42, 44, 45*na*, 46-50, 61-3, 66,
   70-1, 73-81, 83, 97, 105, 137, 139,
   149-50, 153, 156-7, 167-8, 173-6,
   178, 181-2, 185-90, 192-3, 250, 261-3
excitação, 27, 60, 67, 84, 96, 120,
   122, 123, 154, 159, 168*na*, 206, 228
exibicionismo, exibicionista, 65-8;
   ver também voyeur, voyeurismo

ÍNDICE REMISSIVO

falecido(s), 90, 192, 231, 237-9
fantasia(s), 15, 17, 24, 30, 66, 87, 132, 144, 158, 161-3, 167, 204, 207, 263, 281, 283, 289, 291
fase anal, 288
fase oral, 182
Federn, 71
felicidade, feliz, 47-8, 240, 261, 274, 275, 280
feminilidade, feminino, 35, 73, 261, 264; *ver também* mulher(es)
Ferenczi, 17na, 23, 25, 75nt
ficção, 164, 232
figurabilidade, 159
"filho de Deus", 235; *ver também* Deus-Pai
filho(s), filha(s), 35-6, 202, 231-2, 235-6, 240, 244, 260, 264, 267-71, 273-4, 277-9, 289
filosofia, filosófica, filósofos, 43, 45na, 150, 237
fisiologia, fisiológico(s), fisiológica, 28, 53-5, 103
fixação, 59, 86, 111, 181, 192, 208
fobia(s), fóbica(s), 31, 95-6, 98, 122, 124, 154
fome, 20, 53na, 84
fonte instintual, fontes instintuais, 60, 122
força(s) psíquica(s), 21, 89, 211
Fortschritte der Medizin, 59na
frustração, 29, 78, 139, 260, 262, 283
Fuchs, 289na
fuga, 54, 55, 76, 83, 95, 98, 121, 123, 149, 154
função reprodutiva, 63, 77

Genealogia da moral (Nietzsche), 235nt
genital, genitais, 27, 77, 79, 144, 206-7, 288-9, 291; *ver também* clitóris; pênis; vagina
Gesammelte Werke, 13, 18nt, 51, 82, 99, 135nt, 151, 170, 195, 209, 247, 253, 289na, 291, 294nt
guerra(s), 209, 210-1, 214-6, 218, 224, 225, 227-8, 233, 240, 245-6, 250, 252

Hamlet (Shakespeare), 177
Heine, 29, 232nt, 239
Henrique IV (Shakespeare), 235nt
heroísmo, 242
hipnose, 104
hipocondria, hipocondríaco, hipocondríaca(s), 25-8, 30-1, 141-2, 144, 153
hipocrisia, hipócrita(s), 141, 223-4
histeria, histérico, histérica(s), 15, 20, 27-8, 31, 47, 61, 94-6, 98, 121, 123-6, 139-40, 142-4, 154, 183, 206
história da humanidade, 221, 235, 241, 244; *ver também* pré-história
Holinshed, 270
homem, homens, 31, 33-7, 39, 41, 89, 196-200, 202-5, 207, 213-5, 218, 221-2, 224-5, 230, 234, 236-8, 240-6, 248-9, 255, 260, 262, 271, 274, 276-7, 279, 281; *ver também* masculinidade, masculino
Homero *ver Odisseia* (Homero)
homossexualidade, homossexual, homossexuais, 14, 32, 36, 42-3, 50, 199, 202-3, 205
horda humana primitiva, 236
hostilidade, 184-5, 244, 282

ÍNDICE REMISSIVO

Hug-Hellmuth, 294*nt*
humanidade, 210-1, 213, 215, 217, 228, 235, 241, 243, 285
Humano, demasiado humano (Nietzsche), 64*nt*
humor, 26, 243, 292

Ibsen, 276, 278, 280
Ics, ics, 109-11, 113, 116-9, 121-4, 126-33, 135-40, 147-8, 150, 156-7, 159, 161, 163-4, 168-9, 191, 193; *ver também* inconsciência/atos e processos inconscientes
ideal, idealização, 40-2, 44, 48-50, 89, 261
ideia(s), 19, 39, 52, 55, 88, 91-2, 94-5, 98, 100-4, 116-20, 123-5, 129-30, 155, 158, 163-4, 185, 198, 201, 235, 274
identificação, 67, 70, 103, 105, 138, 142, 181, 183-4, 190, 205, 233, 260, 289
ilusão, ilusões, 218-9, 224, 246, 260
imagens mnêmicas, 163, 165
imagens oníricas, 143
Imago, 165*nt*, 209, 253, 272*nt*
imortal, imortalidade, 21, 37, 62, 230, 239, 241, 248
Impudica Albion, A, 289
impulso(s), 25, 29, 39, 43, 57, 70, 78-80, 83-5, 90, 94, 97-8, 114-8, 121-7, 132, 134, 137, 142, 155-7, 185, 202, 208, 219-22, 228, 241-2, 245, 254, 294
incesto, incestuosos, 207, 280-1, 283*na*, 285; *ver também* complexo de Édipo
inconsciência/atos e processos inconscientes, 43*na*, 86, 102, 107-8, 112, 115, 128; *ver também Ics, ics*
inconsciente, 85, 87, 89-90, 94, 100-2, 104, 106-9, 114, 119, 133, 135, 137-8, 147, 150, 230, 241-4, 263
"Inconsciente, O" (Freud), 155*nt*, 162*na*, 190*nt*
infância, infantil, infantis, 36-7, 39-40, 48-9, 138, 202, 220, 256-60, 283, 294; *ver também* criança(s)
inferência(s), 36, 38, 105, 107, 182, 222, 234, 241
inibição, inibições, inibido(s), inibida, 58, 96, 113, 129, 144, 172-3, 175, 188, 210, 219, 223, 274, 284, 286
Inibição, sintoma e angústia (Freud), 145*nt*, 174*nt*
inimigo(s), 210, 213, 216, 234, 237, 239-40, 242, 244, 246, 278
injustiça, 180, 216-7, 225, 256, 259
insatisfação, 35, 50, 84, 179, 207
insônia, 176, 186
instância censória, 43, 45*na*; *ver também* censura(s)
"Instinto de agressão na vida e na neurose, O" *ver* "Agressionstrieb im Leben und in der Neurose, Der" (Adler)
instinto(s), 14, 18-22, 32, 38, 40-1, 45, 53-77, 79-80, 83-7, 89, 91-2, 94, 100, 109, 114-5, 121, 138, 149, 166, 176, 208, 219-21, 223-4, 227, 235, 242, 261, 278; *ver também* estímulo instintual, estímulos instintuais; fonte instintual, fontes instintuais; vida instintual

ÍNDICE REMISSIVO

"Instintos e seus destinos,
    Os" (Freud), 100*nt*,
    114*nt*, 155*nt*, 165, 172*nt*, 184*na*, 185
inteligência, 212, 219, 227,
    260, 280
*Internationale Zeitschrift für
    ärztliche Psychoanalyse*, 17*na*,
    23*na*, 51, 82, 99, 151, 170, 182*na*,
    189*na*, 195, 288, 291
Interpretação das afasias, A ver
    Zur Auffassung der Aphasien
    (Freud)
Interpretação dos sonhos, A
    (Freud), 127*na*, 147, 159, 164,
    226*nt*
"Introjektion und Übertragung"
    (Ferenczi), 75*nt*
introversão, 15, 23, 28, 30, 139
inveja do pênis, 38
investimento de objeto,
    investimento objetal, 17-8,
    20, 139, 180-3, 185; *ver também*
    objeto(s) amoroso(s), objeto
    amado
investimento libidinal, 17, 18*na*,
    28, 46, 121, 162, 192, 263
*Inzestmotiv in Dichtung und Sage,
    Das* (Rank), 283*na*
irmão(s), irmã, 197, 207, 231, 244,
    276, 294
irrupção, 126, 139, 257, 263

Jahrbuch der Psychoanalyse, 13
*Jahrbuch für psychoanalytische
    und psychopathologische
    Forschungen*, 14*na*, 16*na*,
    23*na*, 75*nt*
James I da Inglaterra, 267-8

Jekels, 71, 272
julgamento(s), 69, 83, 93, 132, 177,
    198, 210, 221, 242, 249
Jung, 15, 22, 143, 208

Kant, 107
Kraepelin, 15, 139

Land Goethes, Das, 247
Landauer, 182
Lei de talião, 236, 269
lei(s), 37, 213, 216, 236, 262,
    269, 275; *ver também*
    códigos penais
lembrança(s), 15, 102, 113-4, 159,
    163, 174, 225, 236, 238, 240, 257;
    ver também memória
liberdade, 34, 124, 172, 231, 279
libido, libidinal, libidinais,
    14-7, 18*na*, 19-26, 28, 29-34,
    36, 38-43, 45-50, 63, 91, 94-5, 97,
    119-21, 139, 153, 162, 169, 173-4,
    180, 182-3, 185-6, 189-93, 202-3,
    208, 250-1, 260-3
Liga Hanseática, 232
linguagem, 77, 140, 141
literatura, 232
lobo, 95
Lopez-Ballesteros, 25*nt*, 59*nt*,
    103*nt*, 166*nt*
luto, 152, 171, 173-6, 178, 183, 186,
    188-92, 232, 237, 239, 250-1

Macbeth (Shakespeare), 264-73
mãe, 32, 37, 197, 201-4, 207, 213, 214,
    232, 269, 277-8, 281-3, 285
magia, mágica, 17, 213, 228, 289

ÍNDICE REMISSIVO

mandamentos éticos, 239, 241; *ver também* ética(s), ético(s)
mania, 186-8, 193, 194*na*
mania de perseguição, 199, 202; *ver também* paranoia, paranoico(s), paranoica
masculinidade, masculino, 35, 38, 73; *ver também* homem, homens
masoquismo, masoquista, 65-7, 70-1; *ver também* sadismo, sádico(s), sádica(s)
masturbação, masturbatório, 144-5; *ver também* autoerotismo, autoerótico(s), autoerótica(s)
matrimônio, 197, 274, 279
médico(s), 49, 172, 196, 214-5, 231, 245, 254-6, 261, 274, 283
medo, 50, 122, 157, 185, 217, 237, 242, 266, 272; *ver também* angústia
megalomania, 15-7, 30, 39
melancolia, melancólico(s), melancólica(s), 171-2, 174-80, 182-8, 190-3, 262; *ver também* depressão, depressões
memória, 43*na*, 113, 130, 173, 205; *ver também* lembrança(s)
mestiços, 132
meta(s), 15, 40, 57-8, 60, 63, 65-8, 71-2, 79, 83-4, 93, 95, 109, 125, 127, 219, 261
metapsicologia, metapsicológico(s), metapsicológica(s), 121, 129, 134, 158, 168*na*
método de inferência *ver* inferência(s)
Meynert, 162
mitos, mitológico, 24, 288

moralidade, moral, morais, 39, 42-3, 176, 178-9, 212, 216-8, 223-4, 226, 228-9, 273-4, 282, 284, 286
morte, 37, 183, 191, 193, 209, 211, 229-34, 236-9, 241-2, 244-6, 274, 277-8, 291
morto(s) *ver* falecido(s)
motilidade, 117, 128, 156, 158
mulher(es), 31, 33-6, 47, 177, 179, 199, 202-4, 207, 215, 232, 236, 240, 243, 257, 260-1, 264, 268, 270-1, 274, 276-7, 279, 282, 289-90; *ver também* feminilidade, feminino
mundo externo, 15-7, 26-7, 54, 56, 73-6, 79, 81, 107-8, 117*na*, 140, 154, 164, 168, 172-3, 185
musculatura, muscular(es), 54-6, 71, 73, 117, 129, 166

Näcke, 14
narcisismo, narcísico(s), narcísica(s), 14-6, 18-9, 25-6, 29, 31-42, 45-50, 61, 70-2, 74-6, 79, 138-9, 149, 153, 155-7, 167, 169, 171, 181-5, 189, 193, 199, 205, 259; *ver também* egoísmo, egoísta(s)
negação, 36, 127, 202, 239, 241
neurastenia, neurastênicos, 27-8, 207
neurônios *ver* células nervosas
neurose(s), neurótico(s), neurótica(s), 14-5, 17, 20, 22, 24-5, 27-8, 30-1, 33, 38-9, 41-2, 45-7, 49, 61, 63, 66, 85, 87-8, 93-8, 116, 118, 121, 124-6, 128, 132, 138-40, 143-5, 147-50, 169, 182-6, 202, 204, 207-8, 223, 245, 254, 256-7, 261, 263, 292

ÍNDICE REMISSIVO

Nietzsche, 64nt, 145nt, 178nt, 235nt, 286
Noiva de Messina, A (Schiller), 267nt
normal, normais, normalidade, 15, 23, 25, 31, 39, 42, 45, 63, 104, 117-8, 129, 132, 137, 152, 158, 171-2, 174, 177, 180, 183, 187, 189, 191, 202, 245
Novos poemas (Heine), 29nt

objeto sexual, objetos sexuais, 14, 31, 32-3, 49, 77
objeto(s) amoroso(s), objeto amado, 18na, 26, 32, 46-7, 173-5, 179, 181, 183, 202, 205, 207; *ver também* investimento de objeto, investimento objetal
obsessão, obsessões, obsessivo(s), obsessiva(s), 15, 20, 28, 31, 33, 61, 66, 96-8, 101, 126, 138-40, 143-4, 183-4, 193, 288-9, 291-2
ódio(s), 65, 72, 75-80, 115, 184, 191, 211, 216, 219, 239, 245, 277
Odisseia (Homero), 238
onipotência, 17, 45, 48
oral *ver* fase oral
organismo, 54-5, 84, 165
organização psíquica, 85, 133, 136, 147

paciente(s), 47, 49-50, 88, 113-4, 136, 139, 141, 143-4, 160na, 176, 179, 196, 200-2, 206-7, 254, 257, 288-9, 291
pai, 37, 94, 122, 197, 201-2, 205, 232, 236, 265, 269, 273, 279, 282-3, 285, 288, 291
Pai Goriot, O (Balzac), 243

pais, 36, 42-3, 50, 204, 294; *ver também* mãe; pai
paixões, 214, 229
Palavras de Freud, As (Paulo César de Souza), 25nt, 78nt, 88nt, 100nt
parafrenia(s), parafrênico(s), 15, 25, 28, 30-1, 45, 50
paralelismo psicofísico, 103
paranoia, paranoico(s), paranoica, 18, 25, 31, 43, 44, 50, 199-200, 203, 205-7; *ver também* mania de perseguição
parricídio, 236, 269, 285
passividade, 64-6, 68-9, 71-3, 81
patologia, patológico(s), patológica(s), 25, 31, 104, 130, 137, 139, 152, 162, 167, 172-3, 183, 201, 223, 261
paz, 215-6, 229, 246
Pcs, sistema, 110-1, 118-22, 125, 127-36, 147-9, 155-9, 164, 168, 169, 192
pecado original, 235
pênis, 38, 144; *ver também* genital, genitais; vagina
pensamento(s), 17, 19, 21, 28-9, 42, 44, 86, 88, 101, 142-3, 147-9, 154-5, 157-61, 163, 198, 230, 232, 238, 243, 246, 248, 250, 260, 271, 275, 288
percepção, percepções, 46, 89, 107-8, 114, 123-4, 129, 136, 145, 147-8, 150, 159-61, 163-4, 166-7, 199, 206, 221, 281; *ver também* sentidos
perseguição *ver* mania de perseguição
personalidade, 17, 48
perversão, perversões, 14, 48-9, 67
pessoa amada, 50, 97, 172, 180, 182, 239, 245

piadas, 89, 244; *ver também* anedota(s)
poder, 65, 217
poeta(s), 26, 214, 248-50, 257-8, 260, 271-2
polaridades psíquicas, 72-3, 75-6, 80
poros, 145
povos primitivos, 16, 211, 240
prazer, prazeroso, prazerosa(s), 14, 21, 56-7, 63, 67-8, 70-1, 73-9, 81, 83-5, 89, 128, 184, 202, 236, 241, 254-5; *ver também* princípio do prazer
pré-consciente, 110, 119-20, 133, 136-7, 148-50, 157, 161
pré-história, 234, 237, 241, 243-4; *ver também* história da humanidade
Priene, 290
princípio da realidade, 130, 255; *ver também* real, reais, realidade
princípio do prazer, 56, 74*na*, 128, 255; *ver também* prazer, prazeroso, prazerosa(s)
"Problema econômico do masoquismo, O" (Freud), 66*na*
"Processo primário e secundário em" (Freud), 165*nt*
processo(s) químico(s) *ver* substâncias químicas, processo(s) químico(s)
processos inconscientes *ver* inconsciência/atos e processos inconscientes
projeção, 75, 124, 154, 206
Projeto de uma psicologia ver *Esboço de uma psicologia* (Freud)
próteses, 152

psicanálise, psicanalítico(s), psicanalítica, 14-5, 20-2, 38, 61-3, 65-6, 71, 83-5, 87-8, 92, 100-1, 104-5, 107-10, 113, 115, 121, 135, 137, 140, 161, 171*na*, 187, 189*na*, 199, 201, 208, 218-9, 228, 230, 241, 243, 245, 254-5, 260, 283, 285
psicologia, 21, 24-5, 39, 50, 53, 59, 62, 77, 104, 110-2, 168, 233, 237, 286
Psicologia das massas e análise do Eu (Freud), 194*na*
psiconeuroses *ver* neurose(s), neurótico(s), neurótica(s)
psicose(s), psicóticos, 20, 118, 162, 164, 167-8, 174
psique, 21, 27, 29, 53-4, 57, 59-60, 101, 106, 110, 129, 134, 138, 152, 174, 188, 248, 250, 267; *ver também* aparelho psíquico
psiquiatria, psiquiatra, 171, 196, 210
"Psychosexuellen Differenzen der Hysterie und der Dementia praecox, Die" (Abraham), 16*na*
puberdade, 33, 35, 138, 284, 294
"Pulsões e seus destinos, As" (Freud), 172*nt*

química *ver* substâncias químicas, processo(s) químico(s)

raça(s), 22, 70, 132, 211-2, 227, 249, 251
racionalização, 122, 286
raiva, 115, 193

ÍNDICE REMISSIVO

Rank, 14*na*, 160, 181, 204, 283*na*
real, reais, realidade, 15, 23, 24, 30, 37, 40, 47, 49, 75, 80-1, 116, 118, 128, 130, 132, 139, 160-1, 163-8, 173-4, 177-8, 180, 183-4, 186-7, 189, 191, 202, 218, 221, 242, 246, 248, 255, 261-3, 274, 281, 283; *ver também* princípio da realidade
recriminação, recriminações, 98, 141-2, 173, 179, 193, 217, 277, 281
reencarnação, 239; *ver também* transmigração das almas
regra de talião *ver* Lei de talião
regressão, regressões, 28, 31, 80, 96, 128, 153, 159, 161, 163, 165, 168, 182-3, 185, 192-3, 205, 225-6, 246
Reinach, 290
Reitler, 144
rejeição, rejeitado(s), rejeitada(s), 39, 79-80, 83, 92*na*, 98, 104, 109, 113, 121-2, 132, 140, 147, 176, 207, 243, 275, 280
religião, religiões, 235, 239, 255
representação da palavra/ representação da coisa, 146-7, 149-50
representante instintual, 89, 91-2, 95-6, 125
"Repressão, A" (Freud), 126, 223*nt*
repressão, repressões, 39-41, 43, 47, 49, 64, 81-98, 100, 113, 116-27, 131, 133-7, 139, 147-50, 156, 167, 169, 188, 217, 223, 289
reprodução *ver* função reprodutiva
resistência(s), 39, 83, 88, 101, 110, 113, 138, 144, 157, 181, 203, 228, 251, 254, 281
"Retorno infantil do totemismo, O" (Freud), 236*na*
Revista Internacional de Psicanálise Médica ver Internationale Zeitschrift für ärztliche Psychoanalyse
Ricardo III (Shakespeare), 257, 272*na*
Romanzero (Heine), 232*nt*
Rosmersholm (Ibsen), 273-4, 276, 278, 280-3
Rousseau, 244

Sadger, 14
sadismo, sádico(s), sádica(s), 65-6, 67-8, 70-1, 79-80, 97, 184-5, 220; *ver também* masoquismo, masoquista
sangue, 27, 235, 240, 241, 266, 273
satisfação, satisfações, 14, 31-2, 40-2, 45, 47-50, 54, 56, 58, 62, 66, 69-70, 74, 76, 78, 83-5, 87, 89, 108, 143, 153, 164, 177, 184, 189, 193, 197, 202, 212, 218-20, 223-4, 229, 237, 239, 255, 260-1, 263, 268
"Scheidende, Der" (Heine), 239*nt*
Schiller, 267*nt*
Schlegel, 258*nt*, 265*nt*
Schöpfungslieder (Heine), 29*nt*
Schreber, 16*na*, 22
selvagem, 240
sêmen, 145
sensação, sensações, 25-7, 56-7, 67, 73, 76, 78, 93, 96, 115, 117, 142, 144, 153, 206, 218
sentidos, 107, 147, 163; *ver também* percepção, percepções
sentimento(s), 45, 46, 114-5, 117, 198, 214, 226, 231, 235-7, 245, 248,

259, 264, 274-5, 277, 279, 281-2,
  284-6, 294
sexo, 47, 294
sexualidade, sexual, sexuais, 14,
  18, 20-4, 27, 31-6, 38, 40-1, 45-6,
  48-9, 61-4, 67-8, 70-2, 74*na*, 77,
  78, 79, 94, 121, 144, 202, 204, 207,
  223, 277, 285, 288
Shakespeare, 235*nt*, 257, 258*nt*, 264,
  267-8, 270, 272
"Shakespeares Macbeth" (Freud),
  272*nt*
Silberer, 43, 160*na*
símbolo, 144, 291
sintoma(s), sintomatologia, 17, 28,
  42, 88, 93-8, 101, 125-6, 132, 134-5,
  138, 140, 145, 168, 183, 186, 208,
  227, 245, 254, 257, 288, 291-2
sistema *Cs* ver *Cs*, sistema
sistema *Ics* ver *Ics*, *ics*
sistema nervoso, 55
sistema *Pcs* ver *Pcs*, sistema
Smith, R., 235
Sociedade Psicanalítica de Viena,
  144
sociedade(s), 34, 37, 43, 47, 132, 202,
  219, 222, 223, 261, 285, 286
sofrimento(s), 26, 184, 188, 211, 214,
  256, 257
sonambulismo, 158, 273
sonho(s), 26, 37, 44-6, 90, 101, 104,
  116, 128, 132, 143*na*, 153, 154-7,
  159-64, 167-9, 171, 206, 226-7,
  283, 291
sono, 26, 44, 90, 152-8, 167, 169, 186,
  226, 265, 272
Spontanheilung einer Katatonie
  (Landauer), 182*na*
Strachey, 25*nt*, 29*nt*, 45*nt*,

59*nt*, 77*nt*, 111*nt*, 134*nt*,
  146*nt*, 155*nt*, 165*nt*, 166*nt*,
  226*nt*, 239*nt*, 294*nt*
Studienausgabe, 13, 18*nt*, 51, 68, 82,
  99, 151, 170, 195, 209, 247, 253,
  289*na*
subconsciência, 107
sublimação, 40-1, 50, 64
substâncias químicas, processo(s)
  químico(s), 21, 103
suicídio, 185
superestimação, 17, 33, 35-6, 41, 171
superstição, 240

"Tabu e ambivalência" (Freud),
  237*na*
Tagebuch eines halbwüchsigen
  Mädchens, 294*nt*
talião *ver* Lei de talião
Tausk, 140-2, 144, 189*na*
Tema do incesto na literatura e nas
  lendas, O ver *Inzestmotiv in*
  Dichtung und Sage, Das (Rank)
tensão, 29, 41, 84, 223, 267
terapia, 140
Tieck, 258*nt*, 265*nt*
"Tipos de adoecimento
  neurótico" (Freud), 28*na*
topologia psíquica, 110-2
Totem e tabu (Freud), 17*na*, 235,
  236*na*, 237*na*, 240*nt*
traços mnêmicos, 163
transferência, 20, 22, 25, 28, 30, 42,
  45-6, 61, 85, 121, 138-9, 145, 147-8,
  169, 182, 186
Transformações e símbolos da libido
  ver *Wandlungen und Symbole*
  der Libido (Jung)
transitoriedade, 247-50

transmigração das almas, 239; *ver também* alma(s); reencarnação

"Unanständige Albion, Das" (Veber), 289*na*

vagina, 144-5; *ver também* clitóris; genital, genitais
Veber, 289*na*
"Versuch einer Darstellung der psychoanalytischen Theorie" (Jung), 23*na*
vida amorosa, 25, 31, 34-5, 45-6, 245
vida instintual, 62, 66*na*, 136, 185, 221-2; *ver também* instinto(s)
vida psíquica, 16, 57, 60, 72, 80, 103, 106, 164, 234, 241, 245

vigília, 44, 153
voyeur, voyeurismo, 65, 67; *ver também* exibicionismo, exibicionista

Wandlungen und Symbole der Libido (Jung), 22*na*, 23*na*

Zentralblatt für Nervenheilkunde und Psychiatrie, 16*na*
Zentralblatt für Psychoanalyse, 171*na*
zonas erógenas, 27; *ver também* erotismo, erótico(s), erótica(s)
zoofobia, 94-5
Zur Auffassung der Aphasien (Freud), 146*nt*

**SIGMUND FREUD,
OBRAS COMPLETAS
EM 20 VOLUMES**
COORDENAÇÃO DE PAULO CÉSAR DE SOUZA

1. **TEXTOS PRÉ-PSICANALÍTICOS** (1886-1899)
2. **ESTUDOS SOBRE A HISTERIA** (1893-1895)
3. **PRIMEIROS ESCRITOS PSICANALÍTICOS** (1893-1899)
4. **A INTERPRETAÇÃO DOS SONHOS** (1900)
5. **PSICOPATOLOGIA DA VIDA COTIDIANA E SOBRE OS SONHOS** (1901)
6. **TRÊS ENSAIOS SOBRE A TEORIA DA SEXUALIDADE, ANÁLISE FRAGMENTÁRIA DE UMA HISTERIA ("O CASO DORA") E OUTROS TEXTOS** (1901-1905)
7. **O CHISTE E SUA RELAÇÃO COM O INCONSCIENTE** (1905)
8. **O DELÍRIO E OS SONHOS NA GRADIVA, ANÁLISE DA FOBIA DE UM GAROTO DE CINCO ANOS ("O PEQUENO HANS") E OUTROS TEXTOS** (1906-1909)
9. **OBSERVAÇÕES SOBRE UM CASO DE NEUROSE OBSESSIVA ("O HOMEM DOS RATOS"), UMA RECORDAÇÃO DE INFÂNCIA DE LEONARDO DA VINCI E OUTROS TEXTOS** (1909-1910)
10. **OBSERVAÇÕES PSICANALÍTICAS SOBRE UM CASO DE PARANOIA RELATADO EM AUTOBIOGRAFIA ("O CASO SCHREBER"), ARTIGOS SOBRE TÉCNICA E OUTROS TEXTOS** (1911-1913)
11. **TOTEM E TABU, HISTÓRIA DO MOVIMENTO PSICANALÍTICO E OUTROS TEXTOS** (1913-1914)
12. **INTRODUÇÃO AO NARCISISMO, ENSAIOS DE METAPSICOLOGIA E OUTROS TEXTOS** (1914-1916)
13. **CONFERÊNCIAS INTRODUTÓRIAS À PSICANÁLISE** (1916-1917)
14. **HISTÓRIA DE UMA NEUROSE INFANTIL ("O HOMEM DOS LOBOS"), ALÉM DO PRINCÍPIO DO PRAZER E OUTROS TEXTOS** (1917-1920)
15. **PSICOLOGIA DAS MASSAS E ANÁLISE DO EU E OUTROS TEXTOS** (1920-1923)
16. **O EU E O ID, "AUTOBIOGRAFIA" E OUTROS TEXTOS** (1923-1925)
17. **INIBIÇÃO, SINTOMA E ANGÚSTIA, O FUTURO DE UMA ILUSÃO E OUTROS TEXTOS** (1926-1929)
18. **O MAL-ESTAR NA CIVILIZAÇÃO, NOVAS CONFERÊNCIAS INTRODUTÓRIAS E OUTROS TEXTOS** (1930-1936)
19. **MOISÉS E O MONOTEÍSMO, COMPÊNDIO DE PSICANÁLISE E OUTROS TEXTOS** (1937-1939)
20. **ÍNDICES E BIBLIOGRAFIA**

PARA MAIS INFORMAÇÕES SOBRE OS VOLUMES PUBLICADOS, ACESSE:
www.companhiadasletras.com.br

ESTA OBRA FOI COMPOSTA
EM FOURNIER E CONDUIT
PELA SPRESS E IMPRESSA
EM OFSETE PELA GEOGRÁFICA
SOBRE PAPEL PÓLEN
DA SUZANO S.A. PARA A
EDITORA SCHWARCZ
EM ABRIL DE 2024

A marca FSC® é a garantia de que a madeira utilizada na fabricação do papel deste livro provém de florestas que foram gerenciadas de maneira ambientalmente correta, socialmente justa e economicamente viável, além de outras fontes de origem controlada.

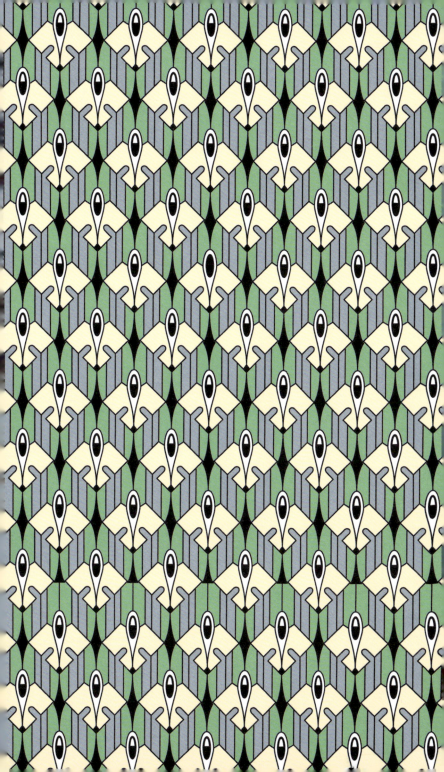

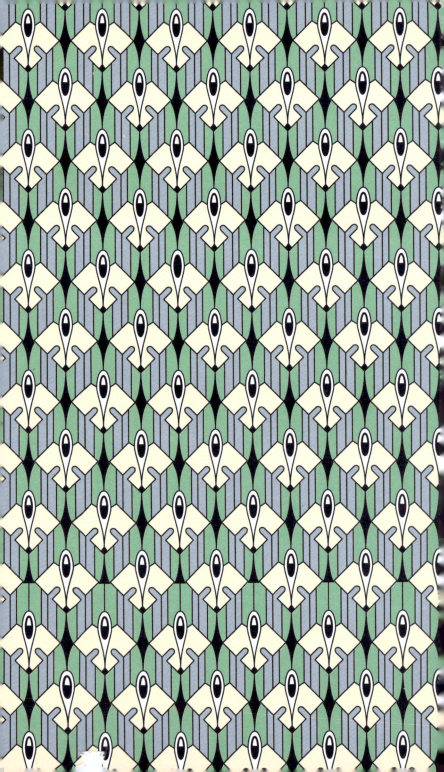